权威·前沿·原创

皮书系列为
“十二五”国家重点图书出版规划项目

中国社会科学院创新工程学术出版资助项目

经济蓝皮书春季号

BLUE BOOK OF CHINA'S ECONOMY(SPRING)

2016年中国经济前景分析

ANALYSIS ON THE PROSPECT OF CHINA'S ECONOMY (2016)

主　编／李　扬
副主编／李　平　李雪松　张　平

社会科学文献出版社
SOCIAL SCIENCES ACADEMIC PRESS (CHINA)

图书在版编目(CIP)数据

2016年中国经济前景分析 / 李扬主编. --北京：社会科学文献出版社，2016.6
（经济蓝皮书春季号）
ISBN 978-7-5097-9101-1

Ⅰ.①2… Ⅱ.①李… Ⅲ.①中国经济-经济预测-研究报告-2016②中国经济-经济发展趋势-研究报告-2016 Ⅳ.①F123.2

中国版本图书馆CIP数据核字（2016）第090378号

经济蓝皮书春季号
2016年中国经济前景分析

主　　编 / 李　扬
副 主 编 / 李　平　李雪松　张　平

出 版 人 / 谢寿光
项目统筹 / 邓泳红
责任编辑 / 高　启　王凤兰　王　颉　彭　战

出　　版 / 社会科学文献出版社 · 皮书出版分社（010）59367127
地址：北京市北三环中路甲29号院华龙大厦　邮编：100029
网址：www.ssap.com.cn
发　　行 / 市场营销中心（010）59367081　59367018
印　　装 / 北京季蜂印刷有限公司

规　　格 / 开　本：787mm×1092mm　1/16
印　张：16.75　字　数：222千字
版　　次 / 2016年6月第1版　2016年6月第1次印刷
书　　号 / ISBN 978-7-5097-9101-1
定　　价 / 79.00元

皮书序列号 / B-1999-007

本书如有印装质量问题，请与读者服务中心（010-59367028）联系

主要编撰者简介

李　扬　1981、1984、1989年分别于安徽大学、复旦大学、中国人民大学获经济学学士、硕士、博士学位。1998～1999年，美国哥伦比亚大学访问学者。

中国社会科学院前副院长。中国社会科学院首批学部委员。研究员，博士生导师。十二届全国人大代表，全国人大财经委员会委员。中国博士后科学基金会副理事长。第三任中国人民银行货币政策委员会委员。2011年被评为国际欧亚科学院院士。

中国金融学会副会长。中国财政学会副会长。中国国际金融学会副会长。中国城市金融学会副会长。中国海洋研究会副理事长。

曾五次获得“孙冶方经济科学奖”著作奖和论文奖。已出版专著、译著23部，发表论文400余篇，主编大型金融工具书6部。主持国际合作、国家及部委以上研究项目40余项。

李　平　中国社会科学院数量经济与技术经济研究所所长、研究员，中国社会科学院重点学科技术经济学学科负责人和学科带头人。中国社会科学院研究生院教授、博士生导师，中国数量经济学会理事长、中国技术经济学会副理事长、中国区域经济学会副理事长。长期从事技术经济、产业经济等领域研究工作，主持参与多项国家重大经济问题研究和宏观经济预测，包括“我国未来各阶段经济发展特征与支柱产业选择（1996～2050）”“中国能源发展战略（2000～2050）”等项目研究；参加“三峡工程”“南水北调工程”“京沪高速铁路工程”等国家跨世纪重大工程的可行性研究和项目论证，国家南水北调工程审查委员会专家，起草南水北调综合审查报告，国家京沪高速铁路评估专家组专家，代表作有《特大型投资项目的区域和宏观经济影响分析》《中国工业绿色转型》《“十二五”时期工业结构调整和优化升级研究》等。

李雪松 经济学博士，中国社会科学院数量经济与技术经济研究所副所长、研究员，中国社会科学院研究生院教授、博士生导师，中国数量经济学会副理事长。曾在荷兰经济政策分析局、美国芝加哥大学经济系做访问研究。主要研究领域为经济形势分析与预测、经济政策的宏观与微观效应评价。在《中国社会科学》《经济研究》《数量经济技术经济研究》《人民日报（理论版)》等报刊发表论文论著百余篇。编著及合作编著有《加入 WTO 与中国经济前景》《宏观经济效应及前景分析》《经济政策与模拟研究报告》《高级经济计量学》《数量经济学研究及应用》《数量经济前沿方法与实证研究》等。曾获中国社会科学院研究生院“优秀教学奖”、中国社会科学院优秀科研成果奖、中国社会科学院优秀对策信息奖、孙冶方经济科学奖，入选“新世纪百千万人才工程”国家级人选、国务院政府特殊津贴专家。

张　平 中国社会科学院经济研究所副所长，研究员，中国社会科学院研究生院教授，博士生导师。1988 年在中国社会科学院经济研究所从事研究工作至今，曾经参加和主持与世界银行、亚洲开发银行、世界劳工组织等多项国际合作；两次主持社科基金重大招标课题、社科院重大课题和国家交办的课题。在理论研究和调查的基础上写出了很多文章和论著，主要涉及的研究领域为中国经济增长、宏观政策和收入分配。合作三次获得“孙冶方经济科学奖”，独立完成的《增长与分享》和合作完成的《中国经济增长前沿》均获得中国社会科学院专著二等奖。

2009年入选人力资源与社会保障部百千万人才工程国家级候选人。2011年获得国务院颁发的表彰为发展我国社会科学研究事业做出突出贡献专家的政府特殊津贴（政府特殊津贴第2010－293－001号）。

摘　要

2015 年中国经济增长总体平稳，经济结构继续优化，转型升级加快。就业基本保持稳定，新经济吸纳就业增多。尽管目前我国经济面临下行压力，但经济持续增长的支撑基础和良好条件没有改变；2016 年积极财政政策将加大力度，稳健货币政策将更加灵活适度；房地产投资正触底企稳；以新技术、新产业、新业态、新商业模式为代表的经济增长新动力正在加速形成。在国内宏观调控坚持稳中求进的背景下，经济运行的内在稳定性正在不断巩固和增强，预计 2016 年中国经济增长 6.6% ~6.8% 。

2016 年是中国“十三五”规划的开局之年，也是全面建成小康社会决胜阶段的开局之年。由于中国经济依然面临着结构性减速压力，宏观政策需要提供一个比较宽松的政策环境。积极财政政策需兼顾需求侧和供给侧管理的平衡。在经济存在下行压力时，加大积极财政政策的实施力度仍是宏观调控的重要措施。积极财政政策在短期适度扩大总需求的同时，应着力促进中长期供给侧结构性改革，促进经济发展动力顺利转换。

实现 2016 年经济增长的预期目标，不仅积极财政政策要加大力度，稳健货币政策要更加灵活适度，还要着力推动供给侧结构性改革，释放经济增长新动能。一要大力发展新经济，推动战略性新兴产业更好更快发展；二要深化供给侧结构性改革，大力促进消费升级和现代服务业发展。

目　录

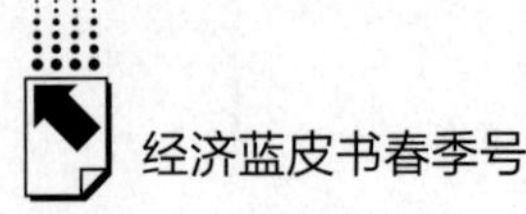

皮书数据库阅读**使用指南**

前　言
金融改革应牢牢把握服务实体经济的基本方向

李　扬

"加快金融体制改革，提高金融服务实体经济效率"，是"十三五"规划对金融业改革和发展的总要求。这一表述既指明了"十三五"时期金融改革的目标，又清晰地揭示了推动这一改革的方法论。

过去我们讨论金融改革，通常遵循的是金融部门自身的发展逻辑，讨论的思路基本上沿着金融组织、金融市场、金融工具、货币政策、金融监管、国际协调这一线索展开。这样的逻辑顺序固然照顾到金融部门自身的结构，但是，由于缺乏实体经济发展的参照，一不小心，便有可能落入"自娱自乐"的陷阱之中。

"十三五"时期，我国的金融改革将摒弃"就金融论金融"的思路，密切结合实体经济发展的需要展开。因此，我们首先要概括地分析"十三五"时期国内外实体经济的发展态势，旨在深刻揭示并理解实体经济发展对金融改革的需求，然后，结合我国金融发展的现状及可能，探讨"十三五"时期中国金融改革和发展问题。

一

当前，全球经济正处于长周期的下行阶段。正如习近平总书记深刻指出的："这次国际金融危机，实质上是世界经济长周期变动的反映，是资本主义各种矛盾激化到一定程度的必然产物，是全球经济结构深刻调整的历史结果。"

国际货币基金组织在2016年4月发表的全球经济增长展望《下降的需求，走低的预期》中明确指出，经济下行是全球现象。在全球经济下滑的进程中，一些重要变量的异变，尤其需要引起关注。其中之一，就是主要国家的央行纷纷实行负利率。金融是实体经济的一个镜像。央行不得不实行负利率，折射出的是实体经济领域投资收益率下降的冷酷事实。此外，各国宏观经济运行非同步致使政策倾向南辕北辙，各国宏观经济均陷入"去杠杆化"和修复资产负债表的两难境地，全球贸易保护主义升温、全球治理真空等，都是导致经济复苏停滞不前的因素。

作为全球经济体系不可或缺的组成部分，中国经济也进入了结构性减速通道。中国经济的减速，固然受到全球经济增长长期停滞的影响，更主要地则归因于那些曾经使中国创造奇迹的因素发生了结构性变化，如市场化、人口红利、全球化、工业化和城市化等，均在逐渐弱化。正如习近平总书记反复强调的，这种经济增速下滑，是经济发展阶段推移的结果，不以人的意志为转移。

如果仅仅看到中国经济增速下滑，并据此得出中国经济将硬着陆的结论，那肯定是片面的。我们认为，看待中国经济必须有全面眼光，GDP单位能耗在下降，节能减排指标全面完成，劳动生产率在改善，消费占比在上升，服务业越来越成为国民经济的主导部门等，这些都是过去中国经济高速增长时想做而未做到的。换言之，如果我们克服片面性，从一个多维的角度观察中国经济，就会发现，一些与经济增速同等重要甚至更重要的因素正在发生可喜变化。总之，只有从速度、质量、效益、环保、可持续等多角度进行全面考察，才能把握中国经济的全貌。

因此，必须正确地认识到，我们正在进行的“去产能、去库存、去杠杆”等调整，其实质是在进行“创造性破坏”。在这个意义上，经济在高速增长之后经历“低迷”，有其积极意义，其历史任务就是矫正国民经济“不平衡、不协调、不可持续”的痼疾。市场经济的“优胜劣汰”，主要就是在经济低迷阶段实现的；消灭一些旧产业和创造一些新产业，自属必然。经济调整的最主要任务，则是淘汰在经济高速发展时期形成的过多的低效企业，从而让市场和资源向高效企业集中，由此实现经济的整体升级换代。从根本上说，这种“创造性破坏”的目的是提高劳动生产率，进而将中国经济发展推上新高度。

二

遵循“提高金融服务实体经济效率”的基本原则，我们认为，改善提高资源配置效率的金融环境，支持创新创业，助力继续“发挥投资的关键作用”，以及发展多样化的金融机构体系，构成“十三五”时期我国金融改革的主要任务。

改善提高资源配置效率的金融环境，就是要加快完成利率、汇率、国债收益率曲线的市场化改革。利率作为信用和资金的价格，为实体资源的配置提供了“标准”，这意味着，非市场化的利率体系，可能导致资源配置扭曲。因此，我们必须坚持以建立健全由市场供求决定的利率形成机制为总体方向，以打破分割、完善市场利率体系和利率传导机制为重点，以提高央行市场化调控能力为基础，加快推进利率市场化改革。汇率的作用，是在全球范围内有效配置资源。如果汇率扭曲，我们就不可能指望全球资源的配置是有效的。因此，为了更有效率地利用好国内国外两种资源，促进国际收支平衡，则完善人民币汇率市场化形成机制，应属当务之急。国债收益率曲线关乎各类金融产品定价的有效性。因为，收益率曲线是固定收益市场的主要收益率，反映无风险收益率基准在各种期限上的分布；在此之上，其他各种固定收益产品对之保持一个相对稳定的风险溢价。显然，这个“价格”若不能有效形成，全社会金融产品的定价便有可能误入歧途。

支持创新发展，是“十三五”时期我国金融改革的首要任务之一。由于创新具有极大的不确定性且存在巨大风险，因此，支持科技创新和产业革命的金融机制，应能为实体经济提供“试错”和“选择”，应能“承担”创新不可避免地出现的风险。就此而论，金融市场（直接融资）相比金融中介（间接融资）而言，具有明显的优越性。这是因为，中介（间接融资）虽长于处理标准化信息，因而在信息变动不剧烈的情况下，能获得规模收益递增的效益，但是，由于间接融资很难处理不确定性、新的思想和新的经济活动，势难支持高新科技的大规模产业化，难以适应经济结构的剧烈变动。市场（直接融资）允许每个人表达自己的意见，并允许投资者犯错误。因此，市场便于用来处理不确定性、新的思想和新的经济活动。总之，为了支持创新，我们必须大力发展资本市场，尤其是要发展创业投资市场。

“十三五”时期，我国的经济发展仍将需要“发挥好投资的关键性作用”。鉴此，筹措长期资金依然是中国金融体系的首要任务之一。长期以来，期限错配和权益错配，构成中国资金动员体系的主要缺陷。银行资产负债表中的中长期贷款占比逐渐提高，潜在风险增大，地方融资平台愈演愈烈，均与这一缺陷有关。“十三五”时期，我们必须建立一种筹集长期资金和股权资金的体制机制。大力发展资本市场（特别是发展那些支持草根创业的市场，支持地方创业的市场），建立多样化的长期信用机构，发展更为多样化的产业投资基金，是建立此类机制的核心。

2016 年《政府工作报告》中关于金融机构的改革和发展，做出了一个过去从来没有的部署：健全商业性金融、开发性金融、政策性金融、合作性金融分工合理、相互补充的金融机构体系。过去金融机构改革的路子，脱不开市场化或商业化，现在看起来，这是片面的。

如今，世界所面临的很多棘手问题，大都不是纯商业性金融能应对得了的，在应对金融危机过程中，政策性金融发挥了非常大的作用。可以说，没有政策性金融积极发挥作用，无论是“有毒资产”的处置，还是“问题金融机构”的重组，抑或是全社会信心的恢复，几乎都不可能。我们未来几年不可避免地会遇到处置不良资产的问题，这必须依赖多种类型的金融机构来解决。不仅如此，未来我国经济恢复过程中的大量问题，诸如大规模的基础设施投资等，也需多种金融手段并举方能有效解决。因为，举凡新型工业化、城乡一体化、新型城镇化、“一带一路”战略等的推行，都需要大量投资来启动，而支持这些投资的资金，绝不可能仅仅来自商业性金融一途。

B.1

中国经济形势分析与预测

——2016年春季报告

“中国经济形势分析与预测”课题组*

要点提示

在全球经济复苏缓慢、地区局势动荡、美联储启动加息、大宗商品价格暴跌等大环境下，2015年中国经济增长总体平稳，在世界主要经济体中位居前列。经济结构继续优化，转型升级加快。就业基本保持稳定，新经济吸纳就业增多。

金融危机以来全球经济增长呈现减速趋势。经济增长放缓以及全球价值链收缩，导致全球贸易增速显著下降。国际经济的严峻形势给正处于速度换挡、结构调整时期的中国经济带来较大挑战。随着美联储启动加息周期，全球金融和汇率市场面临着很大的波动风险。

2016年是中国“十三五”规划的开局之年，也是全面建成小康社会决胜阶段的开局之年，做好“十三五”第一年的工作十分重要，有助于为“十三五”开好局、起好步。在坚持稳中求进、改革创新的背景下，在传统动能与新经济、新动能的共同作用下，经济运行的内在稳定性正在逐渐巩固和增强。预计2016年中国经济增长6.6%~6.8%，主要考虑是：尽管我国经济面临下行压力，但经济持续增长的支撑基础和良好条件没有改变；2016年积极财政政策将加大力度，稳健货币政策将更加灵活适度；房地产投资显现触底企稳迹象；以新

---

* 课题总负责人：李扬；执行负责人：李平、李雪松、张平；执笔人：李雪松、张涛、樊明太、娄峰、王文波；参加起草的还有：李文军、胡洁、蒋金荷、万相昱；李军、张延群参加了讨论。

技术、新产业、新业态、新商业模式为代表的经济增长新动力正在加速形成。

2016年，中国经济依然面临着结构性减速压力，克服经济下行压力对于“保民生、防风险”十分必要，宏观政策需要提供一个比较宽松的政策环境。积极财政政策需兼顾需求侧和供给侧管理的平衡。从短期看，平衡经济波动的有效手段主要来自需求侧，因此，在经济存在下行压力时，加大积极财政政策的实施力度仍是宏观调控的重要措施。加大财政支出的逆周期调节力度，加强对公共领域的投资；在地方财政收支压力增大背景下，债务置换是稳增长、防风险的重要举措；通过发行政策性金融债券和推广PPP模式，发挥其他辅助性的财政政策作用。积极财政政策在短期适度扩大总需求的同时，应着力促进中长期供给侧结构性改革，促进经济发展动力顺利转换。减税是供给侧结构性改革的重要举措；充分发挥积极财政政策在促进企业创新中的作用；推进财税体制改革，矫正供需结构错配和要素配置扭曲，提高资源配置效率；用好积极财政政策，促进收入分配调整。

2016年，面对经济下行压力、就业的结构性矛盾和金融市场的国际波动等不确定性，要加快推进货币政策框架转型，结合供给侧结构性改革适度扩大总需求，营造新旧发展动能持续快速转换的货币金融环境。要进一步完善货币信贷政策和宏观审慎政策框架，综合利用货币信贷政策工具组合逆周期结构性宽松，保证广义货币供应量（M2）和社会融资存量等流动性中介目标适度增长；结合利率市场化和汇率体制改革，进一步降低社会融资成本；进一步疏通货币政策传导，稳定资本市场预期，提高直接融资比重，改善实体经济杠杆率，优化金融资源配置；把金融稳定和宏观审慎监管引入货币政策框架，加强外汇流动性和跨境资本流动监测和管理，防范金融国际性系统风险。

实现2016年经济增长的预期目标，不仅积极财政政策要加大力度，稳健货币政策要更加灵活适度，还要着力推动供给侧结构性改革，释放经济增长新动能。一要大力发展新经济，推动战略性新兴产业更好更快发展；二要深化供给侧结构性改革，大力促进消费升级和现代服务业发展。

一　2015年中国经济回顾与2016年国际经济环境

1. 2015年中国经济回顾

在全球经济复苏缓慢、地区局势动荡、美联储启动加息、大宗商品价格暴跌等大环境下，2015 年中国经济增长总体平稳，在世界主要经济体中位居前列。经济结构继续优化，转型升级加快。就业基本保持稳定，新经济吸纳就业增多。

（1）经济增长总体平稳，在世界主要经济体中位居前列

全年完成国内生产总值 67.7 万亿元，增长 6.9%，比 2014 年低 0.4 个百分点，但仍然保持在经济运行的合理区间，在世界主要经济体中位居前列，是全球经济持续增长的重要力量。在经济新常态下，经济增长新动力不断积聚。

（2）经济结构继续优化，转型升级加快

第三产业占国内生产总值的比重继 2012 年超过第二产业后，首次上升到 50.5%，占据“半壁江山”。消费需求对经济增长的贡献率达到 66.4%，成为拉动经济增长的主引擎。高技术产业和装备制造业增速快于一般工业。由于工业品出厂价格持续下行，国际大宗商品价格暴跌，而我国劳动力成本不断上涨，因而近期我国服务业所占比重较快上升，与工业品价格的持续下跌以及服务价格持续上涨有一定的关联。如果按照 2005 年不变价格估算，第二产业所占比重仍高于第三产业，近几年稳定在 49% 左右，第三产业所占比重缓慢上升，2015 年达到 43.8%。大力发展现代服务业和继续推进工业转型升级，

是我国今后经济结构调整的要务。尤其要发展高端的成套装备制造能力，这是工业化过程中经济优化发展的标志。

（3）就业基本保持稳定，新经济吸纳就业增多

全国城镇新增就业 1312 万人，超过全年预期目标，成为经济运行一大亮点。城镇失业人员再就业 580 万人，就业困难人员实现就业 180 万人，年末全国城镇登记失业率为 4.05%，低于 4.5% 的控制目标。城镇新增就业增幅趋稳，人力资源市场供求基本平衡，重点群体就业保持总体稳定，农村劳动力转移就业稳中有增。传统岗位的流失被新经济所创造的岗位弥补，经济结构的变化有利于创造更多就业岗位、吸纳更多就业。

2. 2016年国际经济环境分析

金融危机以来全球经济增长呈现减速趋势。经济增长放缓以及全球价值链收缩，导致全球贸易增速显著下降。国际经济的严峻形势给正处于速度换挡、结构调整时期的中国经济带来较大挑战。

2015 年全球经济以 2.4% 的增速缓慢复苏，复苏的进程异常艰难曲折。尽管世界各国为加速摆脱持续衍生的次生危机的困扰，不断强化各种政策刺激手段，但由于经济结构性问题、政策协调性问题、地缘政治性问题等，全球经济增速始终不及预期。全球经济增长的核心动力严重匮乏，各主要经济体陷入相互拖累的困局，而长期低迷的经济形势可能进一步拖累经济复苏的信心。与此伴生的是全球贸易增速近年来持续低于经济增速，这也反过来加剧了各国经贸政策的不协调性甚至是对抗性。随着美联储启动加息周期，全球金融和汇率市场面临着很大的波动风险。

2015 年美国经济增速达到 2.5% 左右的水平，民众对于美国经济复苏的信心增强，加之美元的强势预期，国际资本呈现回流趋势，再工业化进程加速，社会投资逐步回升。2015 年以来，尽管“就业”与“核心通胀”数据为美联储启动加息提供了基础条件，但是在欧

元区和日本采取量化宽松以及负利率的情况下，2016 年美国通胀前景面临不确定性，货币政策回归之路必须十分谨慎。

欧元区经济在摆脱了一个个衍生性危机之后继续着温和的复苏进程，2015 年经济增长 1.5%。欧元区主权债务危机的缓解得益于长期以来不断演化的多元量化宽松政策，然而，负利率政策和不断注入的流动性宽松在加剧经济运行不确定性风险的同时，并未与实体经济活动进行有效的结合，宽松货币政策由于边际效应的加速递减而难以为继，“投资疲软”和“实体经济空心化”依然是困扰欧洲大部分国家的顽疾，与此同时，潜在增速下滑和通缩压力上升又给欧元区国家制造了新的困局。

全球经济危机以来，日本一轮轮稳定注入的流动性宽松使得通缩压力曾经在 2013 ~2014 年暂时缓解，出口稳步回升。但内需受低迷的价格影响出现进一步的下滑，通货紧缩仍是 2016 年日本经济面临的重要风险，日本经济短期内摆脱经济停滞和通货紧缩的被动局面的难度较大。2016 年初，日本央行意外实施负利率政策，从质化、量化和利率等多个维度开展的货币宽松政策所带来的政策边际效应正在递减并将走向尽头。

全球经济危机后高速崛起的新兴市场国家一度成为全球经济复苏的发动机，但由于其自身经济结构不合理以及对境外投资依存度高等因素，加之受到美国货币政策常规化导致的资本外流、欧元区发达国家对外需求不足和中国经济结构调整的影响，经济增速较前期大幅放缓，并呈现严重分化趋势。预计新兴市场国家和发展中经济体在未来两年将整体保持平稳增长态势，经济增速将在现有的 4.5% 左右的水平上努力寻求再平衡。新兴市场国家和发展中经济体应重点关注美联储货币政策正常化对大宗商品和各国汇率形成的冲击，审慎对待跨国资本流动给本国投资和实体经济带来的不确定性，重点防范系统性金融风险。

二　2016年中国经济主要指标预测

2016年是中国“十三五”规划的开局之年，也是全面建成小康社会决胜阶段的开局之年，做好“十三五”第一年的工作十分重要，有助于为“十三五”开好局、起好步。在坚持稳中求进、改革创新的背景下，在传统动能与新经济、新动能的共同作用下，经济运行的内在稳定性正在逐渐巩固和增强。

1. 经济保持平稳增长

预计2016年中国经济将增长6.6% ~6.8%，主要考虑是：尽管我国经济面临下行压力，但经济持续增长的支撑基础和良好条件没有改变；2016年积极财政政策将加大力度，稳健货币政策将更加灵活适度；房地产投资显现触底企稳迹象；以新技术、新产业、新业态、新商业模式为代表的经济增长新动力正在加速形成。

2. 产业结构继续优化

预计2016年三次产业增加值分别增长3.8%、5.6%和8.1%，分别比上年回落0.1个、0.4个和0.2个百分点。三次产业分别拉动GDP增长0.3个、2.7个和3.6个百分点，其中第二产业拉动比上年回落0.3个百分点，而第一产业和第三产业的拉动与上年持平。三次产业对GDP增长的贡献率分别为4.5%、40.5%和55.0%，第三产业的贡献率比上年增加2.5个百分点，产业结构继续优化。

3. 固定资产投资较快增长

在房地产方面，2015年以来，我国陆续出台了降息、降低首付比例、公积金政策调整等一系列政策，经过2015年商品房销售市场的回升，部分需求结束观望入市，消费者购房意愿被激发，一线城市市场升温明显，部分二线热点城市销售明显增加，2016年房地产市场信心有所恢复，房地产固定资产投资显示触底企稳迹象。预计

2016 年全社会固定资产投资 61.6 万亿元，名义增长 9.4%，实际增长 10.6%，虽比上年有所回落，但仍保持较快增长态势。

4. 消费增长基本稳定

近年，消费增长速度呈现总体稳定的发展趋势，这是由现阶段居民的收入水平、收入结构、消费惯性以及消费环境等因素所决定的。我国每年将新增 1300 万人左右进城工作和生活，由此将释放出巨大而持久的新增消费潜力；另外，网络购物、电子商务等新型消费发展迅速，信息、文化、教育、健康、旅游等消费热点不断涌现，消费结构也在逐步改善。预计 2016 年社会消费品零售总额 33.1 万亿元左右，名义增长 10.1%，实际增长 9.7%，延续上年的平稳增长态势。消费在 GDP 中的作用进一步加强，预计 2016 年最终消费率为 52.9%，连续六年上涨。

5. 货物贸易仍保持较大顺差

2015 年全球贸易额负增长，国际贸易需求萎缩。预计 2016 年我国出口下降 4.5%，进口下降 4.9%；货物贸易顺差 5741 亿美元，仍将保持较大顺差。

6. 物价保持温和上涨

预计 2016 年居民消费价格上涨 1.8%，涨幅较上年提高 0.4 个百分点；工业品出厂价格下降 4.1%，降幅比上年收窄 1.1 个百分点。

7. 收入增长总体稳定

预计 2016 年城镇居民人均可支配收入实际增长 6.0%，农村居民人均可支配收入实际增长 7.0%，农村居民人均可支配收入实际增速持续六年高于城镇居民人均可支配收入实际增速。

8. 货币供给增长适度

预计 2016 年末广义货币 M2 余额 157.4 万亿元，增长 13.1%；居民储蓄存款余额 59.7 万亿元，增长 9.1%；年末人民币各项贷款余额 107.9 万亿元，增长 14.9%，新增贷款 13.9 万亿元；全年社会融资规模增量 16.8 万亿元。

总体而言，2016 年中国经济仍将保持稳定增长态势，同时改革开放不断深化，产业结构继续优化，增长质量继续提高。表 1 列出了 2016 年国民经济主要指标的预测结果。

表 1　2016 年中国经济主要指标预测

指标名称	2015 年统计值	2016 年预测值
1. 总量		
GDP 增长率(%)	6.9	6.6~6.8
2. 三次产业		
第一产业增加值增长率(%)	3.9	3.8
第二产业增加值增长率(%)	6.0	5.6
其中:工业增长率(%)	5.9	5.5
第三产业增加值增长率(%)	8.3	8.1
其中:批发零售业增长率(%)	6.1	5.6
第一产业对 GDP 增长的拉动(个百分点)	0.3	0.3
第二产业对 GDP 增长的拉动(个百分点)	3.0	2.7
第三产业对 GDP 增长的拉动(个百分点)	3.6	3.6
第一产业贡献率(%)	4.5	4.5
第二产业贡献率(%)	43.0	40.5
第三产业贡献率(%)	52.5	55.0
3. 投资		
全社会固定资产投资(亿元)	563014	615970
名义增长率(%)	9.8	9.4
实际增长率(%)	11.8	10.6
资本形成率(%)	43.6	43.3
4. 消费		
社会消费品零售总额(亿元)	300931	331330
名义增长率(%)	10.7	10.1
实际增长率(%)	10.6	9.7
最终消费率(%)	52.0	52.9

续表

指标名称	2015 年统计值	2016 年预测值
5. 外贸		
出口总额(亿美元)	22787	21760
出口增长率(%)	-2.8	-4.5
进口总额(亿美元)	16842	16020
进口增长率(%)	-14.0	-4.9
外贸顺差(亿美元)	5945	5741
6. 价格		
居民消费价格指数上涨率(%)	1.4	1.8
工业出厂品价格指数上涨率(%)	-5.2	-4.1
投资品价格指数上涨率(%)	-1.8	-1.1
GDP 平减指数(%)	-0.5	-0.2
7. 居民收入		
城镇居民人均可支配收入实际增长率(%)	6.6	6.0
农村居民人均可支配收入实际增长率(%)	7.5	7.0
8. 财政收支		
财政收入(亿元)	152217	159980
财政收入增长率(%)	8.4	5.1
财政支出(亿元)	175768	194090
财政支出增长率(%)	15.8	10.4
9. 货币金融		
新增贷款(亿元)	122713	139520
新增货币发行(亿元)	2910	2630
居民储蓄存款余额(亿元)	547492	597260
居民储蓄存款余额增长率(%)	10.0	9.1
M2(亿元)	1392269	1574520
M2 增长率(%)	13.3	13.1
各项贷款余额(亿元)	935913	1079040
各项贷款余额增长率(%)	15.0	14.9
社会融资规模增量(亿元)	154162	168530

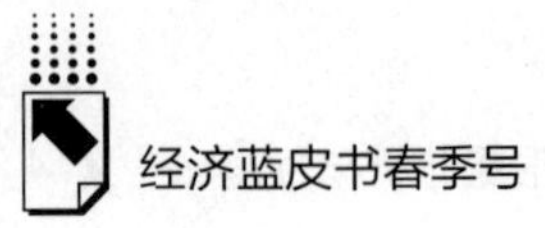

三　供需两侧发力，加大积极财政政策实施力度

2016年，中国经济依然面临着结构性减速压力，克服经济下行压力对于“保民生、防风险”十分必要，宏观政策需要提供一个比较宽松的政策环境。积极财政政策需兼顾需求侧和供给侧管理的平衡。

1. 需求侧

从短期看，平衡经济波动的有效手段主要来自需求侧，因此，在经济存在下行压力时，加大积极财政政策的实施力度仍是宏观调控的重要措施。加大财政支出的逆周期调节力度，加强对公共领域的投资；在地方财政收支压力增大背景下，债务置换是稳增长、防风险的重要举措；通过发行政策性金融债券和推广PPP模式，发挥其他辅助性的财政政策作用。

（1）加大财政支出的逆周期调节力度，加强对公共领域的投资

2015年我国财政预算赤字为1.62万亿元，赤字率约为2.3%，2016年赤字率将提高到3%左右。积极财政政策在投资领域体现在加强以基础设施建设为主的公共产品投资，保证节能环保、城乡社区事务、交通运输、社会保障和就业、农林水事务、医疗卫生等民生领域的财政支出有较快速度的增长，实现从“建设型财政”向“服务型财政”的转型。

（2）在地方财政收支压力增大背景下，债务置换是稳增长、防风险的重要举措

2015年积极财政政策重要的举措之一就是地方债务置换，2016年要进一步扩大地方债务置换的规模和力度。通过债务置换，一方面可以明显缓解地方政府融资瓶颈，从而有利于缓解基建投资的融资难度，推升基建投资增长；另一方面可以减轻地方债务利息负担，将到期债务向后展期，防止地方财政出现流动性风险，增强财政的可持

续性。

（3）通过发行政策性金融债券和推广 PPP 模式，发挥其他辅助性的财政政策作用

从 2015 年第三季度开始，国开行、农发行向邮储银行定向发行专项建设债券，中央财政按照专项建设债券利率的 90% 给予贴息，国开行、农发行利用专项建设债券筹集资金，建立专项建设基金，主要采用股权方式投入，用于项目资本金投入、股权投资和参与地方投融资公司基金。在 PPP 发展实践中，如何提高社会资本积极性、如何加快项目落地、如何保障项目质量等一直是热点和难点问题。除了将部分有较高收益的项目也纳入 PPP 范围，政府需要完善和制定相关法规制度，创新 PPP 项目收益和分配机制，明确风险共担机制，提高社会资本参与积极性。

（二）供给侧

积极财政政策在短期适度扩大总需求的同时，应着力促进中长期供给侧结构性改革，促进经济发展动力顺利转换。减税是供给侧结构性改革的重要举措；充分发挥积极财政政策在促进企业创新中的作用；推进财税体制改革，矫正供需结构错配和要素配置扭曲，提高资源配置效率；用好积极财政政策，促进收入分配调整。

（1）减税是供给侧结构性改革的重要举措

通过减税减负的综合性措施，降低企业税费负担、社会保险费、财务成本、电力价格、物流成本，使企业特别是中小企业恢复活力，获得更公平的发展环境。减负的企业可通过增加投入、扩大生产来增加就业，从而达到刺激产业发展的目的。结合综合与分类相结合的个人所得税税制改革，增加税前扣除项目，降低个税边际税率。居民税负减轻之后，有助于增加消费支出和有效需求增长，增强经济增长的内生动力。

（2）充分发挥积极财政政策在促进企业创新中的作用

应确保财政科技投入的增幅明显提高，形成多元化、多渠道、高效率的科技投入体系。从促进科技创新角度出发，大幅度增加对科研机构基础研究和产业应用研究的投入。综合运用税收激励政策、无偿资助、贷款贴息、风险投资、后补助、偿还性资助等多种投入方式，对企业的技术创新活动给予重点支持，发挥财税政策的导向作用和分担风险作用，鼓励和吸引更多的企业资金进入技术进步和创新领域。

（3）推进财税体制改革，矫正供需结构错配和要素配置扭曲，提高资源配置效率

分税制带来的市场分割、户籍制度对劳动力自由流动的阻碍、金融领域的资源错配等问题是造成国内资源错配和效率损失的重要因素。要积极完善分税制，推进中央与地方事权和支出责任划分改革，使中央与地方的事权和财权相匹配。一方面，适度提高地方政府的财权，适度提升地方财政的收入比例，适度扩大地方政府对现有财政资金的支配权，提高中央向地方财政的转移支付，使地方政府有更大权限支配财政资金；另一方面，理清中央和地方的事权，教育、医疗、养老金、环境等部分事权回收中央，由中央财政统筹划拨，地方负责执行。由此理顺中央和地方的财权事权关系，激发地方政府的积极性。

（4）用好积极财政政策，促进收入分配调整

有研究表明，全国平均总收入最高的 20% 家庭，年平均总收入达到 153546 元，而最低的 20% 家庭只有 7155 元，差距达到 20 多倍。城市和农村内部的差距也非常大，城市最高收入组家庭平均总收入是最低组的约 12 倍，农村则高达 27 倍。收入分配改革应当成为供给侧结构性改革的重要内容。参与收入分配的劳动、资本、土地、技术等生产要素是经济增长的动力源泉，收入分配不合理，会影响各要素所有者参与社会财富创造的积极性。财政政策对于初次分配过程中造成

的过大收入差距具有重要的调节功能，通过优化财政转移支付制度，保障人民群众特别是低收入群体的基本生活，加大民生支出，逐步提高所占比例，有助于促进基本公共服务均等化。

四　实施结构宽松货币政策和逆周期审慎监管政策

2016 年，面对经济下行压力、就业的结构性矛盾和金融市场的国际波动等不确定性，要加快推进货币政策框架转型，结合供给侧结构性改革适度扩大总需求，营造新旧发展动能持续快速转换的货币金融环境。要进一步完善货币信贷政策和宏观审慎政策框架，综合利用货币信贷政策工具组合逆周期结构性宽松，保证广义货币供应量（M2）和社会融资存量等流动性中介目标适度增长；结合利率市场化和汇率体制改革，进一步降低社会融资成本；进一步疏通货币政策传导，稳定资本市场预期，提高直接融资比重，改善实体经济杠杆率，优化金融资源配置；把金融稳定和宏观审慎监管引入货币政策框架，加强外汇流动性和跨境资本流动监测和管理，防范金融国际性系统风险。

1. 综合应用并创新货币政策工具，保持银行体系流动性供给合理充裕，促进金融向实体经济有效配置

改善流动性，是国际金融危机后全球主要中央银行实践的一个重要内容；美国、日本、欧盟近几年推行量化宽松货币政策，事实上是着力改善社会流动性，而中国央行则持续加强治理过度流动性。社会流动性，既可以用广义货币量衡量，反映存款性金融机构的负债性流动和货币政策的数量性目标；也可以用社会融资存量衡量，反映金融机构的资产性流动和实体经济从金融机构的综合性融资。中国人民银行明确将社会融资存量引入并作为货币政策的一个数量性目标，是因为随着金融体系的深化和金融结构的转型，互联网金融和影子银行等金融创新使得传统的贷款指标狭义化，而社会融资存量作为广义贷款

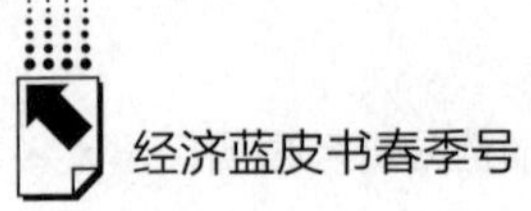

可综合反映金融机构对实体经济的金融配置态势。

适应我国金融创新和人民币汇率市场化改革，我国货币政策框架逐步转型。从我国广义货币供应量和社会融资存量的动态变动轨迹来看，2015 年我国 M2 同比增长 13.3%，比 2014 年提高 2.2 个百分点；但是，我国社会融资存量同比增长 12.4%，比 2014 年降低 1.9 个百分点。分析 2015 年我国广义货币供应量与社会融资存量两者增速的这种趋势性差异，可以发现：虽然按 M2 衡量的货币供应和流动性加速，但广义货币供应的派生渠道则明显转型。一是外汇占款自 2001 年以来首次出现净减少，而且金融机构对实体经济发放的外币贷款同比下降 18.5%。二是金融机构通过向非金融部门提供人民币贷款、债券投资、股权投资及其他投资渠道而创造货币或派生货币的占比明显提高，金融机构向实体经济提供的人民币贷款余额同比增长 13.9%，企业债券净融资余额同比增长 25.1%，非金融企业境内股票融资余额同比增长 20.2%。三是金融机构以“同业代付”“买入返售信托收益权”等方式开展的影子银行业务大幅收缩，货币创造的占比下降。

如何通过货币政策工具促进银行流动性、改善货币流通速度、缓解社会融资难、有效支持实体经济，是我国金融调控面临的一个挑战。特别是随着人民币汇率双向波动和美联储加息周期的启动，中国央行通过外汇占款投放基础性货币渠道受到一定的抑制，这促使中国央行创新货币政策工具，改善银行体系流动性。

根据货币当局和存款性银行的资产负债表分析可知，货币政策通过资产组合数量工具影响实体经济的影响复杂化，从而影响着货币政策的有效性。因此，必须寓改革创新于货币政策调控中，继续创新并优化货币政策工具组合，灵活适度地调整货币政策，引导和促进银行流动性。具体讲，要继续适时有效运用货币政策工具，包括公开市场工具、准备金率、常备和中期借贷便利、抵押补充贷款（PSL）等工具，并结合宏观审慎管理框架继续发挥差别准备金动态调整机制，引导和改善银行体系流动性，促进货币信贷和社会融资规模适度增长。2016 年中国央行应继续结构性下调存款准备金率，但要避免过度频繁调整；要利用 PSL 工具创新基础货币投放补充渠道并对商业银行定向提供流动性，并引导央行对商业银行这些定向抵押贷款的中期政策利率。要继续探索货币政策数量型工具，引导金融资源向实体经济配置，使社会融资余额增速实现 13% 的增长目标。

2. 培育市场基准利率和收益率曲线、稳定人民币汇率预期，强化利率、汇率等价格型调控和传导机制，进一步降低社会融资成本

要增强利率调控和预期引导能力，强化利率等价格型调控的传导效率。这需要进一步健全市场利率定价自律机制，提高金融机构自主定价能力，继续完善无风险资产收益率曲线。货币政策调控必须兼顾使用数量型工具和价格性工具，这主要是由于我国的金融体系还存在基础性建设问题；而且，美国、欧盟和日本实施量化宽松货币政策的理论和实践经验表明，它们的货币政策也不再仅仅依靠价格型工具。

中国完善人民币汇率市场形成机制，推动人民币汇率的市场化定价、双向波动和国际化，必须坚持主动性、可控性和渐进性原则。究竟是通过货币政策来调控国内需求、开放国际资本流动，还是调控人民币汇率，我们面临着所谓的“三元悖论”选择问题，因为开放国际资本流动意味着人民币汇率的波动风险。如何平衡人民币汇率稳定和外汇储备，是我国在 2016 年面临的一个挑战。目前人民币汇率在相对均衡水平开始双向浮动、汇率弹性明显增强；但在我国经济下行压力进一步显现、美元第二次加息周期趋近条件下，人民币兑美元汇率存在贬值压力，这会导致我国资本外流和外汇储备快速下降。虽然外汇市场人民币兑美元汇率存在波动压力，但必须理性处理并防止形成人民币汇率单向预期和市场过度反应。必须避免人民币汇率单向大幅波动隐含的外汇储备成本和风险，同时又要防范外汇储备过快下降

隐含的人民币汇率波动的成本和风险。

3. 发挥窗口指导和广义信贷政策的结构调整引导功能，优化金融机构对实体经济的金融配置，引导产业结构调整和优化升级

优化金融结构、疏通货币政策传导机制的一个选择，就是要发挥广义信贷政策的结构调整引导功能。我国还是以银行为主导的金融结构，要结合产业政策和资本市场加强信贷政策的结构性工具组合，比如继续发挥差别准备金动态调整机制，运用再贷款、再贴现和抵押补充贷款等工具，加大重点领域和薄弱环节信贷支持，支持金融机构盘活信贷存量、改善信贷增量、优化信贷结构，并结合债转股、企业并购改善资本结构。

加强和改善信贷政策结构引导功能，使信贷政策与产业政策等相协调，通过信贷市场和资本市场，引导商业银行信贷更多地支持农业水利交通等基础设施、战略性新兴产业，支持养老家政健康、绿色低碳、住房等消费和民生工程，支持基于互联网金融机制推进融资方式创新和大众创业，支持“一带一路”战略实施，支持地方债务转换配置。

通过多层次资本市场建设改善我国的信贷政策和宏观审慎框架绩效，是我国进一步通过金融市场引导和支持产业结构调整和升级的一个紧迫的问题。稳定资本市场预期，提高直接融资比重，可以通过资本市场发展，降低实体经济的杆杆率及社会融资成本。2015 年中国股市的过度波动表明：我国资本市场存在制度性机制缺失，如证券市场投资者主体不对等。前期外汇市场的较大波动、近期钢铁期货价格高涨和一线房价大涨表明：仍有不少货币供给直接涌入资产市场。因此，在现行金融结构下，需要高度重视市场波动风险，货币政策调控在实践中仍需兼顾资产价格波动。

4. 把金融稳定和审慎监管引入货币政策框架，改善宏观审慎风险评估和管理，推动货币政策框架转型，有效防范系统性金融风险

国际金融危机后美国采取了量化宽松货币政策这种非传统货币政

策措施，一方面促使国际货币基金组织等国际金融机构、美联储等中央银行开始着力深化国民经济金融账户核算，希望加强对相应金融机构的金融配置监测和监管，另一方面促使加拿大等发达经济体开始协调宏观审慎政策和货币政策，着力把金融稳定融入货币政策框架，希望在稳定通货膨胀和币值的同时加强金融风险管理。这意味着要采用一种风险管理办法将金融稳定引入货币政策框架，调整货币政策框架以支持非传统货币政策措施，实施非传统货币政策措施的目的在于最小化金融市场扭曲和银行的资产负债表风险。

2015 年，中国人民银行完善宏观审慎政策框架，将差别准备金动态调整机制“升级”为宏观审慎评估体系，将外汇流动性和跨境资本流动纳入宏观审慎监测和管理框架。2016 年，要结合实施宏观审慎评估工作进一步完善宏观审慎评估体系；同时，结合对宏观审慎评估的动态监测及时灵活调整货币信贷政策、改善宏观审慎监管，防范货币错配和信贷顺周期行为的风险，防范外汇流动性和跨境资本的异常波动隐含风险。

改善宏观审慎风险管理，也要求加快金融监管体制改革。我国目前的金融机构混业经营、分业监管的格局隐含着不对称性和效率风险。改善宏观审慎风险管理，需要加强央行的货币政策职能和风险管理职能的协调，要建立对地方政府债务置换的协调机制、资本市场的风险预警和管理机制、互联网金融的金融创新和金融风险管理的协调机制、资本外流和国际资本流动的跟踪监控和管理机制等，预警和防范系统性金融风险。

五　着力推动供给侧结构性改革，释放经济增长新动能

实现 2016 年经济增长的预期目标，除了积极财政政策要加大力

度，稳健货币政策要更加灵活适度，我国还要着力推动供给侧结构性改革，释放经济增长新动能。一要大力发展新经济，推动战略性新兴产业更好更快发展；二要深化供给侧结构性改革，大力促进消费升级和现代服务业发展。

1. 大力发展新经济，推动战略性新兴产业更好更快发展

“十二五”期间我国战略性新兴产业年均增速接近20%，2015年战略性新兴产业收入规模接近20万亿元，战略性新兴产业增加值占国内生产总值的比重已为8%左右，比2010年提高一倍以上。战略性新兴产业不仅成为引领区域经济发展的先锋队和主力军，而且在新能源、生物技术、新一代信息技术及高端装备等领域形成了领跑全球发展的中国方阵，对推动我国经济结构调整和产业转型升级发挥了重要作用。

在培育投资热点方面，在实施国家新一代信息基础设施建设工程之后，又制定了新兴产业重大工程包方案，重点支持信息消费、新型健康技术惠民、海洋工程装备、高技术服务业培育、高性能集成电路和产业创新能力等六大工程。同时，利用战略性新兴产业专项资金，重点实施北斗导航、信息惠民、云计算、平板显示等一批战略性新兴产业重大工程。加快设立国家新兴产业创业投资引导基金，进一步创新撬动社会投资的方式，支持战略性新兴产业重点领域加快发展。

在孕育消费热点方面，“十二五”期间，全国电子商务交易额年均增长超过35%，2015年达到20.8万亿元；网络零售额年均增长超过50%，2015年达到4万亿元，位居世界第一。智能手机、云计算、电子商务、基因检测等新技术、新应用带动信息和健康消费快速发展，北斗终端从百万量级向千万量级迈进，新能源汽车2015年产销量分别达到37.9万辆和33万辆，分别同比增长4倍和3.4倍，居全球第一。

在新兴业态发展方面，手机支付、网上叫车等生活服务业蓬勃发展，研发外包和工业设计等生产性服务增长迅速，定制化、智能化生产模式正在兴起，可穿戴电子设备、互联网金融等融合创新领域新产品、新业态和新商业模式大量涌现，层出不穷。

在关键领域技术突破方面，IT 领域，华为公司已成为全球收入第一的通信设备企业，阿里巴巴、百度、腾讯、京东等 4 家互联网企业和中兴、华为、联想、酷派、小米等 5 家国内品牌智能手机厂家均进入全球前十；京东方液晶显示屏产量全球排名第五。医疗卫生领域，华大基因研究院、北京基因研究所的基因测序能力已进入世界前列。高端装备领域，高速铁路和特高压技术已达世界领先水平。新能源领域，英利等 6 家光伏生产企业进入世界前十。

尽管我国战略性新兴产业发展取得了显著成就，但总体上还不大不强，发展中也暴露出现有政策措施不到位、落地不够，行业监管及相关法律法规滞后，技术、人才、资金等要素支撑不足，以及部分行业无序发展甚至出现产能过剩等问题。加快发展战略性新兴产业是新形势下我国供给侧结构改革的必然要求。要紧紧把握全球新科技革命和产业变革孕育待发、国际经济科技分工格局调整的重要时机，采取力度更大、针对性更强、作用更直接的措施解决上述问题，进一步挖掘战略性新兴产业发展的潜力，释放战略性新兴产业发展的活力，从而为整体经济增长做出更大贡献。

（1）加快重点领域改革攻坚，破除体制机制障碍，加强知识产权保护

着力推进重要领域和关键环节的体制机制攻坚，破除旧管理方式对新技术、新业态、新模式发展的束缚。推进垄断行业改革，减少行政垄断。加快健全法律法规，构建产业创新的制度保障。加大知识产权保护力度，完善知识产权制度体系，营造促进公平竞争的市场环境。完善政策支持体系，营造有利于大众创业、万众创新的政策和制

度环境，打造促进战略性新兴产业发展壮大的生态环境。完善市场监管方式，促进商业模式创新，加快研究制定适应新技术、新业态快速发展要求的法律法规。

（2）健全产业创新体系，提升产业创新支撑能力

近年来，我国研发投入强度持续增强，但与发达国家相比仍然不足。战略性新兴产业发展主要是依靠技术突破带动的。应把握新一轮科技和产业革命方向，超前部署战略性新兴产业关键技术研发，着力推进关键核心技术的攻关。按照战略性、公益性、前瞻性原则，部署一批重大科技项目和重大工程，聚焦事关产业长远发展的重大前沿技术和关键环节进行重点突破。强化战略性新兴产业创新基础设施建设。统筹部署重点领域国家重大科技基础设施和产业重大创新平台建设，加强设施和平台开放共享，完善适应战略性新兴产业发展需求的标准体系，支持新兴产业企业创新能力建设，加大对中小微科技企业创新支持力度，不断完善创新创业服务体系。

（3）发挥市场拉动作用，强化政策引导

加快转变政府职能，进一步放开市场准入，持续强化政策引导，加强配套体系建设，培育和带动新消费新市场发展。在国际规则允许范围内，加大对战略性新兴产业产品和服务的政府采购力度，加强充电设施、宽带网络、基因测序等服务体系建设，通过融资租赁、保险补偿等方式促进首台套、首批次产品与服务的推广应用等。铲除地方封锁、地方保护等地方垄断现象，防止支持政策过度导致产能过剩和资源浪费。

（4）推进开放发展，拓展发展新途径

要结合当前国家新一轮对外开放战略的总体部署，更加高效、高水平利用全球创新资源。聚焦战略性新兴产业重点领域和关键环节，构建国际合作新机制，优化创新资源和产业链全球布局。鼓励企业国际化发展，深度融入全球产业链，加快建立国际化研发体系，构建全

球创新网络，全面提升战略性新兴产业国际影响力。在加强开发内需市场的同时，利用“一带一路”战略契机，积极推动技术和标准输出，加快企业“走出去”步伐。

2. 深化供给侧结构性改革，大力促进消费升级和现代服务业发展

随着经济社会不断发展、产业结构持续调整和居民收入持续较快增长，我国居民消费正在进入新时代。消费正在重塑经济增长新亮点，为拉动经济增长提供巨大动能。2015 年我国最终消费支出对社会经济增长的贡献率创 15 年来新高，达到 66.4%，比 2014 年提高了 15.4 个百分点。相较于投资和进出口这“两驾马车”，在投资和出口增长明显回落的情况下，消费充分发挥了对经济增长“稳定器”和“压舱石”的作用。2015 年我国第三产业增加值比上年增长 8.3%，比第二产业增速快 2.3 个百分点；占国内生产总值的比重达到 50.5%，比上年提高 2.4 个百分点。

除了消费总量增长，消费结构也出现明显变化，呈现以下特点。一是消费结构升级趋势明显，显现从低端无品牌、缺品质的商品消费，向高端品牌、有品质的消费升级；从商品消费为主向商品和服务并重升级。二是新兴消费领域快速增长。智能化产品渗透到消费者生活的方方面面，可观察、可测量、可共享的智能消费品受到消费者追捧。绿色健康消费快速增长，网购绿色食品和防护产品也呈现快速增长态势，新能源汽车销量继续保持两倍以上的高速增长。建立在移动互联网基础上的全球时尚消费异军突起，高品质海外商品消费增长持续高涨。文化消费缩小与发达国家的距离，初现物质消费和文化消费并举的结构模式。三是服务消费正在成为拉动消费增长的主要动力。以社会消费品零售总额为代表的商品消费增速继续放缓，2015 年增速比上年降低 1.3 个百分点，而代表食品消费的恩格尔系数、衣着类消费支出比重以及汽车家电消费增速明显回落。服务消费增长速度则显著提高，居住、医疗保健、文教娱乐等服务消费的增速远远快于食

品类和衣着类，交通和通信消费的增长更为明显。

要实现2016年乃至“十三五”经济增长预期目标，需充分认识“新常态”下消费升级和现代服务业发展的重要意义，不断推进供给侧改革，突破制约消费升级和现代服务业发展的供给瓶颈。一方面，要使消费升级和现代服务业成为稳增长、惠民生的支撑力，成为中国跨越“中等收入陷阱”、促进经济发展水平迈向中高端的市场保障；另一方面，使消费升级和服务业发展成为供给侧改革的牵引力，围绕消费升级和现代服务业需求的变化推进去产能、去库存、去杠杆、降成本、补短板等结构调整任务，实现供给结构与需求结构相匹配，形成新的发展动能。

（1）实施增品种、提品质、创品牌的“三品”战略，改善供给结构，创新并扩大有效供给

供给结构升级缓慢、创新能力不足等问题抑制了我国居民现实消费需求。产业结构调整迟缓，创新能力欠缺，导致虽然存在着大量的低水平过剩产能，却难以满足居民消费结构升级的内在要求，许多存在现实消费需求的产品和服务无法获得，或者由于品质安全等原因消费者不敢消费，导致现实消费需求被抑制。实施“三品”战略最核心的是创新，既需要根本性、革命性的技术创新，也需要产品设计、商业模式、消费模式等方面较小甚至微小的创新。实施“三品”战略，不仅可以满足消费者多样化的需求，而且可以满足消费者高层次的需求，还使得产品的品质和品种发生大的变化，从而激发消费者的购买欲望，创造新的需求。

（2）拓宽新型消费渠道，促进新型消费发展

新型消费主要是指文化、体育、休闲、旅游、养老、健康、家政、教育培训、信息、环保和新能源等方面的消费。新型消费在我国有着巨大的潜力和发展前景。以养老健康产业为例，目前，我国已经处于老龄社会初期，未来将是全球老龄产业市场前景最大的国家。据

预测，2050 年全世界老年人口将达到 20.2 亿人，其中我国老年人口将达到 4.8 亿人，几乎占全球老年人口的 1/4，是世界上老年人口最多的国家，老年人口的消费潜力占 GDP 的比例有望超过 30%，我国将成为全球老龄产业市场潜力最大的国家。文化产业方面，目前我国文化产业增加值占 GDP 比重仅为 3%，而美国为 25%，日本为 20%，欧洲为 13%，我国与发达国家相比有着较大的差距，也预示有着巨大的发展空间。

（3）采取有效对策促进境外消费适度回流

2015 年我国境外消费延续高速增长态势，总额达 1.5 万亿元人民币，比上年增长 50%，其中至少 7000 亿～8000 亿元用于购物。中高收入阶层境外购物占相当大的比例，并由主要购买奢侈品牌、高档品牌转向购买高质量的、性价比合适的日用消费品。境外消费旺盛折射当前我国消费尤其是中高端消费供需结构矛盾。目前我国中高消费阶层正在崛起，大众化消费、中低端商品和服务难以满足其消费需求。解决消费外流问题要从供需两方面着手。在供给方面，改善供给结构，包括增品种、提品质、创品牌，提升品质监管和技术水平；通过降低部分产品进口税、消费税等方式，缩小境内外差价，同时增设境内免税店，为在国内购买国际产品提供便利；大力发展跨境电子商务，实现不出门就可以在境外购物。在需求方面，推进国内商贸流通企业税费的减免、降低流通环节的直接税收和间接税负，从而降低终端售价；进一步净化国内消费环境，严厉打击假冒伪劣产品，使消费者能够放心消费；还要加强对民族工业的扶持，培育“精品消费”品牌，使其成为消费真正回笼的“压舱石”。

（4）加快现代服务业开放和体制机制创新

新型消费渠道拓宽与服务业体制改革有关，与城市经济结构转型有关。因此，要加快推进体制改革和重点领域制度创新，破除阻碍新型消费发展的体制机制障碍，促进经济结构调整优化和服务业发展。

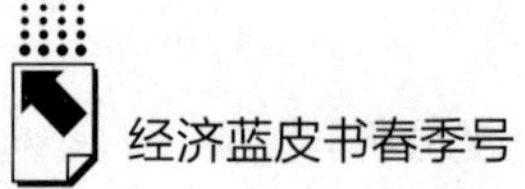

要推进政府行政管理体制改革、事业单位体制改革、科技教育体制改革、相关税收体制改革等，深入推进行政审批制度改革，加快教育、医疗、金融、电力、石油石化服务、电信、水务等行政垄断行业改革，扩大服务业开放。要加大政策支持力度，设立服务业发展引导资金，对文化、会展、旅游、物流、航运、信息服务、专业服务等领域重点项目投融资予以支持。要加快完善消费基础设施，包括交通、能源、通信、给排水、有线电视等基础硬件设施和大数据、云计算、云服务、交易平台、媒体平台、支付平台、移动互联网等信息基础设施的建设。

（5）推进“互联网＋”行动，促进商业模式创新和分享经济的发展

互联网与各领域的融合发展具有广阔前景和巨大潜力，对经济社会发展将带来战略性和全局性的影响。“互联网＋”也为消费品工业商业模式创新和分享经济发展提供了有效的技术手段。利用互联网的新技术优势、体制机制优势和广泛的社会支持，可以提高为用户服务的效率和质量，甚至带来全新的消费体验，必然会带动消费品商业运营和服务消费供需对接效率的极大提升，促进消费的持续快速增长。推进“互联网＋”行动，要强化消费基础设施网络支撑，加快网络提速降费，在城市社区和村镇布局建设共同配送末端网点，为创新消费商业模式、推动分享经济发展、促进消费增长提供可靠基础。要创新监管方式，完善监管规章，强化监管执行，为消费者提供诚信可靠、安全放心的消费体验。

B.2

2016年中国经济展望与供给侧结构性改革

张　平*

摘　要：　预计2016年作为“十三五”的开局之年，依然保持6.6%以上的增长，物价平稳。“十三五”时期是供给侧结构性改革的关键时期，创新驱动靠“十三五”时期积极调整结构才能逐步推动中国创新发展并成功跨越中等收入陷阱。应积极采取供应侧结构性改革，进一步解放生产力，特别是提升创新劳动的积极作用，强化市场化改革，激励创新，淘汰“僵尸企业”，促进现代服务业打开创新空间，有效地调动各方积极性，促进中国经济成功转型。

关键词：　经济展望　供给侧　结构性改革

一　中国2016年经济分析与展望

2015年中国经济GDP增长率为6.9%，基本上完成了2015年制定的7%的经济增长目标。依据增长的环比趋势分析，预计2016年经济增长在6.6%以上的水平，符合实现翻一番目标的保障速度，稳

* 张平，中国社会科学院经济研究所副所长，研究员。

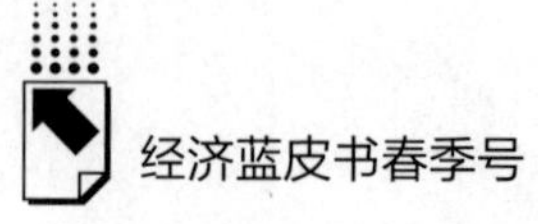

定经济增长依然是重要的任务。

1. 2015年改革开放迈出了新步伐

这主要表现在以下几个方面。①价格改革，特别是生产资料价格、公共服务价格改革，加上利率和汇率等要素市场价格改革，市场体系建设取得突破性进展；②商事制度改革，提高政府效率，促进个人、企业创业；③自贸区扩区，加大开放，负面清单得以在自贸区推进，极大地加快了改革的进程；④汇率制度改革加快，人民币资本项下可兑换的基本条件已经完成，2015 年人民币正式成为 IMF 中的 SDR，取得实质性突破，到 2016 年 9 月 31 日正式纳入，前置条件是人民币资本项目的开放度逐步提高，中国经济走向全面开放，市场体系改革取得了新进展。

2015 年经济和政策走势的最重要特征是继 2014 年提出经济进入“新常态”的阶段性特征后，给出了更为明确的阶段性经济转型与开放的新特征。经济转型方面四个特征已经凸显出来：①制造业向服务业转型；②投资—出口驱动向消费驱动转型；③通过引进设备、模仿扩散的“干中学”的技术进步向以研发、知识产权保护为主的内生型技术进步转型；④城市化率超过了 55%，城市经济主导时代到来，城市发展模式从过去工业化时代的增长极（集中工业聚集地）转向以知识生产为主导的创新外溢型发展模式。

中国经济全面开放的步伐在加快，自贸区扩大试点，中美“负面清单”基本达成共识，人民币纳入 IMF 的 SDR 以及资本项下自由兑换条件已经完备，中国将迈向全面对外开放，开放促改革的力度明显加强，特别是负面清单与人民币资本项下自由兑换会倒逼行政干预体系的改革，否则当前的政府干预模式难以适应新开放的进程。

2. 2016年经济展望

我们依据环比预测模型对 2016 年 GDP 增速进行测算，结果为 6.63%。环比增长更为平稳，特别是第一季度经济发展比较快，但依据现有的激励模式，需求激励的力度总体来讲会低于2015年。首先，货币政策的激励空间下降，特别是人民币加入SDR后，加之美国加息，利率很难再连续下降，中国2016年降息到1%已经是到底了，降准空间仍比较大，货币激励较2015年要低；其次，财政收入会随着经济减速与通缩进一步下降，减税和加大财政支出的总体财政激励能力也在下降，主要靠加大赤字和政策性银行发债支持中央财政基建支出，债务置换依然在4亿元以上的规模，政府债务杠杆会显著上升；最后，与中央支持的产业政策和基建投资相对应的地方政府和企业配套能力下降，特别是企业和地方负债率会提高，负债表会进一步恶化。从2013～2015年的环比增长规律看，有相对强的季度规律，但总体比较下来，是逐步递减的（见图1），2016年GDP环比总体比2015年下降。

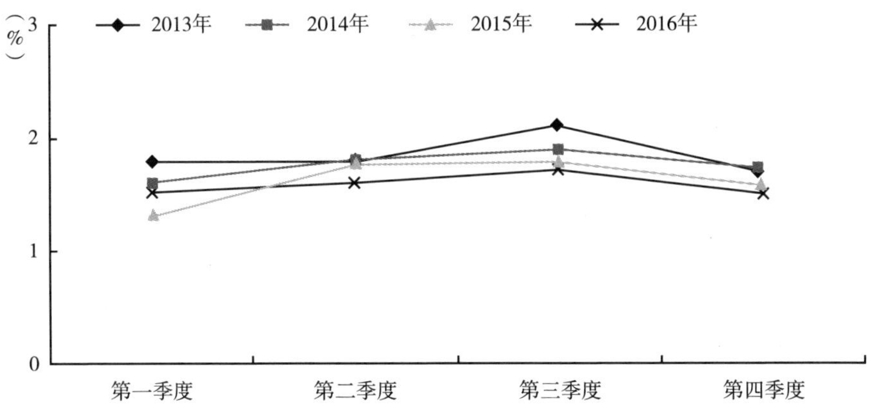

图1　2013～2016年GDP季度环比增速比较

资料来源：Wind数据库。

环比和同比是有着完全对应关系的，依据2015年的季度环比和2016年的假设，可以推出2016年的季度同比。2015下半年加大了政策激励力度，货币供给、降息降准、推进股票市场和债券市场的融资、财政加大支出力度等，使投资贡献率第三季度明显高于第二季度。稳定投资，并积极布局“十三五”的投资计划，这给了2016年比较好的开局，预计2016年第一季度经济增长达到6.8%，而后根据GDP环比假设计算的增长仍然会下滑，全年预测为6.7%的水平（见图2），与国际和国内预测的一般均值相当。

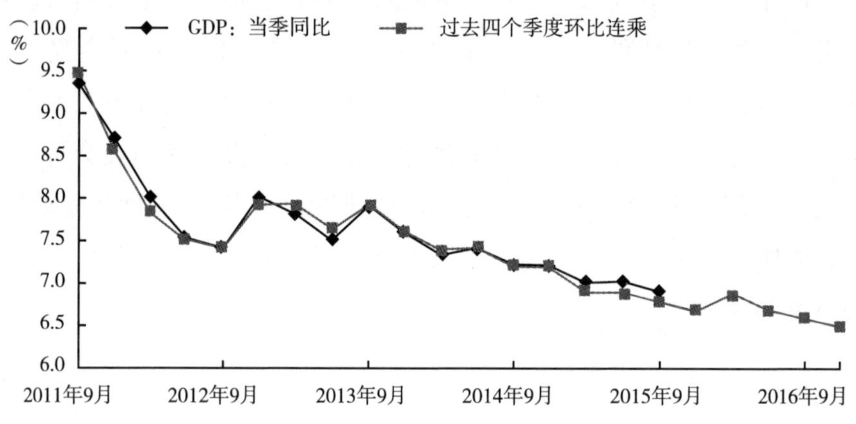

图2　GDP季度环比与同比趋势

资料来源：Wind数据库。

从各个方面分析看，制约经济上升的主要因素仍是以下几个。①投资仍然低迷，企业投资意愿下降，企业负债高和盈利状况有所恶化；而地产投资由于受到三、四线城市持续的地产低迷和一线城市持续的土地价格上涨影响，拉动房地产投资的最为积极因素在二线城市，但难以提升总体房地产投资的意愿，房地产投资依然维持个位数的增长率；其他主要靠政府投资，由于地方负债过高，因此中央政府投资成为主力，但占比较小，投资增长继续回落在个位数。②消费比较平稳，但如果2016年经济预期下降，缺少了2015年涨工资和涨退休养老金等因素，消费增长会放缓。③净出口带动比较不确定，因为2015年净出口增长较快，但属于衰退性顺差，不可能持续，另外国际市场低迷依旧，人民币实际有效汇率仍在升值，国际竞争力继续下降，预计 2016 年出现 3 个以上单月逆差概率加大，导致汇率波动加大，直接影响进出口的稳定性，因此 2016 年虽保持顺差，但应低于 2015 年的顺差额，净出口带动可能为负。

从物价看，CPI 翘尾因素进一步降低，但由于货币供给量的增加和“猪周期”的崛起，2016 年物价保持略有上升的趋势，CPI 在 2.1% 左右，实体部门通缩依旧，预计 PPI 为 -4.6% 左右。

二 中国经济结构创新转型

“十三五”时期中国经济潜在增长率为 6% ~7%，从成功跨越“中等收入陷阱”的角度看，关键不是速度，而是能成功地进行结构性创新转型。按世界银行的分析，50 年间成功跨越中等收入陷阱的国家仅有 13 个，按 Felipe 等（2012）的计算跨越时间需要 42 年。中国 2006 年进入中等收入国家行列，应该有 30 ~40 年的时间跨域中等收入陷阱。对比跨越成功的国家看，核心是一国能否形成一个知识创新部门，完成创新转型。从速度看，根据姚枝仲（2015）的讨论，只要中国经济增长速度超过美国，即保持 3% 以上的增长，没有过大的金融危机，就能够实现跨越中等收入陷阱。如果遭受金融危机冲击，很容易引起长期路径偏移，跨越中等收入陷阱就是非常艰难的了。国内经济结构不均衡又是易受到外部冲击的原因，二者是高度相关的。因此“十三五”时期的任务不是仅仅保持增长的速度，而是要进行结构性创新转型和让经济体系更均衡稳定，更健康，从而有效地抵御外部金融冲击。

我们可以从长的历史跨度和国际经验来看待“十三五”的二次转型问题。“十三五”时期是中国经济转型的关键时期，此次转型被定义为经济二次转型。第一次转型为从农业到工业，从农村到城市。

中国正在开始第二次转型，即经济从工业化转型为以城市为载体的现代服务业发展。目前，我国2015年城市化率已超过55%，人均GDP按国际标准推算超过了7000～10000国际元，进入了二次转型阶段（张斌，2015）。二次转型的本质不是简单地服务业占比变高，也不是消费占比变高，更不是城市化率有多高。很多这些值高的国家陷入了中等收入陷阱。如拉美国家，都是“三高”，即城市化率高、服务业比重高、消费比重高，但经济长期停滞。究其根本，二次转型一定要向着结构性创新经济转型，走上高效率内生型经济增长的道路。二次转型的特征主要有以下五个方面。

第一，深度城市化。城市不仅仅是人的聚集，更重要的是其能为人提供更好的公共教育、医疗、信息、文化、社区互动项目等大量现代服务，迅速提升人力资本的水平，推动创新活动。城市的创新外溢和知识配置服务推动经济的持续增长。世界经验表明，现代城市化源于工业聚集生产，发展经济学用“发展极”等理论解释了工业集中发展的城市特性。当城市化率超过50%以后，人均GDP超过一定阈值，服务业和消费比重迅速上升，城市发展从物质集中生产特性转向为人提供服务，这一服务主要是基于提升人力资本的现代服务业，如科教文卫体、信息、通信和金融等，通过对现代服务业消费的大幅度提升，人力资本加速形成，推动了知识生产与创造。城市通过现代服务业的发展，完成了创新外溢和知识配置服务，以知识生产与技术创新中心替代工业化时期的物质集中生产中心（中国经济增长前沿课题组，2015）。

第二，向现代服务业转型。目前，服务业在国民经济中的占比已经超过50%。预计在“十三五”时期，服务业占GDP的比重或将达到60%。2008年中国人均GDP按国际元计算已经达到10000国际元，进入了二次转型的门槛。2013年服务业比重超过第二产业，服务业比重提高很快。服务业有基于劳动力密集型的生活服务业，也有高人力资本构成的现代服务业，现代服务业的核心是基于人力资本进行知识生产的部门。如果现代服务业被压抑，则难以实现二次转型，尽管可能服务业比重高，但多为劳动密集型服务业，成了隐蔽失业的场所，而不是基于人力资本的现代服务业发展，从而知识生产与技术创新均没有实现，对经济内生增长没有实质性带动作用，反而成为了低效率部门。

现代服务业是人力资本密集型的服务业，它不同于低端人力密集的服务业，拉美国家的服务业比重非常高，但多集中于低端人力密集型服务业，形成城市隐蔽性失业，没有完成基于人力资本提高的消费与现代服务业发展的互动，知识生产和技术创新乏力，经济增长徘徊。

第三，向提高“广义人力资本”消费比重转型。从全世界城市化率和国内横断面数据计算，都得出以下结论：城市化率超过56%～68%之后，城市化投资带动经济增长的速度就会放缓（陈昌兵，2014），城市就从建设周期转向运营周期，通过土地买卖扩张的速度就会下滑。在运营周期，主要是对城市进行修补，如修路补路，所以整个投资带动就很难再上升，这时期消费主要是以提高广义人力资本为目的的现代服务业的消费，也就是通过教育、医疗、体育、娱乐、信息等来提高广义的人力资本，从而引致人的创新，形成基于城市消费提升人力资本引致创新的内生增长模式。这一消费模式不同于工业化过程中“消费”是再生产劳动力的一个被动成本项，而是基于提高人力资本消费的现代经济增长最为有效的“投资”项。

第四，从引进设备、模仿等“干中学”的技术进步模式转变为以自主知识产权研发的创新活动。中国的TFP从经济增长的高峰时期1987～2007年的30%已经跌到了16%，说明靠引进设备来促进技术进步的阶段结束，必须靠自我创新。要从当前的全要素贡献率

16%提升到“十三五”时期的30%，中国经济潜在增长率才能上升到6%以上。如果TFP贡献仍然在20%以下，加上环保约束和国际经济低迷，中国经济增长速度仍会进一步下跌。城市发展模式应从工业化时期集中物质制造的“物质增长极”，转向以知识生产与配置为主的知识增长极。

第五，加大开放力度，推进国际化融合。中国加入WTO后，中国的开放步伐不断加快，以“一带一路”等新的开放战略为基准，自贸区设立、加入国际货币基金组织的SDR、主导亚洲基础设施投资的亚投行设立等，都在表明中国正积极进行国际的开放融合，促进中国经济在全球分工体系中发挥积极作用。

三　中国经济结构创新转型与供给侧改革

中国经济的二次转型，需要供给侧的改革。第一就是要解放生产力，让更多的创新要素和创新劳动释放出来；第二坚定不移地进行市场化改革，让市场优化资源配置，激励创新转型；第三就是调动各方积极性，建立以提高人力资本促进劳动报酬提升为主导的共享经济体系。上述供给侧结构性改革的原则运用在中国经济体系中集中体现在以下几个方面。

1. 改革政府的行政干预体制，放松管制

传统要素供给已经走到了规模收益递减阶段，而新要素具有规模收益递增特性，如信息、人力资本、教育、创新、好的市场制度等，能给中国带来未来的可持续发展。

改革政府干预性体制是根本。政府干预体制形成于工业化时期，即所谓集中资源干大事，通过资源配置扭曲，推动中国工业化大发展。但是这种体制在二次经济转型过程中，明显是不适用的，大量的二次转型中所需的新要素、创新、非标准化等都不是集中力量能完成

的，而且政府集中力量会造成巨大风险，是当前经济效率低下和不可持续问题的根源。给知识部门成长创造环境，就需要弱化政府干预，强化政府在知识网络建设、疏通和新要素培育方面的功能。

2. 推进财税金融改革，防范开放下的金融风险

首先，推进财税和金融改革，税收应从对生产者征收转向对消费者征收，为企业减税，激活企业，整体税制也应从间接税转向直接税；其次，推进资本市场发展，让以抵押融资为主的银行融资逐步向以能力融资的权益市场转变；最后，2016 年中国人民币资本项目可兑换基本已成定局，应防范人民币贬值传递的金融风险。

3. 国企改革和推动清理“僵尸企业”

高速增长时期依赖要素驱动成长起来的企业，在经济减速时期由于技术进步滞后而面临窘境，其中一部分企业可能已经失去效率增进潜力，或者不能适应创新要求。要对这部分企业进行清理以便释放出资源，用于改善国内产业环境。

4. 推进“科教文卫”事业单位的转型和改革，提高现代服务业比重

过去 30 余年，对工业部门增长的强调，导致对服务业发展的忽视，把服务业置于工业化的辅助部门发展，进而导致服务业发展只注重规模，不注重质量和效率，制造业与服务业劳动生产率差距持续拉大。就现实来看，中国现代服务业的很多部门，一部分存在于管制较大的科教文卫等事业单位；另一部分存在于电信、金融、铁路、航运以及水电气等公共服务部门。这些部门以其垄断力吸引了很大一部分高层次人力资本，但是又不能提供较高的生产效率。为此，需要把事业单位改革与放松管制相结合，盘活人力资本存量，提升服务业的效率及其外部性，培育核心竞争力。

此外，中美谈判的“负面清单”将从自贸区试点推进，这将有助于供给侧结构性改革的实质性推进。

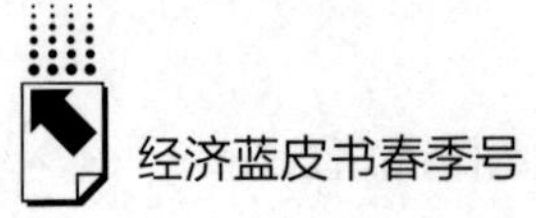

参考文献

Buera F. J. and Kabroski J. P. ,"The Rise of the Service Economy", *American Economic Review*, 2012, B, 102 (6), pp. 2540 - 69.

Herrendorf B. , Rogerson R. and Valentinyi A,"Growth and Structural Transformation" NBER, 2013, Working Paper 18996.

李扬主编《中国经济增长报告(2014 ~ 2015)》,社会科学文献出版社,2015。

袁富华:《长期经济增长过程中的"结构性加速"与"结构性减速":一种解释》,《经济研究》2012 年第 3 期。

张斌:《从制造到服务——经验理论和中国问题》,《比较》2015 年第 5 期。

张平:《通缩机制对中国经济挑战和稳定政策》,《经济学动态》2015 年第 4 期。

中国经济增长前沿课题组:《中国经济长期增长路径、效率与潜在增长水平》,《经济研究》2012 年第 11 期。

中国经济增长前沿课题组:《中国经济转型的结构性特征、风险与效率提升路径》,《经济研究》2013 年第 10 期。

中国经济增长前沿课题组:《中国经济增长的低效率冲击与减速治理》,《经济研究》2014 年第 12 期。

中国经济增长前沿课题组:《突破经济增长减速的新要素供给理论、体制与政策选择》,《经济研究》2015 年第 11 期。

B.3

2016年中国宏观经济波动及走势的分析与预测*

陈 飞　范晓非　高铁梅**

摘　要：2013 年 9 月，我国经济增长开始进入新一轮增长周期波动的缓慢下降期，截止到 2015 年底此轮周期的谷仍未出现，总体呈现下降时间长、低位运行的态势。本文基于长/短先行合成指数（扩散指数）在本轮景气波动中的特征，以及对 2015 年主要经济数据的分析，预计我国经济景气波动的谷底将在 2016 年第 1 季度出现，从第 2 季度开始有望止跌企稳，之后大体维持微幅上升的变动趋势。考虑到当前我国经济正处于由高速向中速增长的转换时期，拉动经济回升的主导力量尚未形成规模，经济下行压力依然较大，因此，本文预计 2016 年全年 GDP 增长率将达到 6.8% 左右，CPI 为 2% 左右，PPI 仍难以摆脱负增长的局面。这需要政府梳理整合各项政策，聚焦供给侧，重视需求端，长期政策和短期政策协同作战，为 2016 年经济景气回升

* 本文得到国家社会科学基金重大项目（15ZDA001）、国家社会科学基金项目（14BJY120，15CSH024）和辽宁省高等学校优秀人才支持计划（WR2015002）、东北财经大学校级项目（DUFE2015Q19）和东北财经大学博士后择优资助项目（BSH201511）的资助。

** 陈飞，经济学博士，东北财经大学经济学院教授，数量经济系系主任；范晓非，经济学博士，东北财经大学经济与社会发展研究院助理研究员；高铁梅，东北财经大学经济学院教授，博士生导师，东北财经大学经济计量分析与预测研究中心副主任。

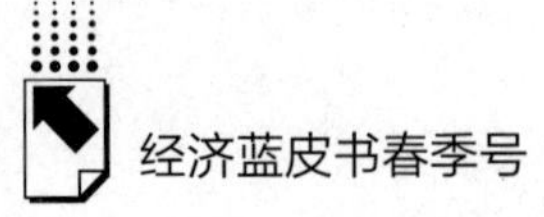

提供长效动力。

关键词： 经济增长周期 景气指数 预警信号系统

2015年，面对错综复杂的国际环境和国内经济下行压力加大的挑战，中央政府继续实施积极的财政政策和稳健的货币政策，坚持稳增长、调结构、惠民生、防风险，有效地化解了各种风险，确保了经济运行处于合理区间，GDP全年增速为6.9%。物价水平较为稳定，年度CPI仅为1.4%，远低于年度3.0%左右的调控目标。2015年我国结构调整稳步推进，协调发展成效显著，其中服务业对经济增长贡献继续加大，第三产业增加值比2014年增长8.3%，增速比第二产业快2.3个百分点，占国内生产总值的比重为50.5%，比2014年提高2.4个百分点，比第二产业占比高10个百分点；能源利用效率提升，全年万元国内生产总值能耗比2014年下降5.6%；消费增速总体平稳，全年最终消费对经济增长的贡献率为66.4%，比2014年提高15.4个百分点，成为拉动我国经济增长的第一动力；尽管进出口有所下降，但降幅小于世界出口降幅，出口占世界出口总额比重继续提高，贸易顺差仍持续扩大；更重要的是居民收入增速快于经济增速，全年全国居民人均可支配收入为21966元，扣除价格因素，比上年实际增长7.4%，快于国内生产总值增速0.5个百分点。

2016年是实施国家“十三五”规划纲要的开局之年，而“十三五”时期更是全面建成小康社会的决胜阶段。当前，中国经济正处于结构转型和速度换挡期，劳动力供给、资源环境成本、技术追赶空间和外部市场需求等因素正在发生变化。中国经济增长进入“新常态”后，面临着诸多矛盾叠加、风险隐患加大的严峻挑战，加之全球经济复苏乏力，贸易低速增长，预计我国外部需求疲弱态势仍会持续。因此，2016 年中国经济能否“触底反弹”并保持在适度增长区间，全年的经济景气波动状况和重点经济领域态势如何，政府的宏观调控政策取向如何调整，等等，成为各界关注的焦点问题。为了对这些热点问题做出比较科学和准确的回答，本文基于改进的“经济景气分析系统”和“宏观经济监测预警信号系统”，对我国当前的经济景气状况、重点经济领域的运行态势以及影响因素进行具体分析和判断，在此基础上，对政府下一步的宏观调控提出政策建议。

一　基于景气指数分析法对经济景气状况的分析和预测

1. 景气指标的选取

本文采用国际上通用的经济景气指数方法分析我国宏观经济整体的周期运行态势和景气波动状况。在选取景气指标时，采用的基准指标是国家统计局公布的工业增加值月度实际增长率。由于工业增加值月度实际增长率指标是扣除了价格因素的实际增长率序列[①]，为了使合成的指标类型一致，本文首先对被筛选的各经济领域的价值型经济指标进行了价格平减，然后计算各经济指标的同期比增长率序列[②]，经季节调整并消除不规则因素。在此基础上，进一步利用 K—L 信息量、时差相关分析等计量方法从处理后的大量指标中筛选出与基准指标波动对应性较好的 25 个经济指标作为中国宏观经济景气指标。为了避免经济结构变化的影响，使之能反映近年来景气波动的对应情

① 资料来源：中国经济信息网宏观月度库，http：//db. cei. gov. cn/，数据区间为 1998 年 1 月至 2015 年 12 月。

② 需要说明的是“社会消费品零售总额”和“工业企业产成品”两项指标，由于采用国家统计局发布的绝对量指标计算的增长率和发布的增长率指标相差较大，因此本文直接采用发布的增长率指标。

况，表1中K—L信息量和时差相关分析方法的计算时期选为2005年1月至2015年12月。

本文筛选出的中国先行指标（分为长先行和短先行两种情况）、一致指标、滞后指标组及与各指标相对应的K—L信息量和时差相关系数见表1。从表1中各指标的K—L信息量和时差相关系数可以看出，所选指标与基准指标具有很好的对应性，其中进行价格平减后的投资类和金融类指标具有很好的先行性质，而物价、消费、库存等指标具有很好的滞后性质。

表1　中国宏观经济景气指标组

	指标名称	延迟月数	K—L信息量	时差相关系数
长先行指标	1. 金融机构各项存款增速*	11	7.34	0.65
	2. 固定资产投资资金来源中自筹资金增速*	-10，-9	17.49	0.57
	3. 固定资产新建投资额增速*	-10，-9	7.49	0.75
	4. 金融机构各项贷款增速*	-8	14.17	0.37
	5. 广义货币供应量(M2)增速*	-8	7.53	0.57
	6. 固定资产投资完成额增速*	-8	4.75	0.75
	7. 地方项目固定资产投资额增速*	-7	6.05	0.75
	8. 固定资产投资本年新开工项目个数累计增速	-7	48.66	0.61
短先行指标	1. 固定资产投资施工项目个数累计增速	-6	13.41	0.61
	2. 狭义货币供应量(M1)增速*	-5	12.69	0.71
	3. 水泥产量增速**	-5，-4	7.70	0.84
	4. 房地产投资完成额增速*	-3	9.91	0.83
一致指标	1. 工业增加值增速**	0	0	1.00
	2. 国家财政收入增速*	-2	14.80	0.87
	3. 工业企业产品销售收入增速*	-1	12.71	0.89
	4. 发电量增速**	-1,0	3.81	0.94
	5. 进口额增速*	0	15.92	0.83

续表

	指标名称	延迟月数	K—L 信息量	时差相关系数
滞后指标	1. 商品房本年施工面积累计增速	+3	9.67	0.77
	2. 原材料、燃料、动力购进价格指数（上年同月 =100）**	+4	7.10	0.88
	3. 工业品出厂价格指数（上年同月 =100）**	+4	2.32	0.88
	4. 社会消费品零售总额增速**	+5，+4	6.23	0.41
	5. 居民消费价格指数（上年同月 =100）**	+6	4.03	0.58
	6. 出口商品价格总指数（上年同月 =100）**	+8	4.85	0.74
	7. 建筑材料类购进价格指数（上年同月 =100）**	+9	3.67	0.74
	8. 工业企业产成品增速**	+12	12.78	0.74

注：（1）表 1 中的结果是利用 2005 年 1 月至 2015 年 12 月的数据计算的结果，各指标均为同比增长率序列，并且经过季节调整，去掉了季节要素 S 和不规则要素 I 的 TC 序列。

（2）延迟月数有两个数时，前一个是 K—L 信息量的延迟月数，后一个是时差相关系数的延迟月数，其中负号表示先行，正号表示滞后。K—L 信息量越小，越接近于 0，说明指标 x 与基准指标 y 越接近。表 1 中计算出的 K—L 信息量扩大了 10000 倍。

（3）指标名后标有“ * ”号表示经过价格平减的实际值指标计算的同比增长率；指标名后标有“ ** ”号表示直接采用统计局发布的同比增长率指标；指标名后没有标记是采用统计局发布的绝对量指标计算的同比增长率指标。

（4）本文利用国家统计局公布的价格月度同比（上年同月 =100）和环比（上月 =100）数据分别计算了 5 种基期价格指数（2005 年全年平均值 =1），即居民消费价格指数、商品零售价格指数、工业品出厂价格指数、出口价格指数和进口价格指数，并利用固定资产季度价格指数，通过插值方法，计算出固定资产月度基期价格指数。

2. 基于合成指数的中国经济景气状况分析与预测

景气指数方法是一种实证的景气观测方法，从各领域中选择出一批对景气变动敏感，有代表性的经济指标，用数学方法合成为一组景气指数（先行、一致、滞后），以此来作为观测宏观经济波动的综合尺度。本文采用表1筛选出来的景气指标组，利用美国全国经济研究所（NBER）方法分别建立了一致、先行和滞后合成指数（Composite Index，简称 CI，各指数均以 2005 年平均值为 100），样本期间为1999 年1 月至2015 年12 月。

从图1 中的一致合成指数可以看出，1999 年以来我国宏观经济呈现明显的增长周期波动特征（阴影部分为景气收缩阶段[①]，下同）。按照峰—峰对应的周期计算，1999 年至今我国宏观经济增长率已经历了4 次完整的景气循环，目前正处于第5 次景气循环的下降阶段。在所有景气循环中，前3 轮景气循环大体呈现景气收缩期短、整体处于高位运行的波动态势。而第4 轮景气循环（2010 年1 月至2013 年9 月）的波动特征较为特殊，首先，其呈现明显的长收缩短扩张的“非对称”形态，景气收缩局面持续长达31 个月（2012 年8 月到达谷），随后的景气回升局面仅仅持续13 个月。其次，其回升幅度非常有限，经济景气的峰甚至低于前2 轮景气循环的谷，成为1999 年以来我国景气循环的“最低峰”。自2013 年9 月开始，受固定资产投资、财政收入以及工业增加值增速回落的影响，月度经济景气指标在低位再次出现回落态势，在此期间，虽然出现了4 个月的小幅回调但力度很弱，没有能形成真正的景气循环的上升局面，截止到2015 年12 月，第5 轮景气循环的收缩期已经持续了27 个月，其持续时间仅次于上一轮超强刺激政策后的景气收缩阶段。上述事实表明，2012 年后我国经济周期波动特征发生了结构性的转变。

为进一步刻画2012 年前后我国经济周期波动特征的变化，本文

① 参见高铁梅等《经济周期波动分析与预测方法（第二版）》，清华大学出版社，2015，第136 页“中国增长率循环基准日期表”。

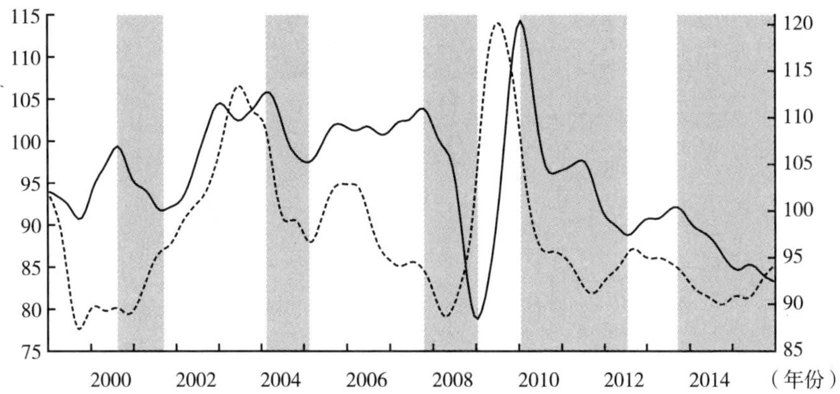

图 1a　一致合成指数（实线，左轴）和长先行合成指数（虚线，右轴）

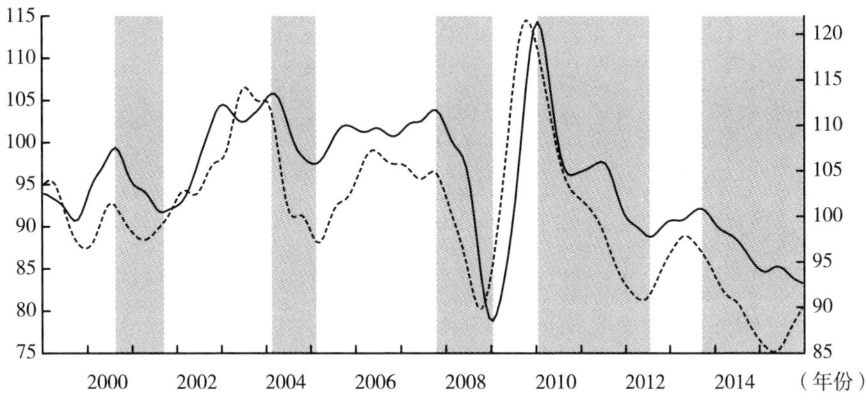

图 1b　一致合成指数（实线，左轴）和短先行合成指数（虚线，右轴）

在图 1 中添加两条虚线，一条是在一致合成指数坐标为 100（2005 年的平均值等于 100）的位置，记为虚线 100；另一条是在一致合成指数坐标为 90 的位置，记为虚线 90。从图 1 中可以看出，1999～2011 年我国经济增长基本是围绕着虚线 100 上下波动，这 13 年的 GDP 年均增速约为 10%。在 2012 年之后，我国经济增长开始围绕虚线 90 上下波动，最近4年的GDP年平均增速约为7.4%，且呈现小幅波动态势，这显示出我国经济运行正逐步进入中速增长和“微波化”波动的“新常态”阶段。从10%左右的高速增长换挡为7%左右的中速增长是经济增长新常态阶段的重要表现，同时是我国潜在增长率下降的反映。随着我国劳动力成本上升与“人口红利”减弱、储蓄率降低与投资增速放缓，潜在增长率出现一定程度的下降是必然趋势。

本轮景气循环什么时候能够到达谷底，即经济增长走势进入上升阶段，对中央政府制定2016年宏观经济调控政策具有重要参考意义，也是党的十八大提出的“到2020年国内生产总值和城乡居民收入翻番”目标实现的关键。鉴于此，本文依据各先行指标的不同先行月数长度，将先行月数超过或等于7个月的先行指标归为长先行指标组，先行月数低于7个月的归为短先行指标组，并分别构建长先行和短先行合成指数。从而能够更为清晰地利用先行与一致合成指数关系，预测本轮景气循环谷底的具体日期。由金融机构各项存款等8个先行指标合成的长先行指数由图1a中虚线给出，由固定资产投资施工项目个数等4个先行指标合成的短先行指数由图1b中虚线给出。从图1a和图1b中可以看出，长/短先行合成指数历史上各个周期的峰、谷点相对一致合成指数均具有较明显的先行性，最近3轮的各景气指标的峰谷点和超前期如表2所示。

表2　一致合成指数和先行合成指数的峰谷点及超前期

	一致合成指数		长先行合成指数				短先行合成指数			
	峰	谷	峰	超前期	谷	超前期	峰	超前期	谷	超前期
第3轮循环	2007.10	2009.1	2005.11	23	2008.4	9	2006.6	18	2008.10	3
第4轮循环	2010.1	2012.8	2009.7	6	2011.9	11	2009.10	3	2012.5	3
第5轮循环	2013.9	—	2012.9	12	2014.9	—	2013.5	4	2015.5	—

注：（1）为消除经济结构变化的影响，本文依据最近3轮景气循环来考察长/短先行合成指数对一致合成指数的峰谷超前期。

（2）长/短先行合成指数相对于一致合成指数的超前期单位为月数。

利用表2结果可计算得到，长先行合成指数对一致合成指数的峰的平均超前期为13个月，谷的平均超前期为10个月；短先行合成指数对一致合成指数的峰的平均超前期为8个月，谷的平均超前期为3个月。对于本轮景气循环，长先行（短先行）合成指数始于2012年9月（2013年5月）的回落局面已于2014年10月（2015年5月）结束，随后其呈现逐步回升态势，至2015年12月该回升局面已经持续了14个月（7个月），进而可以确定长先行（短先行）合成指数的最新一轮波动的谷已经出现。根据一致合成指数与先行合成指数的统计关系，以及先行合成指数谷的平均超前期，本轮景气循环的谷本应该在2015年8月前后出现，但我国产业结构调整、产能过剩行业去库存以及国际经济发展乏力延长了本轮景气循环的谷的超前期。值得注意的是，我国经济稳中趋好的形势已经开始显现，因此本文预计一致合成指数将于2016年第1季度前后达到谷底，即本轮景气波动的谷将出现在2016年2月前后，从2016年第2季度后我国经济景气或将呈现触底企稳并缓慢回升态势。

滞后合成指数主要是由各类价格指数（上年同月=100）、社会消费品零售总额增速、工业企业产成品库存增速等指标构成的。图2显示滞后合成指数的滞后期比较明显，历史上各个周期对应较好，其峰（谷）的平均滞后期为10个月（8个月）左右。滞后合成指数的一个重要作用就是确认宏观经济周期波动的转折点已经出现。从图2中可以看出，滞后合成指数最近的回升局面已于2014年7月结束，达到了滞后合成指数的峰，从而可以确认2013年9月为一致合成指数的峰。此后，受我国工业企业“去库存”“去产能”的影响，滞后合成指数呈现下降态势，截至2015年12月该回落态势已持续了17个月。如果一致合成指数能够在2016年第1季度触底回升，可以预期滞后合成指数将在2016年第3季度前后达到谷底，转入上升阶段。因此可以预计物价、消费、库存等领域的增长都将于2016年第4季度前后进入上升阶段。

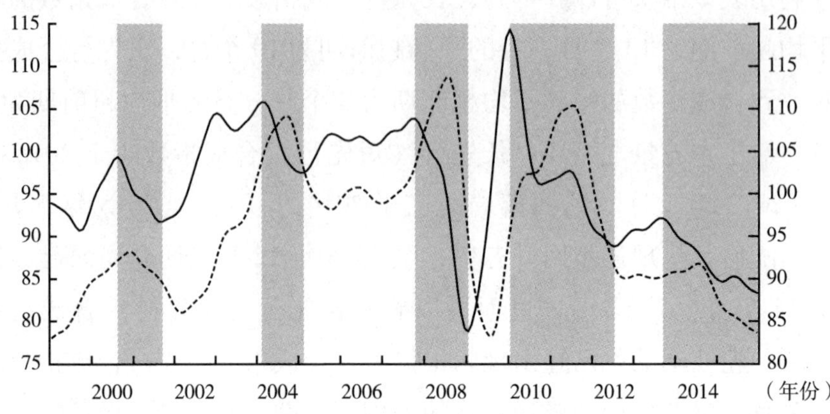

图 2　一致合成指数（实线，左轴）和滞后合成指数（虚线，右轴）

3. 基于扩散指数的中国经济景气状况分析与预测

扩散指数（Diffusion Index，简称 DI）的基本思想是，把保持上升（或下降）的指标占上风的动向看做是景气波及、渗透的过程，可以将其综合来把握整个景气波动态势。当扩散指数的值为 50% 时，意味着经济活动的上升趋势与下降趋势平衡，表示该时刻是景气的转折点。当扩散指数由上方向下方穿过 50% 线时，取前一个月作为扩散指数峰的日期，而当扩散指数由下方向上方穿过 50% 线时，取前一个月作为扩散指数谷的日期。扩散指数的极大值点和极小值点要比扩散指数的峰和谷先行一段时间，这是扩散指数的特点之一，我们利用这一性质，可以提前预测景气波动的峰、谷出现时间。鉴于此，本文进一步采用表 1 中所筛选出来的景气指标组分别建立了一致扩散指数、长先行扩散指数和短长先行扩散指数，结果由图 3 给出，通过对比来预测本轮景气循环的谷的出现时间。

从图 3 可以看出，一致扩散指数在 2013 年 10 月从上向下方穿越 50% 线，取前一个月作为扩散指数上轮景气循环上升阶段的峰，即

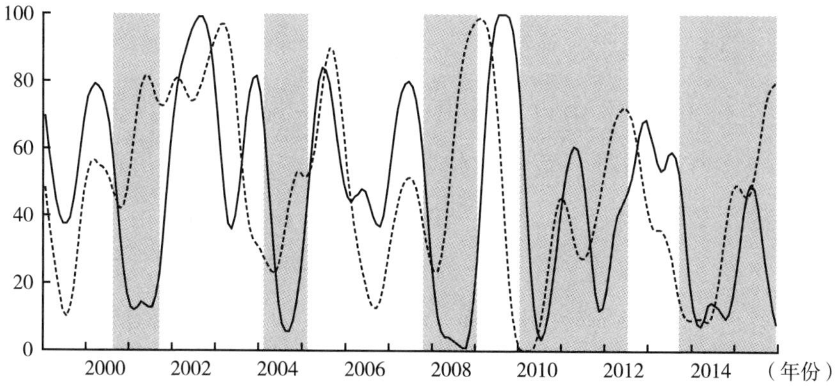

图 3a　一致扩散指数（实线）和长先行扩散指数（虚线）

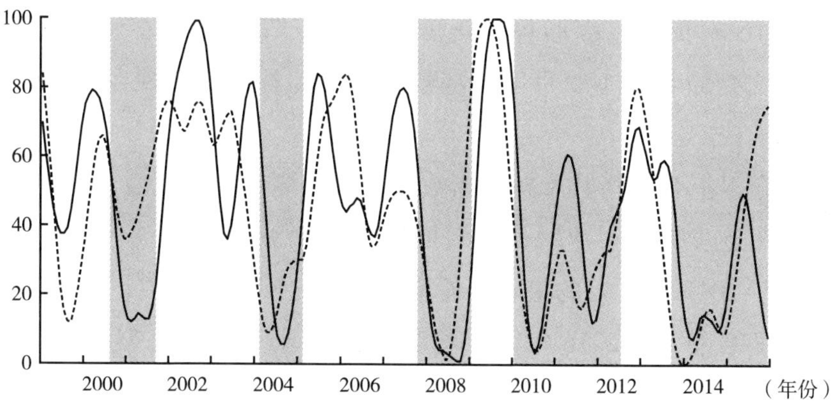

图 3b　一致扩散指数（实线）和短先行扩散指数（虚线）

注：为了避免不规则要素的干扰，图 3 中的扩散指数都采用经过五项反复移动平均后的扩散指数序列（MDI）。

2013 年 9 月为一致扩散指数此轮景气波动所达到的峰。随后，一致扩散指数开始持续回落，并于 2014 年 3 月达到极小值点后逐步震荡回升，但于 2015 年 5 月接近 50% 线时，受工业增加值增速、发电量增速和进口额增速指标大幅下滑的拖累，一致扩散指数开始止升回落，没有形成本轮景气循环的谷，截至 2015 年 12 月，一致扩散指数仍处于景气循环枯荣分界线下方的下降区间，其波动态势与一致合成指数的判断大体一致。

从图3a和图3b中可以看出，长/短先行扩散指数历史上各个周期的峰、谷点相对一致扩散指数均具有较明显的先行性，长先行扩散指数于2014年5月触底后快速回升，并于2015年6月从下向上穿越50%线，取前一个月作为长先行扩散指数的谷，长先行扩散指数的谷已于2015年5月出现。短先行扩散指数于2015年7月从下向上穿越50%线，取前一个月作为长先行扩散指数的谷，长先行扩散指数的谷已于2015年6月出现。根据计算，长/短先行扩散指数的谷相对于一致扩散指数谷的平均超前期大概为4～9个月，考虑到2016年我国经济形势变化可能导致景气先行期有所延长，因此，本文判断我国本轮月度经济景气下滑的谷或将出现在2016年2月前后。

综合以上合成指数和扩散指数的全部预测结果可以看出，我国经济运行正逐步进入中速增长和周期波动“微波化”的“新常态”阶段，始于2013年9月的最新一轮增长循环的回落局面或将于2016年第1季度结束，从2016年第2季度开始我国经济增长速度将逐步小幅回升。

二　基于监测预警信号系统对经济景气状况的分析和预测

本文选取包含我国工业生产、进出口、投资、消费、财政收入、金融、物价及房地产等主要经济领域的12个经济指标增长率构成了我国宏观经济监测预警信号系统，对我国总体经济景气状况和变动趋势作进一步的考查和判断。考虑到我国经济已经进入经济结构转型和深化改革的新阶段，结合对预警指标变化情况的统计分析和发展趋势判断，本文在 2015 年调整后的预警指标和预警综合指数的预警界限[①]的基础上，进一步调整了社会消费品零售总额指标等指标的预警界限（见本文文后附录），以便更为合理地反映“新常态”下经济景气的变动情况。

1. 基于景气动向综合指数的分析

由 12 个预警指标构成的景气动向综合指数（见图 4）与图 1 的一致合成指数（CI）的波动和走势很接近。图 4 显示，在本轮景气周期之前，除 1998 年和 2008 年受世界经济危机影响中国经济增长进入了“趋冷”的“浅蓝灯”区，以及 2009 年末至 2010 年初政府为应对全球金融危机增加 4 万亿元投资促使经济增长进入“过热”的“红灯”区之外，其他大部分年份中国经济增长都处于正常的“绿灯”区间，部分年份处于“趋热”的“黄灯”区。

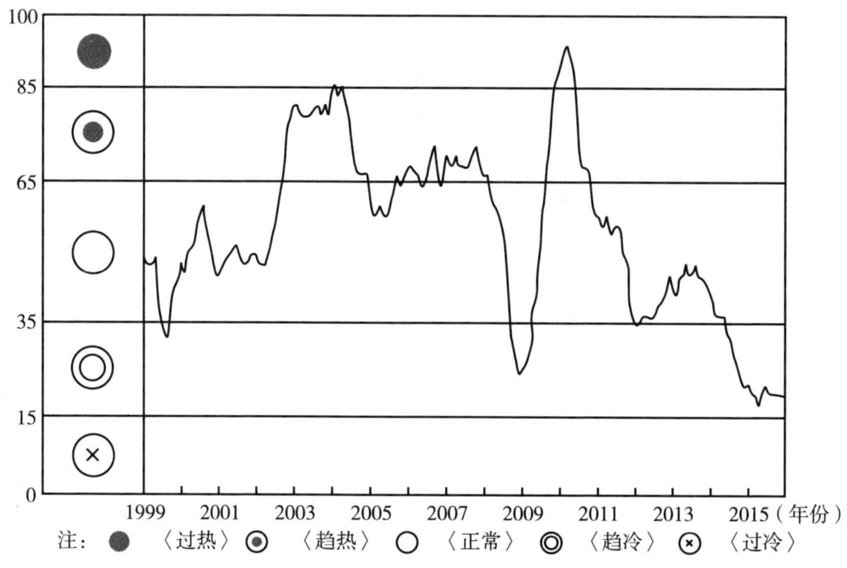

图 4　景气动向综合指数

① 参见高铁梅等《经济周期波动分析与预测方法（第二版）》，清华大学出版社，2015，第 7 章。

对于本轮景气循环，景气动向综合指数从2012年8月的谷底快速回到“绿灯”区，并在2013年7～10月出现局部峰值（50%），与一致合成指数的波峰转折点时间（2013年9月）大体一致。此后，随着工业生产、投资、外贸、财政收入和货币供应量增速等预警指标值的下降，景气波动再次快速降温，并于2014年2月进入“趋冷”的“浅蓝灯”区间，到2005年底已经持续近两年时间，创造了经济“趋冷”的持续时间最长、下降幅度最深的历史纪录。2015年5月，随着货币、信贷、消费和财政收入增速的温和回升，该综合指数在“浅蓝灯”区出现止跌企稳、在谷底徘徊的迹象，预示景气波动可能开始筑底回升。如果政府和央行在2016年上半年继续采取积极的财政政策和适当宽松的货币政策，我们预计景气动向综合指数将会平稳上行，但上升幅度较小，预计在2016年下半年将会回升到正常的“绿灯区”。

2. 基于监测预警指标信号的分析

图5显示了2015年对12个预警指标的监测结果，多数指标的景气波动呈回落态势，少数指标开始企稳或稳中回升。其中，金融机构贷款、固定资产投资和消费指标一直处于“正常”的“绿灯”区间，到2015年9月，狭义货币供应量（M1）指标也开始进入并稳定在“绿灯”区间；财政收入和物价这两个指标仍然发出“趋冷”信号；另外，出口和工业增加值指标则先后进入“过冷”的“蓝灯”区；而2015年全年进口、企业主营业务收入、发电量以及房地产开发综合景气指数这4个指标都处于“过冷”的“蓝灯”区。下面对各预警指标信号变动情况做详细的分析。

（1）2015年工业生产增速和企业效益回落到“过冷”的“蓝灯”区

2015年世界经济不振、外需持续低迷给出口导向型行业带来了冲击，而国内有效需求不足，部分行业产能过剩，以及产业结构调整

指标名称	2015年											
	1月	2月	3月	4月	5月	6月	7月	8月	9月	10月	11月	12月
1.工业企业增加值增速 当月（春节）	◎	◎	◎	◎	◎	◎	◎	⊗	⊗	⊗	⊗	⊗
2.货币供应量（M1）实际增速	⊗	⊗	⊗	⊗	⊗	◎	◎	◎	○	○	○	○
3.金融机构各项贷款实际增速	○	○	○	○	○	○	○	○	○	○	○	○
4.固定资产投资实际增速	○	○	○	○	○	○	○	○	○	○	○	○
5.社会消费品零售总额实际增速	○	○	○	○	○	○	○	○	○	○	○	○
6.进口额实际增速	⊗	⊗	⊗	⊗	⊗	⊗	⊗	⊗	⊗	⊗	⊗	⊗
7.出口额实际增速	○	◎	◎	⊗	⊗	⊗	⊗	⊗	⊗	⊗	⊗	⊗
8.国家财政收入实际增速	◎	◎	◎	◎	○	○	○	○	◎	◎	◎	◎
9.居民消费价格指数	◎	◎	◎	◎	◎	◎	◎	◎	◎	◎	◎	◎
10.工业企业主营业务收入实际增速	⊗	⊗	⊗	⊗	◎	⊗	⊗	⊗	⊗	⊗	⊗	⊗
11.发电量增速	⊗	⊗	⊗	⊗	⊗	⊗	⊗	⊗	⊗	⊗	⊗	⊗
12.房地产开发综合景气指数	⊗	⊗	⊗	⊗	⊗	⊗	⊗	⊗	⊗	⊗	⊗	⊗
综合判断	◎	◎	◎	◎	◎	◎	◎	◎	◎	◎	◎	◎
	23	21	21	19	21	23	23	21	21	21	21	21

注：● 〈过热〉 ⊙ 〈趋热〉 ○ 〈正常〉 ◎ 〈趋冷〉 ⊗ 〈过冷〉

图5　月度监测预警信号

使得重化工行业受到了影响。在国内外需求减弱等因素的影响之下，我国工业企业生产和效益增长偏低。剔除季节和不规则因素后，工业增加值实际增速在2015年一直处于缓慢下滑阶段，并于当年8月开始跌落到6.0%以下的“过冷”区间，截止到2015年底工业增加值实际累计增速仅为6.1%。与此同时，工业企业主营业务收入实际增速始终处于7.0%以下的“过冷”区间，大体在5.5%~7.0%范围内变动，但从2015年5月开始出现了小幅回升，并在9月主营业务收入实际增速达到“趋冷”区间的下限。可以预见，2016年随着我国传统产业去产能、去杠杆、去库存任务取得初步成效，以及由创新驱动引发的医药制造和计算机、通信及其他电子设备制造业等高技术产业的迅猛发展，预计2016年第1季度后，我国工业生产增长将会呈现上升趋势，进入“趋冷”的“浅蓝灯”区。

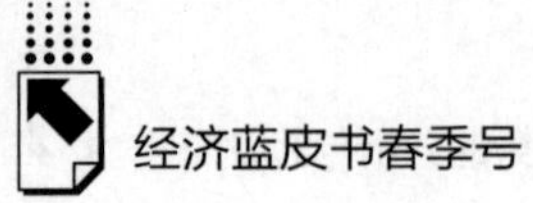

受工业生产增长下行等因素影响，发电量增速（剔除季节和不规则因素后）在2015年全年一直处于“过冷”区间，并于2015年2月出现明显下滑，在7月之后甚至开始出现负增长，2015年11月发电量增速为-3.24%，预计电力行业景气波动已接近谷底。

（2）固定资产投资增速处于“正常”的“绿灯”区，且回升势头已开始显现

2013年9月以后，随着钢铁等重点工业产品的需求陆续接近或者达到峰值，房地产多项建设指标出现历史性转折变化，部分传统领域摊子铺得过大、产能过剩的问题开始逐步显露，固定资产投资增速回落到20%以下并一路持续下滑，到2015年6月，季节调整后的投资实际增速下降到历史最低点，然后开始缓慢回升。

与一般的经济波动不同，这一次投资增速回落，实质是经济发展到了更高阶段的回落，符合后发国家追赶阶段转换的逻辑和规律。2015年，面对经济下滑的压力，我国政府没有采取大规模投资刺激经济的政策，强调发挥好投资对稳增长关键作用的同时，控制盲目投资，在理顺投资结构的前提下保持投资的合理增长。与此同时，政府也在积极创造新的投资增长点，既包括提升棚户区改造、中西部铁路建设和公共服务设施等传统领域的投资潜力，也包括鼓励机器替代人工、研发和信息化、绿色环保和新能源汽车等新技术、新模式产业的创新性投资需求。截至2015年12月，投资实际增速已持续上升6个月，预计2016年全年该指标将保持在“正常”的“绿灯”区间内平稳运行。

（3）2015年消费增速总体平稳，虽有小幅回落但仍保持在“正常”区间内运行

2015年，剔除季节和不规则因素后，消费增速全部保持在10%以上，始终保持在“正常”的“绿灯”区，增速总体适中、走势较为平稳。2015年值得关注的重要结构性变化是消费对经济增长的拉

动作用进一步增强，全年最终消费对经济增长的贡献率为66.4%，比上年提高15.4个百分点，消费品市场规模突破30万亿元大关，在较大基数上实现了稳步增长，充分发挥了作为经济增长的“稳定器”和“压舱石”的作用，意味着我国经济增长的动力机制已经发生重大转变。2016年随着供给侧结构性改革逐步落实，智能节能消费、绿色消费、服务消费、品质消费等市场热点的发展，消费规模必将进一步扩大，预计2016年全年消费实际增速仍将在“正常”的“绿灯”区间运行。

（4）2015年进出口增速双双跌入“过冷”区间，对外贸易下行压力依然较大

2015年2月开始，出口增速从“正常”的“绿灯”区间转入“趋冷”区间，4月又进一步跌入“过冷”区间，并于同年6月出现了2009年国际金融危机以来的首次负增长，到2015年底一直在负增长区间保持下行趋势。此轮出口增速出现较大幅度下滑，既存在国际上的不利影响，也有中国自身的原因。从内部来看，随着劳动力、土地成本的快速上升，中国在纺织服装、玩具箱包等传统劳动密集型产品上的出口竞争力开始减弱，而新的国际竞争优势尚未形成；从外部来看，国际能源和矿产资源价格暴跌、欧洲难民危机、多国货币兑美元大幅贬值等因素，降低了世界对中国商品的需求能力，严重抑制了我国出口增长。[①] 为应对这一问题，2015年中央政府频频出台扶持外贸出口发展的政策，随着各项政策红利的不断释放，预计2016年出口萎缩的局面将得到部分扭转。

进口增速经过2014年下半年的较快回落，于2014年12月开始出现负增长，2015年全年处于负增长区间，创造了2010年以来的最低历史水平。从近期波动情况来看，该指标从2015年4月开始出现

① 马志刚：《2015年中国经济运行“怎么看”》，《经济日报》2016年1月20日。

了小幅反弹，逐渐呈现止跌回稳态势。预计到2016年第2季度，进口增速指标受国内经济景气回暖的影响，降幅有望收窄，但进入“趋冷”区间的概率不大。

（5）货币供应量和贷款增速位于“绿灯”区间，成为拉动景气指数上升的主要动力

狭义货币供应量（M1）实际增速（剔除季节和不规则因素）在2014年12月停止了20个月的连续下滑后，开始触底回升，于2015年6月进入“趋冷”的“浅蓝灯”区，并于当年9月进一步进入正常的“绿灯”区，保持强劲上升态势，显示我国稳健的货币政策已初见成效，流动性趋紧状态得到彻底改观，M1增速已经进入新一轮周期的上升期。2016年1月，受M0大幅增加（当月净投放现金9310亿元）和2015年上半年M1低增速的影响，M1同比增速向上突破至18.6%，增速分别比上月末和2015年同期高3.4个和8.1个百分点。2016年我国货币政策操作空间和灵活性仍然较大，一是利率仍有下调空间；二是流动性管理工具充足；三是外汇储备仍维持较高水平。[①] 根据本文结果，预计2016年上半年M1增速将继续保持上升态势，下半年有所放缓并保持在“绿灯”区间平稳增长。

2015年金融机构人民币贷款实际增速一直处于“正常”的“绿灯”区，并于2015年9月达到年度区间的最大值之后，基本保持平稳。总的来看，该指标与M1增速的走势大体相同，且趋势更加平稳，两者共同成为拉动综合景气动向上升的主要动力，同时也为央行引导金融机构合理、适度、平稳地进行贷款投放及非信贷资产配置提供了有利的金融环境。2016年1月金融机构人民币贷款同比增速达

---

① 侯永志、刘培林：《中国经济今年有条件保持中高速增长》，《经济日报》2016年2月17日。

到15.3%，预计2016年该指标仍能在“绿灯”区运行。

（6）2015年财政收入实际增速在“趋冷”和“正常”区间波动，总体处于偏紧状态

继2014年全国财政收入增速创下1991年以来的首个个位数增长纪录后，受经济下行压力和政府为减轻企业负担实施的减税降费措施影响，2015年财政收入增速进一步放缓至8.4%，比2014年回落2.8个百分点。从2015年财政收入增速的月度数据波动情况来看，该指标实际增速（剔除季节和不规则因素）从1月的最低点4.4%开始逐步上升，并于2015年4月进入“绿灯区”（8%~20%），4个月之后再次进入“趋冷”区间，反映财政收入趋紧状况仍不容乐观。更需要重视的是，随着中国经济步入“新常态”阶段，经济增长速度向中速水平回归，而且是潜在增长率的下降，这对政府如何在2016年有效实施积极财政政策提出了挑战。

（7）2015年物价在“趋冷”区间保持平稳

自2014年8月居民消费价格（CPI）同比增速降到2%以下之后，该指标一路下滑，2015年1月CPI同比增速更是下降到0.8%，2015年始终保持在“趋冷”区间内平稳运行。2016年1月CPI同比上涨1.8%，比上年同期扩大1个百分点，环比上涨0.5%，涨幅与上个月持平，创下了自2015年9月以来的新高，但仍低于市场预期2%的平均水平，为适度宽松的货币政策预留了空间。2016年随着经济景气回暖，以及供给侧改革成效显现，高品质、多样化消费品将不断出现在居民的消费篮子里，可能产生CPI小幅回升拉力。预计2016年物价涨幅总体保持低位运行的概率较大，并于下半年呈现上升趋势，或将回到“正常”的“绿灯”区。

（8）房地产开发综合景气指数始终处于“过冷”的“蓝灯区”

房地产业是影响宏观经济景气波动的重要力量，而房地产开发综合景气指数是反映房地产供给的关键指标。2012年受经济下行压力

和政府的严厉房价调控政策影响，房地产开发综合景气指数开始下降到100（剔除季节和不规则因素）以下，并一直保持低位运行，2015年4月该指标下降到近10年来的最低点（92.4），2015年全年均处于“过冷”的“蓝灯区”。针对这一现状，截至2016年2月，中央已出台多项政策鼓励住房需求，如放松公积金政策、放松货币信贷及财政政策、适度调整二手房转让税费、加大对改善性住房需求的支持力度等。预计到2016年下半年，随着我国房地产市场去库存政策效果的逐步显现，以及新型城镇化带来的居民刚性住房需求的累积，房地产开发综合景气指数有望在2016年第1季度触底回升。

三　2016年主要宏观经济指标预测

本文采用多种经济计量模型对2016年主要宏观经济指标的走势进行预测，从而把握经济的变动趋势，为我国宏观经济调控政策提供参考，各指标的预测结果如表3所示。

表3　主要宏观经济指标预测结果

单位：%

指标名称	2016年第2季度	2016年第3季度	2016年第4季度	2016年全年
GDP累计增长率(可比价)	6.6	6.7	6.8	6.8
规模以上工业增加值增长率(可比价)	5.6	6.2	6.7	6.6
固定资产投资(不含农户)累计增长率	10.5	10.6	10.6	10.6
社会消费品零售额增长率	10.8	10.7	11.5	10.5
出口总额增长率	-2.6	-1.0	-0.5	-1.0
进口总额增长率	-9.0	-5.0	-2.5	-4.0
狭义货币供应量(M1)增长率	14.5	15.8	14.4	14.4
广义货币供应量(M2)增长率	14.4	16.1	15.7	15.7

续表

指标名称	2016 年第 2 季度	2016 年第 3 季度	2016 年第 4 季度	2016 年全年
金融机构人民币贷款总额增长率	14.6	14.6	14.4	14.4
居民消费价格指数(CPI)	1.7	1.6	2.3	2.0
工业品出厂价格指数(PPI)	-4.0	-4.5	-2.5	-3.5

注：除特殊说明外，表中数据均为名义同比增长率，预测的样本数据截至 2015 年 12 月。

1. 2016年经济总量或将呈现短期波动性筑底态势，预计全年经济增速约为6.8%

2015 年我国经济景气一波三折，受国际经济复苏分化、国际大宗商品价格持续震荡波动以及地缘政治冲击影响，我国进口额和出口额双双萎缩，此外房地产投资和制造业投资下滑拖累投资总量增长，2015 年我国 GDP 增速为 6.9%，创 25 年来新低。需要注意的是，在经济增速下降的同时也伴随着经济效率的提高、产业结构的优化以及经济增长新亮点的涌现，因此在供给和需求两侧刺激政策的共同作用下，2016 年初我国本轮经济周期的探底之路或将结束，2016 年第 2 季度后 GDP 增速将呈现企稳小幅回升态势，预计 2016 年全年 GDP 增速约为 6.8%，较 2015 年回落 0.1 个百分点，下降幅度收窄。

2. 2016年物价走势平稳，但将保持在低位徘徊

受食品价格上升影响，2016 年 1 月居民消费价格水平同比上涨 1.8%。考虑到食品价格的季节性回落以及寒冷极端天气逐渐改善的影响，CPI 或缺乏持续上涨动力，预计 2016 年第 2 季度 CPI 约为 1.7%。在经济增速筑底回升以及食品价格平稳波动的条件下，预计 2016 年 CPI 呈现前低后高、小幅波动性缓慢回升趋势，全年约为 2.0%。

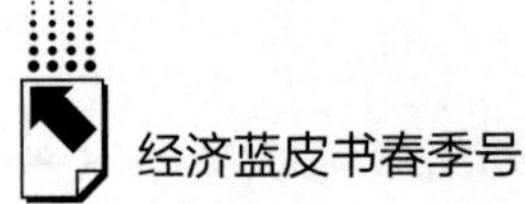

在国际大宗商品价格下跌的外部冲击和国内产能过剩的共同作用下，2015 年我国工业品出厂价格指数（PPI）一路下滑，2015 年全年 PPI 为 -5.2%，与 2014 年相比大幅下降 3.6 个百分点，预计 2016 年 PPI 仍难以摆脱负增长局面，但是随着国际需求的温和回暖、国际大宗商品价格企稳以及国内去产能进程的加快，预计 2016 年 PPI 降幅将逐季收窄，全年下降 3.5% 左右。

3. 工业生产将企稳回升至“趋冷”区间，预计2016年全年增长6.6%左右

2016 年我国工业领域相对过剩的局面难以发生根本改变，制造业面临的下行压力依然较大，同时外需疲软导致出口下降，因此，工业增加值增速仍将在低位运行。随着产业结构升级、高新技术产业和新兴产业不断增长，去产能政策的逐渐落实，以及前期“制造业 2025”“互联网 +”等一系列战略部署发挥效用，预计 2016 年规模以上工业增加值增速将在“趋冷”区间筑底企稳并逐季小幅回升，全年增长 6.6% 左右，较 2015 年提高 0.5 个百分点。但考虑到国内外需求仍偏弱，长期工业下行压力依然偏大，仍需加大去产能和降成本的政策支持力度，确保工业经济顺利度过结构升级以及新旧增长点衔接的转型阵痛期。

4. 固定资产投资或将呈现平稳波动态势

受制造业投资动力不足以及房地产投资下滑等诸多因素影响，2015 年固定资产投资增速逐渐放缓，在经济下行压力较大的背景下，经济主体投资意愿不足。但在 2016 年开年，随着稳增长政策密集出台，特别是在加快房地产行业去产能的减税政策、首套房首付政策以及住房公积金存款利率政策刺激下，房地产销售逐渐回暖，预计 2016 年房地产投资回落态势有望企稳。此外，基础设施建设中的公共设施投资以及水利投资依然在高位运行。预计 2016 年固定资产投资将呈现平稳波动态势，全年增速约为 10.6%。

5. 2016年社会消费品零售总额增速稳中趋缓

2015 年在我国经济面临较大下行压力的形势下，居民商品消费表现不俗，2015 年全年社会消费品零售总额实际增长 10.7%，保持了两位数增长，消费对社会经济增长的贡献率较 2014 年大幅提高 15.4 个百分点，达到 66.4%，显示我国内需的巨大潜力。2015 年消费形势稳定的原因在于第三产业拉动了就业，劳动力市场并未出现大幅度波动，居民收入持续增加，此外网络购物以及新兴消费模式促使消费结构升级加速，预计 2016 年消费零售总额增速稳中趋缓，全年增长 10.5% 左右，并有望继续保持对经济增长的带动作用。

6. 2016年进出口景气或将维持低迷态势，处于负增长区间

受国际大宗商品市场低迷、全球股市震荡以及新兴市场经济下行压力的影响，2015 年我国进口和出口数据表现均不佳。2016 年开年国内外的需求依然持续了 2015 年的疲软态势，2016 年 1 月进口额和出口额双双大幅下滑。此外国际原油价格跌多涨少、全球股市震荡、美国加息步伐放缓的预期不断增加以及新兴经济体风险日益明显等复杂的国际形势都增加了我国进出口景气的不确定性。在复杂多变的国际环境以及去产能、去库存的国内发展主基调下，预计 2016 年我国进出口景气将维持低迷态势，初步预计进口额增速约为 -4%，出口额增速约为 -1%。

7. 2016年货币供应量将保持平稳波动走势

2015 年以来，央行多次降息和降准，社会中的流动性逐渐宽裕。具体地，2015 年广义货币供应（M2）和狭义货币供应（M1）均保持了两位数增速，分别增长 13.3% 和 15.2%，特别是 2015 年 M1 增速较 2014 年大幅提高了 12 个百分点。随着 2016 年稳增长政策的陆续出台和逐步落实，货币政策偏向适度宽松的可能性较大，预计 2016 年货币供应量将保持平稳波动态势，增速与 2015 年基本持平。

信贷方面，在政策性和季节性因素的双重刺激下，2016 年 1 月信贷规模超出市场预期，全国人民币贷款增加 2.51 万亿元，同比增加 1.04 万亿元，增长 15.3%。由于银行为了保证收益大多会选择年初加大放贷力度，因此预计大规模放贷的势头难以持续，2016 年信贷规模将维持稳健，全年增长 14.4% 左右。

四　主要结论和相关政策建议

本文的分析显示，我国经济增长从 2013 年 9 月开始进入新一轮增长周期波动中短周期的缓慢下降期，截至 2015 年底此轮增长周期的下降期尚未结束。当前拉动经济的三驾马车中出口疲软，投资下滑，消费难以大幅上升，虽然经济整体中不乏新的亮点出现，但是带动经济回升的主导力量尚未形成规模，经济下行压力依然较大。预计 2016 年 GDP 累计实际增长率将达 6.8% 左右，较 2015 年下降 0.1 个百分点，下滑幅度收窄。分季度看，2016 年经济增速或将呈现先低后高、小幅回升态势，经济探底之路有望在 2016 年第 1 季度结束。物价方面，预计 2016 年 CPI 仍将低位运行，上涨 2.0% 左右，PPI 难以摆脱负增长的局面。因此需要梳理整合各项政策，聚焦供给侧，重视需求端，长期政策和短期政策协同作战，为 2016 年经济景气回升提供长效动力。

当前我国经济处于由高速向中速增长的转换时期，经济亟须达到中速增长的供需均衡，在短期内托底经济，促使经济企稳趋势明朗化的目标依然需要积极的财政政策和货币政策精准发力。财政政策方面，首先，财政支出应在绿色、环保等绿色基础设施建设方面继续加码，拉动投资需求，促使经济增速企稳；其次，采取定向减税、降税等政策措施，减轻企业税收负担，增强企业活力；最后，应切实保障前期财政刺激政策的落地见效。货币政策应与财政政策配合，积极创造良好的金融环境，防范系统性金融风险；适时降低存款准备金率，保持经济中的流动性基本稳定，保证信贷支持实体经济企稳的能力；加大定向调控力度，保持适度宽松。

从由金融和投资类指标构成的先行合成指数的结果来看，长/短先行合成指数已经出现了明显的上升趋势，根据以往的先行期计算一致合成指数应该达到本轮经济周期波动的谷，然而截至2015年12月一致合成指数依然处于下降通道，说明短期的刺激政策边际效应递减，进而打破了先行指标的先行期规律。这就需要中长期内坚定不移地实施结构转型政策，进而理顺中速增长阶段经济指标之间的相关关系。为此，需要做到以下几个方面。

1. 加快过剩产能的实质性化解，助力工业领域的结构调整

工业增速下滑、企业利润恶化、产品价格低迷等工业领域问题的根源在于传统产业产能过剩，此外，产能过剩也限制了新兴产业的投资规模，进而拖累产业结构升级的步伐。因此，首先应该严格控制过剩产业新产能，加快促进钢铁煤炭等严重过剩产业的优化重组，降低无效供给和低效供给，大力淘汰“僵尸”企业，同时充分利用国内、国外两个市场多渠道化解过剩产能；其次，加快对落后产业的技术升级和改造，促进传统制造业向中高端转变，促进现有产能形成有效供给；最后，完善过剩产能退出的保障体系，解决产能过剩企业的后顾之忧，维持化解过剩产能过程中的社会稳定。

2. 利用区域和城乡发展差距，为经济发展谋求更大的空间

区域经济一体化方面，充分利用京津冀协同发展、环渤海经济区和长江经济带等区域协调发展战略的实施契机，推进区域市场一体化进程，促进区域间生产要素自由流动，增强区域依赖和协作，提高经济效率，带动区域经济快速发展。

城乡一体化方面，一是逐步缩小由户籍制度造成的公共服务方面的城乡差异；二是在农村土地确权的基础上积极探索农民宅基地益物

权和流转权的实施方案，增加农民的财产收入，同时赋予农民在居住和就业方面更多的选择性，从而进一步激发新型城镇化促进经济增长的潜能。

3. 加大“走出去”力度，增加对外贸易和投资规模，加快构建开放型经济新体制

保持经济稳定需要协调国内和国外两个市场，在传统出口商品竞争优势下降的背景下，稳定国外市场需要积极培养我国新的国际竞争优势。一方面，稳定和完善出口相关的政策，保持人民币汇率的稳定，大力支持企业积极开拓海外市场，促进外贸稳定增长的同时化解国内过剩产能；另一方面，抓住“一带一路”等战略的实施契机，加快中韩自贸区、中澳自贸区建设，进一步扩大开放，加快我国优势产业“走出去”的步伐，构建开放型的经济新体制，提升外贸竞争优势，推动对外贸易结构转型和升级。

4. 大力支持创新和创业，努力培育和扩大新的经济增长点

经济进入“新常态”后，传统的经济增长动力将难以为继，因此，必须培育和创造新的经济增长点。为实现这一目标，首先政府应该扩大公共产品供给，提高公共服务水平，为创新和创业发展提供便利的服务平台；其次，应该继续深化改革，从根本上理顺政府和市场的关系，简政放权，降低市场准入门槛，促进公平竞争，从而激发创新和创业活力；最后，加大对新兴产业和消费的政策支持力度，在扩大新兴产业规模的同时释放消费需求。

参考文献

曹红艳：《让绿色成为发展最美底色》，《经济日报》2016 年 2 月 27 日。

陈磊、隋占林、孟勇刚：《2015～2016 年经济景气形势分析与预测》，载于《2016 年中国经济形势分析与预测》，社会科学文献出版社，2015。

高铁梅、陈磊、王金明、张同斌：《经济周期波动分析与预测方法》（第二版），清华大学出版社，2015。

侯永志、刘培林：《中国经济今年有条件保持中高速增长》，《经济日报》2016 年 2 月 17 日。

孔宪丽、高铁梅、张同斌：《2015 年中国宏观经济波动及走势的分析与预测》，载于《2015 年中国经济前景分析》，社会科学文献出版社，2015。

李雪松、张涛：《当前中国经济形势分析与预测》，《经济日报》2016 年 1 月 20 日。

马志刚：《2015 年中国经济运行“怎么看”》，《经济日报》2016 年 1 月 20 日。

倪铭娅：《去年消费对经济增长贡献率达 66.4%，外贸利好趋势将延续》，《中国证券报》2016 年 2 月 24 日。

汪红驹：《2016：经济增长仍有下行压力》，《中国经济时报》2016 年 1 月 20 日。

王小广：《2016 年经济工作的几个重点方向和政策建议》，《行政管理改革》2015 年第 11 期。

张立群：《2016 年中国经济有望结束下行转为平稳增长——2016 年经济形势分析与展望》，新华网，2016 年 2 月 19 日，http：//news. xinhuanet. com/finance/2016 －02/19/c_ 128734013. htm。

附录

预警信号系统预警界限

	红灯	黄灯	绿灯	浅蓝灯	蓝灯
指标名称	过热	趋热	正常	趋冷	过冷
1. 工业增加值增速**	←15.0	13.0	9.0	6.0→	
2. 狭义货币供应量(M1)增速*	←20.0	16.0	8.0	3.0→	
3. 金融机构各项贷款增速*	←20.0	17.0	11.0	7.0→	
4. 固定资产投资增速*	←26.0	18.0	11.0	8.0→	
5. 社会消费品零售总额增速**	←17.0	15.0	10.0	8.0→	
6. 进口增速*	←23.0	20.0	5.0	3.0→	
7. 出口增速*	←24.0	20.0	5.0	2.0→	
8. 财政收入增速*	←24.0	18.0	8.0	4.0→	
9. 居民消费价格增速**	←6.0	5.0	2.0	0.0→	
10. 工业产品销售收入增速*	←25.0	18.0	9.0	7.0→	
11. 发电量增速**	←16.0	14.0	5.0	3.0→	
12. 房地产开发综合景气指数**	←105	103	100	97→	
综合指数	←85	65	35	15→	

注：表中除最后的指标外，预警界限值都是增长率，需加上“%”。指标名称标有“*”的指标是经过价格平减的实际增长率；指标名称标有“**”的指标是统计局发布的增长率。

B.4
当前工业经济形势及政策分析

原磊　金碚*

摘　要： 2015年我国工业生产总体上保持了中高速增长，产业结构调整取得了积极进展。分析我国工业经济面临的突出问题和深层次原因，可获得四方面主要结论：一是传统增长动力难以持续，而新的动力尚未成为主导力量；二是产能过剩的根本原因在于转型升级不畅；三是企业活力不足的原因在于经济运行机制失调；四是制造业成本上升的巨大压力主要来源于西方国家的技术创新和商业模式创新。为推动我国工业经济平稳较快增长，应实施创新驱动战略、促进消费升级、拓宽投资领域、深化体制机制改革。

关键词： 工业经济　政策分析　经济增长

当前我国工业总体上保持了中高速增长，新兴产业增长较快，传统产业加快转型升级，为实现国民经济保持中高速增长、迈向中高端水平发挥了重要的支撑作用。2016年是“十三五”开局之年，在经济新常态时期，要采取有效措施应对各种风险和挑战，实现工业经济健康发展。

---

* 原磊，中国社科院工业经济研究所工业经济运行研究室副主任，副研究员；金碚，中国社科院学部委员，研究员。

一　当前工业经济形势

2015 年，中国工业经济增速尽管下滑到 1992 年以来的最低点，但这是在工业经济总量非常庞大的基础上实现的中高增速。产业结构调整取得了积极进展，新兴产业发展较快。受产业结构单一、转型升级不畅等因素影响，西部地区个别省份和东北地区经济面临较大困难。工业企业利润总额较上年同期大幅下滑，工业行业盈利能力大幅下降。

1. 工业经济增速缓中趋稳

改革开放以来，尤其是 1992 年以来，我国工业经济维持了高速增长，然而近几年来却出现了明显的下滑趋势，2012 年、2013 年、2014 年和 2015 年，规模以上工业企业增加值增速仅仅分别为 7.9%、7.6%、6.9% 和 5.9%，比 2011 年分别下降了 2.9 个、3.2 个、3.9 个和 4.9 个百分点（见图 1）。目前的工业增长率处于 1992 年以来的最低点，反映了当前工业经济增长面临巨大的下行压力。不过，这一速度是在工业经济总量非常庞大的基础上实现的，从国际比较来看，仍然可属中高增速范围。据测算，2015 年名义全部工业增加值将达到 228974.3 亿元；实际工业增加值将达到 56813.1 亿元（1978 年 = 100），是改革开放初期（1978 年）的 35.4 倍，是 1991 年的 13.4 倍。

与全球经济增速比较来看，中国经济增速仍具有明显优势，2015 年领先于全球经济增速 3.1 个百分点（见图 2）。中国 GDP 增速（6.9%）明显高于美国（2.4%）、欧元区（1.6%）、日本（0.4%）、巴西（-3.85%）、俄罗斯（-5.3%），仅低于印度（7.6%）。

从月度数据来看，相较于 2014 年，2015 年工业增加值增速明显

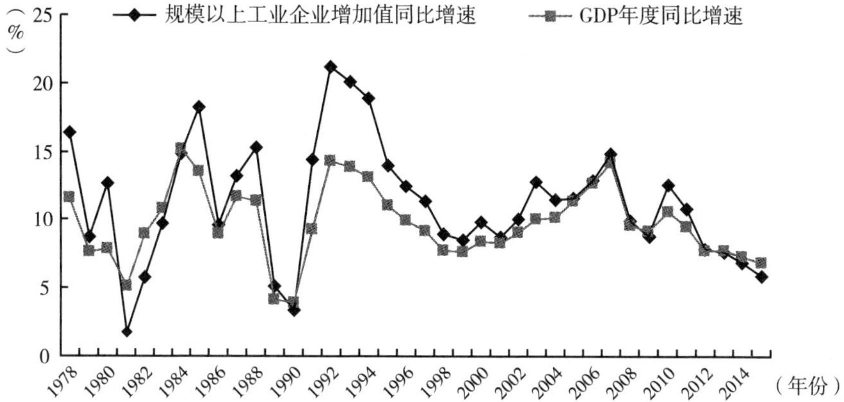

图 1　工业增加值增速与 GDP 增速比较

资料来源：Wind 数据。

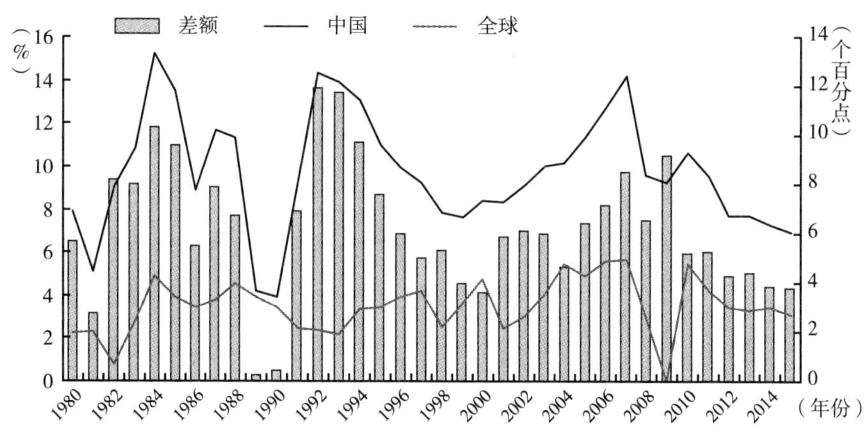

图 2　中国经济增速与全球经济增速比较

资料来源：Wind 数据。

下行。2016 年 1 ~2 月继续小幅度下行（见图 3）。2016 年 1 ~2 月，规模以上工业企业月度增速为 5.4%，低于 2015 年的平均水平。

2. 工业结构调整初现成效

制造业增速明显快于采矿业和电力、热力及水的生产和供应业。

图3　规模以上工业企业增加值月度同比增速

资料来源：Wind 数据。

2015 年制造业工业企业月度同比增速平均值为 6.86%，而采矿业和电力、燃气及水的生产和供应业分别为 2.37% 和 0.87%（见图 4）。事实上，制造业是技术进步的源泉，直接决定一个国家的综合国力。制造业保持较高增速意味着工业内部仍存在较强活力。相比之下，采矿业，电力、热力及水的生产和供应业增长更容易受到全球经济形势，以及国家工业化进程的阶段性影响。

从制造业内部来看，新兴产业增长较快，出口型产业和产能过剩产业增长较慢。2015 年增速最快的十个行业分别为废弃资源综合利用业，有色金属冶炼及压延加工业，化学纤维制造业，计算机、通信和其他电子设备制造业，医药制造业，化学原料及化学制品制造业，金属制品、机械和设备修理业，橡胶和塑料制品业，酒、饮料和精制茶制造业，食品制造业（见表 1）。这些行业中，很多都代表了新兴产业，例如废弃资源综合利用业快速增长说明环保产业的发展；计算机、通信和其他电子设备制造业快速增长说明信息产业的发展；医药

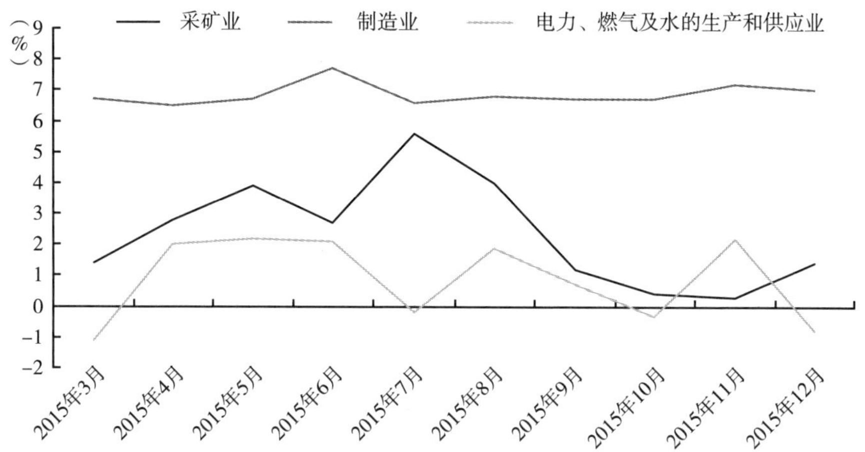

图4　工业三大部门增加值当月同比增速

资料来源：Wind 数据。

制造业快速增长说明生物医药产业的发展。2015 年增速最慢的十个行业分别为通用设备制造业，烟草制品业，专用设备制造业，纺织服装、服饰业，皮革、毛皮、羽毛及其制品和制鞋业，造纸及纸制品业，黑色金属冶炼及压延加工业，仪器仪表制造业，农副食品加工业，电力、燃气及水的生产和供应业。这些产业中，很多都属于产能过剩行业、出口型产业，或者是受到采矿业等影响较大的行业。

表1　2015 年增速最快和最慢的十个行业

单位：%

增速最快的十个行业		增速最慢的十个行业	
行业名称	增速	行业名称	增速
废弃资源综合利用业	20.40	通用设备制造业	2.90
有色金属冶炼及压延加工业	11.30	烟草制品业	3.40
化学纤维制造业	11.20	专用设备制造业	3.40
计算机、通信和其他电子设备制造业	11.10	纺织服装、服饰业	4.40
医药制造业	10.50	皮革、毛皮、羽毛及其制品和制鞋业	4.90

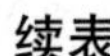

续表

增速最快的十个行业		增速最慢的十个行业	
行业名称	增速	行业名称	增速
化学原料及化学制品制造业	9.90	造纸及纸制品业	5.30
金属制品、机械和设备修理业	9.50	黑色金属冶炼及压延加工业	5.40
橡胶和塑料制品业	8.80	仪器仪表制造业	5.40
酒、饮料和精制茶制造业	7.90	农副食品加工业	5.50
食品制造业	7.70	电力、燃气及水的生产和供应业	5.60

资料来源：Wind 数据库。

3. 西部个别省份和东北地区面临较大困难

在新一轮西部大开发战略政策的推动下，西部地区基础设施得到较大程度的改善，国家加快工业的区域布局，西部地区承接中东部产业的步伐加快，东、中、西三大区域工业增加值增速一度出现分化现象。2014 年，西部地区工业增加值增速领先中东部 2 个百分点以上。然而 2015 年，随着全球市场经济低迷，国内外需求持续下降，西部地区工业增加值增速逐渐放缓，并一度被中部地区超过。山西等个别省份的工业增速更是处于全国倒数位置。东北三省是我国主要的重化工业聚集区，然而近年来人才流失严重，人口老龄化程度较高。长期依赖于重化工业等资本密集型产业，资本投入大，而带动力较差，中小企业发展不足，经济活跃度较低等多因素共同导致东北三省经济面临较大困难。2015 年工业经济增长最快的 5 个省（自治区、直辖市）分别为西藏、重庆、贵州、天津、江西，增速均达到了 9% 以上。这些省（自治区、直辖市）大部分属于西部地区，过去发展基础相对较弱，而近年来找到了新的增长动力。相比之下，工业经济增长最慢的 5 个省（自治区、直辖市）分别为辽宁、山西、上海、黑龙江、北京，增速均低于或等于 1%。这些省（自治区、直辖市）主要分两种情况：一种是产业结构过于单一，转型升级面临较大困难的省份，例如辽宁、山西、黑龙江；另外一种是已进入工业化后期，工业增长速度自然放缓，例如北京、上海（见表2）。

表2　全国31个省（自治区、直辖市）2015年规模以上企业工业增加值增速

单位：%

省(自治区、直辖市)	增速	省(自治区、直辖市)	增速
西藏自治区	14.6	山东省	7.5
重庆市	10.8	广东省	7.2
贵州省	9.9	陕西省	7
天津市	9.3	甘肃省	6.8
江西省	9.2	云南省	6.7
福建省	8.7	吉林省	5.3
内蒙古自治区	8.6	新疆维吾尔自治区	5.2
安徽省	8.6	海南省	5.1
河南省	8.6	河北省	4.4
湖北省	8.6	浙江省	4.4
江苏省	8.3	北京市	1
广西壮族自治区	7.9	黑龙江省	0.4
四川省	7.9	上海市	0.2
湖南省	7.8	山西省	-2.8
宁夏回族自治区	7.8	辽宁省	-4.8
青海省	7.6	全国	6.1

资料来源：Wind数据库。

4. 工业企业盈利水平持续下滑

2015年工业企业利润总额较上年同期大幅下滑，盈利能力大幅下降（见图5）。主要有三个因素共同作用导致此种现象。一是全球市场需求低迷，需求规模大幅缩减，导致工业行业议价能力减弱进而挤压利润空间。二是随着国内互联网的发展，工业企业区域垄断格局被打破，利润空间被平台公司蚕食。2015年消费品价格虽增幅放缓，但依旧稳步上涨，而工业品出厂价格连续三年持续下跌，而且下跌幅度不断扩大。居民消费价格与工业品出产价格价差的扩大说明利润空间部分被平台公司等服务业分食，工业行业的盈利能力被挤压。三是尽管主营业务成本随着主营业务收入同比增速下滑，但工业企业成本收入比不降反升。2015 年央行实施降准降息政策，分别于 6 月、8 月、10 月三次下调基准利率并降低存款准备金率，一方面降低了工业财务成本；另一方面提供了足够的流动性，缓解资金链断裂风险。然而，工业企业成本下降幅度却比不上收入下滑幅度，规模以上工业企业成本收入比 2015 年 11 月较 2013 年、2014 年同期分别增加 0.52 个、0.07 个百分点。另外，主营业务收入增速下滑的同时，管理成本和财务成本等增速下滑不明显，导致利润空间进一步压缩。总之，市场规模缩小、工业行业竞争地位相对下降、成本下降比例相对缓慢共同挤压工业行业利润空间，导致工业行业盈利能力减弱。

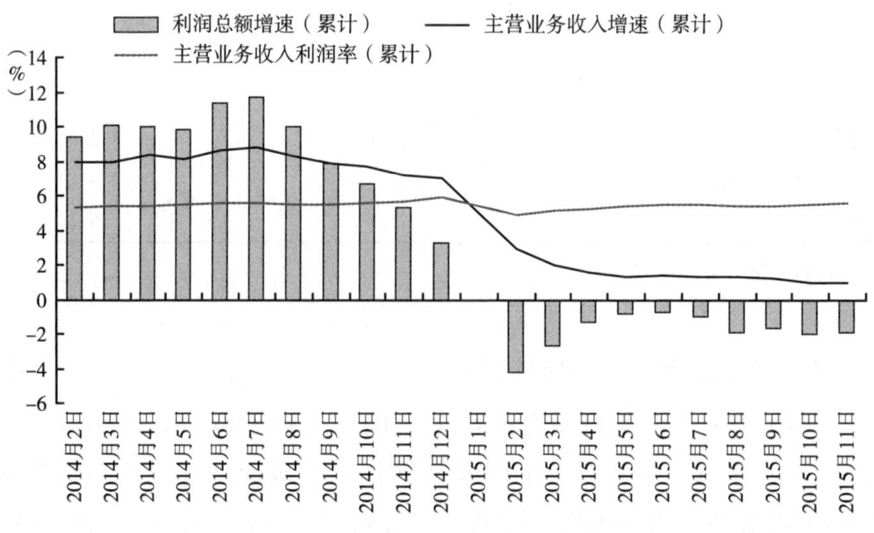

图 5　规模以上工业企业利润情况

资料来源：Wind 数据库。

二　工业发展面临的突出问题及深层次原因

当前中国工业经济的下行，并非是由单一因素引起的，而是长期因素和短期因素交织在一起共同作用的结果。既有自身的原因，也有外部的原因。

1. 传统增长动力难以持续，而新的动力尚未成为主导力量

需求萎缩是造成当前工业经济增速下行的直接原因。从三大需求来看，消费、投资、净出口增速出现了全面下滑。2015 年全社会固定资产投资总额增速仅为 10.18%，而 2014 年为 14.79%，2003～2013 年平均增速为 21.23%；2015 年社会消费品零售总额增速为 10.6%，而 2014 年为 10.90%，2003～2013 年平均增速为 12.57%；2015 年一般贸易进出口总额增速为 -7.47%，而 2014 年为 5.28%，2003～2013 年平均增速为 22.29%；2015 年加工贸易进出口总额增速为 -11.64%，而 2014 年为 3.84%，2003～2013 年平均增速为 15.59%。比较来看，进出口增速下滑幅度最大，其次是投资，最后是消费。需求萎缩是整个全球经济低迷的突出表现，生产开工不足造成投资和进出口萎缩，而消费者财富和收入增速的放缓也导致了消费增长的放缓。

近年来，国家确定了创新驱动的发展战略，引导企业采用信息技术、绿色技术、智能技术改造提升传统产业。力图以此带动工业全要素生产率的提升，从而使全要素生产率的提升成为工业经济增长的主导力量。事实上，从西方国家来看，大多数国家在工业化进程当中，都经历过全要素生产率快速提升的过程。然而，就目前的实际情况看，全要素生产率的提升短期之内尚难以弥补投资增速的下滑，从而难以代替投资成为工业增长的主导拉动力。从各产业来看，拉动工业经济增长的能源、化工、汽车等传统产业增速已经在放缓，但代表产

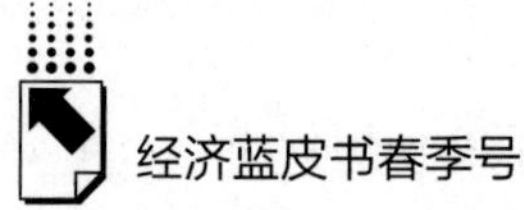

业未来方向的战略性新兴产业规模尚小，短期内还难以成为拉动工业经济增长的主导产业。

2. 产能过剩的根本原因在于转型升级不畅

经过多年发展，中国制造业已建立起竞争力较强、门类齐全的产业体系，且超越美国成为世界第一制造业大国。然而，中国制造业规模快速增长的同时，也积累了很多结构性矛盾，进一步的发展面临严峻挑战。其突出表现之一是，很多行业中普遍出现产能过剩与产能不足并存的问题。一方面社会资本大量向一些行业集中，造成了严重的产能过剩现象，很多产业的产能利用率低于 70%，在经济不景气的时候，甚至不足 50%；另一方面由于技术水平落后、体制机制不顺等原因，很多行业存在严重的产能不足，很多产能过剩产业的高端环节仍然依赖于国外技术和大量进口。例如，李克强总理在参加一个有关钢铁煤炭行业产能过剩的座谈会时提到，中国是钢铁生产大国，但却至今不能生产模具钢，就像最简单的圆珠笔的“圆珠”都需要进口。

目前，产能过剩已经成为中国工业转型升级的最主要风险点之一。一方面产能过剩行业的经济效益持续恶化，潜在金融风险不断积聚；另一方面产能过剩行业占据了大量优质资源，挤压了其他有利于经济转型行业的企业生长空间，抑制了全行业生产率的提升。造成产能过剩的原因除了人们经常谈到的体制问题以外，还有一个重要原因就是转型升级不畅导致企业难以从低端环节向高端环节延伸，从而只能在低端环节进行恶性竞争。反过来，恶性竞争又削弱了企业转型升级的能力，进一步加剧了产能过剩。因此，对现阶段的中国工业来讲，要想治理产能过剩问题，必须坚持创新驱动战略，通过提升企业的技术能力，实现从产业链低端环节向高端环节延伸。

3. 企业活力不足的原因在于经济运行机制失调

良好的经济运行机制是保障经济健康发展的必要条件。在经济学文献中，经济学者通常认为一个良好的经济机制要满足三个条件，分别是资源的帕累托有效配置、有效地利用信息和激励相容。目前来看，中国工业经济运行机制尚存在大量运行不畅的环节。一是尚未实现资源的帕累托有效配置。当前中国经济面临的重要问题之一就是宏观经济政策与微观主体感受的偏离。一方面，为了刺激经济，国家采取十分宽松的货币供给政策；另一方面，企业尤其是中小企业却面临着资金短缺的困境。在很多情况下，金融发展无法有效地服务于实体经济。同时，资源也无法在不同产业间和不同企业间顺畅流动，一些资本收益率高的行业因为存在国有企业垄断等原因，私营资本无法有效进入。二是信息的传递和利用效率低下。由于体制上的障碍，市场价格调节功能的效率受到阻碍，价格信号的扭曲和传导不畅，使企业难以根据价格信息对自身经营活动进行有效调整，从而导致供求关系矛盾，例如严重的产能过剩和库存积压。三是激励效应不足。虽然在“大众创业、万众创新”战略的引领下，企业的创新意愿大大加强，然而由于知识产权保护不足等原因，很多企业尤其是国有企业尚缺乏创新的动力，整个经济活力尚未很好释放。

企业活力不足是当前工业经济增长面临的核心问题。一是大企业尤其是国有企业活力不足。国有企业活力不足的主要原因在于体制机制障碍，为此，国家提出通过实施混合所有制改革等方式来改善国有企业活力，但混合所有制改革情况复杂，往往面临着很多具体困难，例如，如何调动民营资本的积极性，采取什么样的方式实现资产混合，等等。二是中小企业活力不足。中小企业活力不足在很大程度上是因为“短期诱惑太多”，很多情况下企业可以“赚一笔就走”，致使很多数企业家不愿意专注于做实业。其实，据调研来看，凡是专心做实业，坚持几年的企业往往能够在转型升级上取得良好效果，在现阶段宏观经济压力很大的情况下仍能保持着较高的增长速度；相反，那些不断投机于房市、股市的企业，往往面临着很大的下行压力。但是，许多中小企业都缺乏坚守实业和持续创新的耐心和毅力，宁可到非实体投资领域去“赚快钱”。

4. 制造业成本上升的巨大压力主要来源于西方国家的技术创新和商业模式创新

在改革开放以来很长一段时间里，低成本优势一直是中国制造在全球竞争中获胜的关键因素之一。然而，到了今天这种优势已经逐步丧失。目前中国很多地区尤其是东部地区，工人工资水平已远超东南亚国家。根据日本贸易振兴机构在2013年12月至2014年1月所作的调查数据，上海普通工人的月基本工资为495美元，分别是吉隆坡、雅加达、马尼拉、曼谷、河内、金边、仰光、达卡、新德里、孟买、卡拉奇、科隆坡的1.15倍、2.05倍、1.88倍、1.35倍、3.19倍、4.9倍、6.97倍、5.76倍、2.2倍、2.38倍、3.21倍、3.8倍。另外，即使与美国等发达国家相比，中国制造的成本优势也不明显。目前与美国相比，中国制造在人工成本上还具有一定优势，但土地成本、物流成本、资金成本、能源成本、配件成本等均高于美国。成本优势逐步丧失的同时，以高附加值为基础的新优势却尚未形成，导致了竞争优势断档，具体表现为出口萎缩、经济增长速度下滑、企业国际竞争力下降等。如果这种状况长期得不到改善，则整个国家都有可能陷入“中等收入陷阱”。

劳动力成本的加快上升导致我国制造业成本的上升，从而对制造业的发展造成了巨大的压力。尤其是一些外向型产业，面临着竞争优势断档的风险。2015年4月以来，工业品出口交货值持续负增长，一方面与全球经济不景气有关，另一方面也与我国制造业成本上升，某些产业的国际竞争力相对削弱有关。然而，长远来看中国制造的优势不应当体现在低劳动力成本上，而是体现在完整的产业门类、强大的综合配套能力和技术创新能力上。一些低端产业向东南亚等国家转移是历史发展的必然现象。相比之下，一些资本密集型产业、技术密集型产业却是我国参与全球竞争的关键环节。在这些环节中，美国等西方国家通过技术创新、商业模式创新等手段，对传统的生产模式进行颠覆创新，从而改变了产业竞争规则，打乱了我国传统的赶超性发展路径。这种情况下，中国应积极融入新一轮全球技术革命，积极推进技术创新和商业模式创新，实现质量增进和成本优势的双重提升。

三　推动工业经济平稳增长的政策建议

2016 年是“十三五”开局之年，不仅需要保持工业经济的平稳增长，更需要着力促进改革和转型。应准确把握战略机遇期内涵的深刻变化，采取有效措施来应对各种风险和挑战，将长期政策和短期政策结合起来，宏观政策与微观政策结合起来，供给管理与需求管理结合起来，实现工业经济的健康持续发展。

1. 实施创新驱动战略

在全球掀起“以技术创新带动再工业化”浪潮之际，我国应充分发挥科技创新在提高社会生产力上的优势，持续增强自主创新能力，不断提升发展的质量和效益。一是加大对新技术、新产品研发的支持力度。加快推进新技术转化为现实生产力，积极培养新模式、新业态和新产品，同时瞄准国际先进水平，健全新技术标准体系，加强新技术产品的品牌建设和知识产权保护。二是加强企业自主创新能力。鼓励企业开展人才交流和国际培训，加快形成自主创新的倒逼机制，建立有利于企业自主创新的激励机制。同时，要高度重视发挥中小企业的创新能力。三是积极推进制度创新。不断重塑政府职能，打造服务型政府，完善市场机制，为各类市场主体营造公平、开放、透明的竞争环境，以竞争政策来引导和激励创新，提高资源的配置效率。

2. 促进消费升级

目前，模仿型排浪式消费阶段基本结束，而个性化、多样化消费将渐成主流。然而，这种个性化、多样化的消费需求要从两个层面来释放。第一，推进新型城镇化建设。新型城镇化的核心在于“以人为本”，越来越多的农村人口、信息、资金、技术等生产要素汇聚城市，将在城市产生巨大的聚集效益和规模效益，使生产要素市场尤其是劳动力市场能够更好地发育，在城市能获得相对于农村工资更高的就业机会，从而提高城镇居民的收入水平，促进消费结构升级。第二，鼓励业态创新。要大力发展新技术、新产品，鼓励业态创新，通过新供给来催生新的消费需求，引导消费向着智能、绿色、健康的方向发展。不断提高产品质量和档次，适应消费者对产品的个性化需求。

3. 拓宽投资领域

我国的固定资产投资增长还有较大空间。具体来看，可从三个方面着力：第一，加大民生项目投资，包括教育、医疗、地方道路建设、农村基础设施改善、宽带网络线路、信息通信、铁路交通等；第二，加大对科技项目投资，包括一些重大的共性技术、新一轮工业革命相关技术、国防科学技术等；第三，加大对环保项目投资，包括先进环保技术和装备、环保产品、环保服务等。

4. 深化体制机制改革

中国工业中很多结构性问题的根源在于体制机制问题，因此“以改革促调整”是引导企业转型升级的根本途径。一是将混合所有制改革作为推进体制机制改革的核心抓手。混合所有制是社会主义市场经济体制的必然要求，也是理顺市场竞争秩序、赋予微观主体平等市场地位的重要途径之一。混合所有制改革的成功推进将能大大促进其他改革的进程。二是着重规范市场竞争秩序，发挥市场在资源配置中的决定性作用。在当前工业经济转型升级的历史关口，国家应不断强化市场竞争对产业升级的倒逼机制，以公平竞争激发企业活力。转变“特区、特惠”的传统思路，尽量出台普惠性的产业政策，最大限度地缓解微观主体内部的不平衡心态；打破行政垄断，创造条件让民企与国企更加公平地竞争，相互促进，共同发展；加强市场监管，以信息化提高市场竞争的开放度和透明度。

参考文献

中国社科院工经所工业经济形势分析课题组：《中国工业经济运行夏季报告（2015）》，中国社会科学出版社，2015。

中国社科院工经所工业经济形势分析课题组：《中国工业经济运行年度报告（2015～2016）》，中国社会科学出版社，2016。

金碚：《中国经济发展新常态研究》，《中国工业经济》2015年第1期。

B.5

就业形势、劳动力市场发展与供给侧改革

蔡昉　都阳*

摘　要：　劳动力市场的基本稳定和发挥要素配置功能是劳动力市场建设的两个目标。后一个目标对于社会经济的中长期发展以及供给侧改革，具有更重要的意义，因此劳动力市场的改革与发展，应该成为供给侧结构性改革的重要组成部分。在目前的就业情况下，中国应该着眼于应对和解决结构性就业矛盾。为此，需要进一步培育劳动力市场，坚持市场化配置劳动力资源；通过教育和培训加快人力资本积累速度，化解劳动力市场上的结构性矛盾；适应就业岗位的创造性破坏过程；更公平地提供基本公共服务，用社会政策为灵活高效的劳动力市场托底。

关键词：　就业　劳动力市场　供给侧改革

劳动力市场是伴随着长期经济发展而逐步发育完善的，其稳定运行是短期宏观经济管理的重要目标，同时，劳动力市场是否有效地发挥要素配置功能，对于能否顺利实现经济结构转型至关重要。目前，

---

* 蔡昉，中国社会科学院；都阳，中国社会科学院人口与劳动经济研究所。

中国劳动力市场基本保持稳定，然而，要进一步发挥劳动力市场的要素配置功能，改革的任务仍然艰巨。劳动力市场的改革与发展，应该成为供给侧结构性改革的重要组成部分。

一　劳动力市场建设的两个目标

劳动力市场建设一直是社会主义市场经济体制的重要组成部分。劳动力市场建设有两个基本目标。首要的目标就是，维持充分就业、降低失业、保持劳动力市场的基本稳定。这不仅是考察劳动力市场与宏观经济形势的基础指标，也是各级政府经济与民生工作中居于重要地位的大事。无论是从政府对就业工作重要性的认识，还是社会各界对就业和劳动力市场形势的关切来看，劳动力市场建设的这一目标都得到了很好的贯彻。

相比之下，劳动力市场建设的另外一个目标，其重要性则往往被忽视。劳动力市场是生产要素市场的重要组成部分，高效运行的劳动力市场可以促进各种生产要素的有效配置，提高经济运行的效率。特别是在经济发展进入新常态的背景下，更加有效的劳动力市场将会促进全要素生产率的提高，为经济的持续增长提供动力。相对于第一个目标在短期需求管理和宏观调控抉择中的重要地位，后一个目标对于社会经济的中长期发展以及供给侧改革，具有更重要的意义。评估劳动力市场运行绩效，预判劳动力市场形势的演化，这两个目标同样重要，不可偏废。

（一）劳动力市场基本稳定

实现充分就业，是致力于改善民生、保持宏观经济稳定的主要目标之一。近年来，从劳动力市场运行的实际状况看，尽管经济增长速度明显放缓，但劳动力市场基本保持稳定，体现为就业总量不断扩大、失业率维持低位水平，求人倍率（岗位数与求职人数之比）高于均衡水平。劳动力市场的稳定，为中国经济的结构调整以及深化经济体制改革，创造了良好的环境。

第一，从就业创造看，由于中国经济的总体规模已经达到世界第二的体量，单位 GDP 增长创造的就业岗位数量也不断增加。根据国家统计局的资料，2014 年和 2015 年，城镇总就业分别净增长了 1070 万人和 1100 万人，2015 年的城镇就业总量已经达到 4.04 亿人，较 2010 年增长了 16.5%。

第二，调查失业率保持低位水平。近年来，国家统计局开始在 31 个大中城市开展以住户抽样调查为基础的月度失业率调查，调查方法和指标的设计与国际通用标准具有可比性。因此，调查失业率指标，能够恰当、及时地反映劳动力市场总体形势的变化。虽然国家统计局尚未系统地发布调查失业率数据，但根据有关报道，我们仍然可以看到，调查失业率处于稳定的低位水平。2015 年，31 个大中城市的调查失业率基本保持在 5.2% 左右。在 2016 年 2 月的国务院常务会议上，李克强总理透露，2016 年 1 月中国调查失业率统计范围，从 31 个大中城市扩大为全国所有地级市后，调查失业率数据为 4.99%。因此，调查失业率已经接近自然失业率 4.1% 的水平（都阳等，2011），这意味着劳动力市场接近充分就业的水平，周期性因素不是当前失业的主导因素。

第三，从劳动力市场供求关系看，求人倍率的总体水平近年来一直维持在 1 以上，说明劳动力市场一直维持着岗位供应大于劳动力实际有效供给的态势。即使在经济增长速度处于下行趋势中也是如此。根据中国人力资源信息监测中心对全国近百个城市公共就业服务机构供求信息的统计，近年来，分季度的求人倍率一直大于 1，如图 1 所示。2015 年第四季度的求人倍率为 1.1，较第三季度增长了 0.1 个百分点，与 2014 年同期持平。

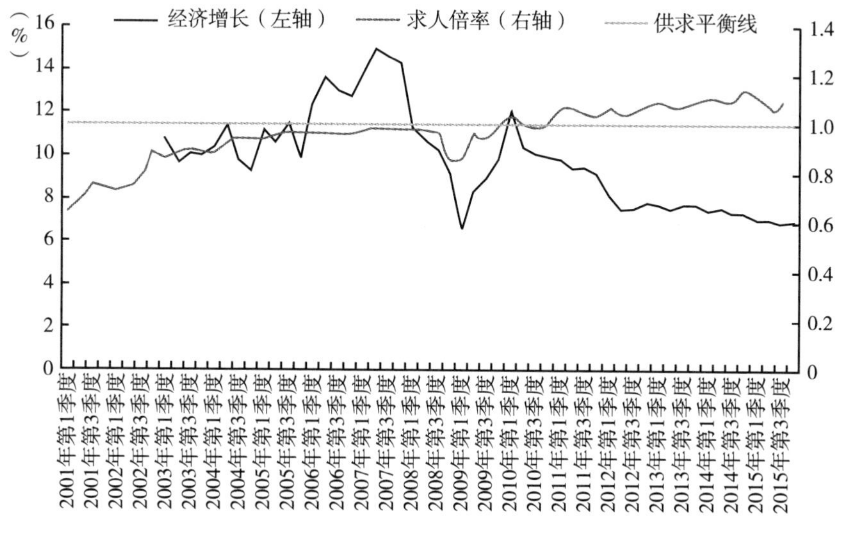

图1　分季度求人倍率与经济增长

资料来源："求人倍率"来源于中国人力资源信息监测中心，www.chinajob.gov.cn；"经济增长率"来源于国家统计局，www.stats.gov.cn。

值得关注的是，劳动力市场保持稳定的一个重要原因是劳动年龄人口绝对数量从2012年开始逐年减少。根据国家统计局公布的数据，2015年16～59岁的劳动年龄人口总量为91096万人，比上年减少487万人，占总人口的比重，也由2014年的67%下降到66.3%。体现在劳动力市场上，供求关系的平衡是通过需求与供给的同时萎缩达到的。以2015年第四季度为例，需求人数和求职人数较2014年同期分别下降了9.8%和5.9%；与2015年第三季度相比，则分别减少了10%和10.5%。2015年，劳动力市场上需求人数和求职人数的持续减少，意味着劳动力市场已经进入了弱平衡的格局（都阳，2015）。

第四，劳动力市场稳定的态势，对于判断当前的经济形势以及选择相关政策组合也非常重要。首先，从当前各项经济指标的综合表现看，价格水平持续走低，劳动力市场稳定，实际失业率接近无通胀的自然失业率水平，也就意味着周期性因素不是劳动力市场的主要矛

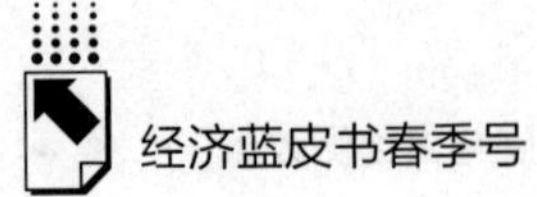

盾。换言之，无须以短期需求管理来创造就业岗位。其次，从劳动力市场建设的两个目标看，应该抓住有利的时机，推动劳动力市场的供给侧改革，提高劳动力市场的效率，进一步优化劳动力市场在中长期的要素配置功能。

（二）进一步提高劳动力市场的要素配置效率

从中长期看，一个有效的劳动力市场，需要形成正确的价格信号，以反映劳动力要素相对于其他生产要素的稀缺性，以及在整个经济、地区、产业中的供求关系。同时，劳动力市场制度不应制约劳动力要素根据价格信号而产生的流动。我们可以从以下几个方面，观察劳动力市场要素配置功能的变化与趋势。

1. 劳动力再配置的变化

农业劳动力从农业部门向非农部门的转移，是劳动力市场自发作用的再配置过程。根据国家统计局的数据，2015 年外出农民工总量为1.68 亿人，较之上年增加了 0.4%。外出农民工月平均工资水平为3072 元，以可比价格计算，较上年增长了 5.6%。由于劳动年龄人口的持续下降，自 2010 年以来，外出农民工总量的增长速度逐渐放缓，农民工的工资增长速度也由于需求下降而出现增速下降的趋势，如图 2 所示。

改革开放以来，劳动力从低生产率的农业部门向更高生产率的非农部门流动，一直是提高经济效率、推动经济增长的重要动力。换言之，劳动力再配置不仅提供了非农部门的劳动供给，使得投资规模的扩大获得劳动要素的匹配，维系了要素积累的增长模式，同时，劳动力再配置也是提供全要素生产率的一种重要的源泉。在“十五”时期，劳动力再配置对经济增长的平均贡献率为 13.1%，到“十一五”时期下降到3.4%，“十二五”时期进一步下降到 2.2%。随着农村劳动力的转移趋于停滞，在“十三五”时期通过劳动力再配置获取

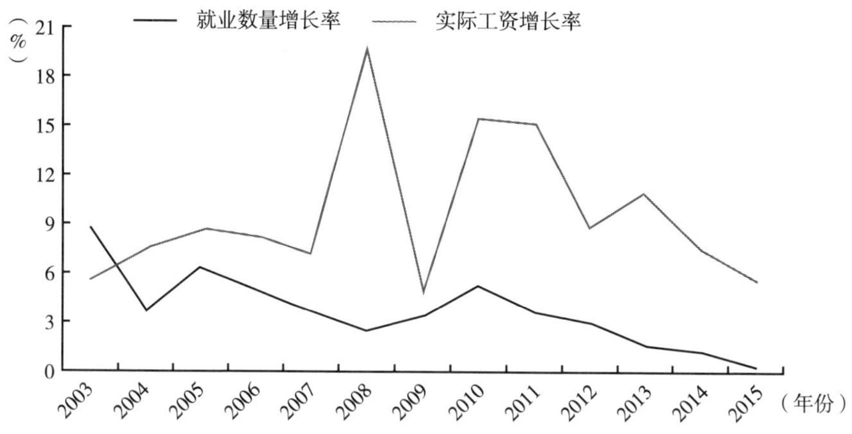

图2　农民工就业与实际工资增长率

资料来源：国家统计局农民工监测调查（历年）。

TFP将更加艰难，经济增长将越来越依赖于提高已经转移的劳动力在新岗位上的生产效率（都阳，2015）。其实，我们也可以将其表述为就业岗位的创造性破坏，农业劳动力比重从1978年的超过70%下降到2014年的不到20%，就意味着累计近1.3亿务农岗位的破坏和近5亿非农就业岗位的创造。在今后的发展阶段，这样急风暴雨式的产业结构变化及其导致的岗位变化速度不可避免地要减缓，但是，在非农产业的第二产业和第三产业之间、产业内部的各行业之间，以及狭义的行业内部企业之间，就业岗位的创造性破坏过程反而将加剧。

2. 单位劳动力成本

单位劳动力成本也是反映劳动市场运行结果和效率的重要指标。它是劳动力成本和劳动生产率之比，与工资水平成正比，与劳动生产率成反比。单位劳动力成本的水平可以用来判断工资等劳动力成本上涨是否建立在劳动生产率提高的基础之上，制造业的单位劳动力成本则是衡量制造业国际竞争力的重要依据。近年来，单位劳动力成本呈快速上升趋势，对劳动密集型行业产生较为明显的冲击，也造成经济增长动力的减弱，需要积极应对。根据国家统计局农民工监测调查所提供的制造业农民工就业及工资信息、城市制造业单位就业和工资信息，推算了制造业的就业和人均劳动力成本；根据国民经济核算分行业数据，推算了中国制造业人均劳动生产率，并以此计算我国制造业的单位劳动力成本，具体结果如图 3 所示。

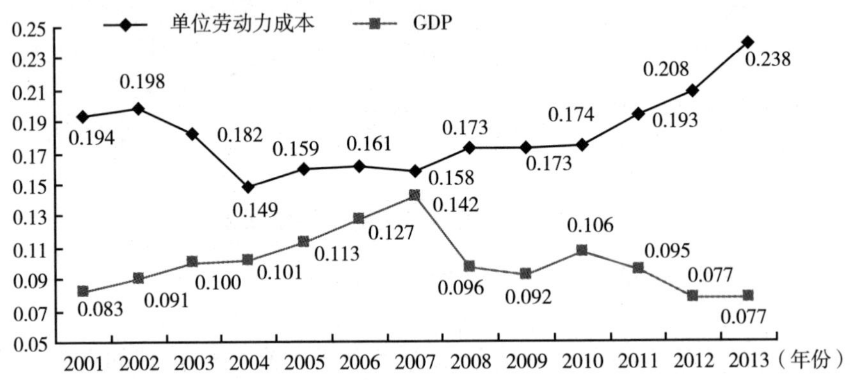

图 3　单位劳动力成本与经济增长率

资料来源："单位劳动力成本"为笔者计算；"经济增长率"来源于国家统计局官方网站，www. stats. gov. cn。

2004 年以前，一方面由于 20 世纪 90 年代国有经济减员增效的改革措施开始发挥提高劳动生产率的作用，另一方面由于当时尚未跨越"刘易斯转折点"，劳动力的无限供给抑制了工资上涨，单位劳动力成本呈明显的下降趋势。2005 年至世界金融危机爆发之前，由于劳动力短缺推动了工资上涨，劳动力成本开始上升。金融危机爆发后的最初几年中，单位劳动力成本的变化相对平稳。2011 年以后，随着劳动年龄人口的绝对减少，劳动力成本则呈加速上涨趋势。

仅仅从数量关系来看，单位劳动力成本上升是由于劳动力成本的增长速度快于劳动生产率的提高速度。然而，劳动生产率之所以与劳动力成本脱节，与当前劳动力供求关系主导的特征有关。劳动年龄人口的绝对减少，劳动力供给趋紧，造成工资上涨没有得到劳动生产率提高支撑的局面。

因此，工资上涨是否会对经济增长带来负面影响，需要根据单位劳动力成本的变化来做出判断。如果劳动力成本有节奏的上升，企业可以根据劳动力成本变化逐步对劳动等生产要素进行重新配置，调整市场结构和技术结构，通过提高劳动生产率消化劳动力成本上升的影响。如果劳动力成本上升速度过快，不能给企业调整留出时间和空间，就可能对很多企业形成负面的冲击，导致比较优势过快削弱，经济增长过快减速。

通过与几个主要制造业大国进行比较，我们发现中国单位劳动力成本的绝对水平仍然具有较为明显的优势：2013 年，制造业的单位劳动力成本是德国的29.7%、韩国的36.7%和美国的38.7%。可以预期，只要能够正确处理劳动力成本和劳动生产率的变化关系，在一定时间内中国制造业仍将保持一定的国际竞争力，并为中国经济向高收入阶段的迈进提供重要的动力。但近几年，中国单位劳动力成本出现加速上涨的势头，2010～2013 年增长了37%。这种势头如果不能妥善控制，将会对企业特别是劳动密集型企业的生产造成严重的负面冲击。

3. 劳动力市场上的价格关系

劳动力市场的有效运行还体现在对要素市场上一系列价格关系的反应，主要包括两类价格关系。其一，同一生产要素在不同地区和不同部门，是否遵循单一价格规律（Law of One Price）；其二，不同生产要素（如资本和劳动、低技能劳动力和高技能劳动力）的相对价格关系是否得到了正确的反映，要素配置是否按照价格信号做出正确反应。从改革开放以来的实践看，随着劳动力市场上改革的逐步深入，资源配置对价格关系做出的反应，总体上越来越符合效率不断提高的要求。

然而，从改革的难易程度看，劳动力市场的改革也进入攻坚阶段，例如，单一价格实现是劳动力市场改革的基本要求，从实际的发

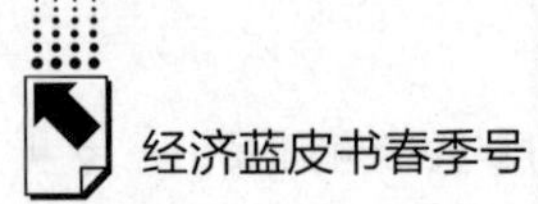

展情况看也的确有了较好进展，但理顺各类相对价格关系，仍然需要深化对劳动力市场体制和制度的改革，其难度也更大。

劳动力市场上的价格关系是通过一系列价格趋同实现的。农民工大规模地跨地域、跨城乡、跨部门的流动，就是这些价格趋同的原动力。这其中，农民工群体的工资水平在不同地区之间趋同的过程大约在十年前就已经开始（Cai, et al., 2007）。根据国家统计局农民工监测资料，2014 年，东部、中部和西部的农民工人均月收入分别为 2966 元、2761 元和 2797 元，其名义水平已经非常接近。如果考虑到各地价格水平的差异，区域间工资的绝对趋同已经实现。也就是说，农民工的就业和工资已经实现了区域间一体化。

单一价格规律还体现于另外一种趋同，即外出农民工的工资和农业中雇佣劳动的价格趋同。根据国家发改委“农产品成本监测”资料，我们以农业中三种主要粮食作物稻谷、小麦、玉米的平均雇工工价反映农业劳动力投入的平均成本，以国家统计局“农民工监测调查”提供的农民工工资信息反映非农劳动力市场上的工资水平，可以发现二者呈现明显的趋同。2001 年，农民工平均日工资水平高出农业中雇工日工资 35.8%，到 2003 年二者的差距达到峰值 42.5%，随后，二者开始趋同。2013 年，农民工平均日工资水平仅比农业雇工日工资高出 4.5%。如果考虑城乡间价格水平的差异，普通劳动力在农业部门和非农部门的工资也已经实现了趋同。这一结果不仅表明在现行的制度框架下，劳动力再配置的动力已经枯竭，而且表明劳动力转移带来的效率改善也逐渐式微。

如果说劳动力市场对单一价格规律的反映，完成了劳动力市场发育的初级形态的话，那么，正确地反映各种相对价格关系，并激励微观主体对相对价格关系做出有效的反应，则对劳动力市场改革提出了更高的要求。因为，一方面，相对价格关系可能涉及其他要素市场和制度，非完善劳动力市场制度本身就可以解决的；另一方面，对相对

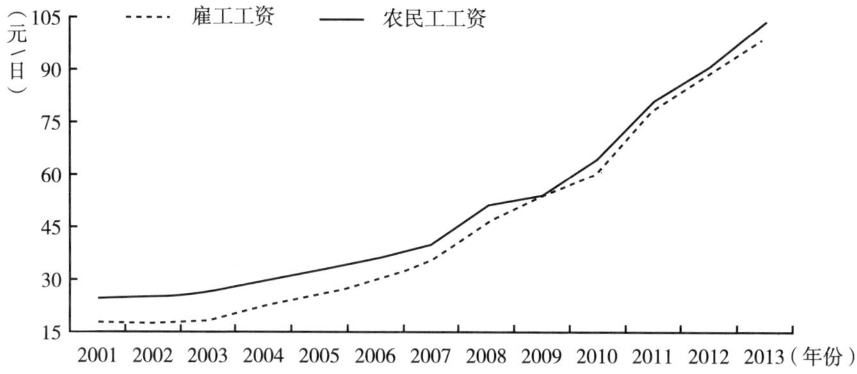

图4　农业雇工工资和农民工工资变化

资料来源：笔者根据相关统计资料计算。

价格关系做出反应的主体是企业，对相对价格关系的把握需要对市场上价格信号和要素配置不断摸索乃至试错才能实现，因此，这是一个长期的缓慢的过程。

一个重要的要素相对价格是资本和劳动的关系。跨越“刘易斯转折点”后，劳动力的稀缺性日益明显，劳动力成本迅速上升（如前所述）。在这种情况下，资本和劳动两种最主要的生产要素的相对价格关系，也就发生了变化。与单一价格规律不同，对相对价格关系的反应，无法直接统计其结果，需要根据企业的要素替代弹性来推断。然而，从资本产出比的不断上升（都阳，2013）以及近年来东部沿海地区的劳动密集型企业纷纷采取“机器换人”的技术改造，可以反映出这一趋势已经开始出现。

在劳动力市场上，企业对技能与非技能工人之间的相对价格（替代弹性）关系也会做出反应。近年来，普通工人的工资上涨，使低技能劳动力和高技能劳动力的工资出现了趋同（Cai and Du，2011）。这也意味着，低技能劳动力和高技能劳动力之间的相对价格关系也在发生变化，在这一价格信号下，企业应倾向于使用高技能劳动力对低技能劳动力进行替代。不过，实证研究表明，目前低技能劳动力和高技能劳动力的替代弹性很小，仅为0.26，远远低于发达国家1.5~2.0的水平（都阳，2013）。这意味着，从微观机制上看，仍然有一些制约因素阻碍了企业对这一相对价格关系的反应。因此，深化微观机制改革，为劳动力在行业和企业间再进一步实现配置，不仅是未来深化劳动力市场改革的重点领域，也将是未来提高全要素生产率，并推动经济增长的重要途径。

二　结构转换和结构性改革目标

供给侧结构性改革是促进经济增长方式转变的具体手段。中国从低收入国家向中等收入国家转变，成功地从总体上摆脱贫困，主要依赖大量的农村劳动力转移以及由此推动的工业化进程。然而，纵观人类经济发展史，在迈向高收入经济体的道路上，成功的案例并不多见，在中等收入阶段出现增长停滞的国家却屡见不鲜。有学者甚至预言，经历了较长时期快速增长的经济体，增长速度回归均值是非常可能的统计现象（Pritchett and Summers，2014），并据此对亚洲一些快速发展的经济体的增长前景做出了不令人乐观的预测。一项针对100多个国家的跨国研究表明，长期的“增长停滞”发生于中等收入阶段的概率，要明显高于低收入阶段和高收入阶段（Aiyar et al.，2013）。

虽然决定经济绩效的因素非常复杂，但对成功的跨越者与陷入中等收入陷阱国家的比较可以发现，是否在中等收入阶段有效地积累人力资本，并通过人力资本的提升促进全要素生产率的增长，进而推动经济增长，是其中非常重要的环节。如果说在大规模工业化进程中和人口红利丰裕的时期，通过以投资推动的要素积累的增长模式，是实现快速赶超的有效手段的话，那么在工业化中后期，由中等收入向高收入的过渡，则需要以经济增长方式的转变为前提。其核心就是从要素积累的经济增长方式转变到以全要素生产率提高为主要动力的经济增长模式。要实现这种变化，需要通过生产要素的再配置，进一步深化经济结构的调整。这也是供给侧改革需要实现的目标。

经济结构调整的目标是在刘易斯转折后实现经济发展模式向常态化的新古典范式转换。发达经济体的长期经济增长模式，就是新古典经济学描述的典型模式。以美国为例，20 世纪的经济增长基本围绕在 3% 左右，因此，Lucas（1990）认为，2.9% 的增长率可以看成是美国的长期平衡增长。对于一个发展中国家而言，从经济增长水平看，要实现发展的赶超，达到发达国家的水平是经济发展一个重要目标。同时，从经济增长的机制上，也需要通过结构调整，达到平衡增长的新常态。

我们以 Lucas（1990）列出的平衡增长基准参数与中国最近的数据进行对比，结果如表 1 所示。2005～2015 年，中国 GDP 的年均增长率为 9.87%，人口增长率为 0.05%，就业增长率为 3.99%，劳动时间增长率为 3.96%。根据人口普查数据计算，2000～2010 年，以平均受教育年限度量的人力资本增长率为 1.3%。综合已有的文献，劳动分配份额为 0.3～0.4。

表 1　中美经济增长中的基准指标

	美国	中国
实际产出年增长率(%)	2.9	9.87
人口年增长率(%)	1.2	0.05
就业年增长率(%)	1.8	3.99
劳动时间年增长率(%)	1.4	3.96
人力资本年增长率(%)	1.5	1.3
资本产出比	2.40	2.12
劳动分配份额	0.76	0.3～0.4

资料来源：美国的数据来源于 Lucas（1990），中国的数据为笔者根据相关统计资料计算。

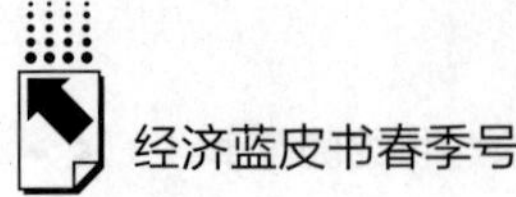

从表1的对比可以发现，中国经济增长条件在进入正常的新古典增长机制前，还需要有明显的结构调整。尤其是需要适应劳动力数量优势逐渐消失后，资本和劳动相对关系的变化，例如，资本和劳动分配关系、资本产出比系数等。当前经济结构调整与供给侧改革的重要目标，就是要通过改革使一些结构性指标向新古典状态下的结构靠拢。经济学家的研究表明，在美国这样的发达经济体中，行业内部表现为企业的新建与破产或进入与退出，从而不同企业规模的扩张或萎缩的资源重新配置，使得生产率高的企业胜出，生产率低的企业被淘汰，对生产率提高的贡献高达1/3到1/2（Foster et al.，2008）。相应地，经济学家也发现，大幅度和高频率的岗位创造和岗位破坏不断发生，由此引起的岗位重新配置，可以解释劳动力市场上劳动者流动现象的35%～56%。此外，新成长企业和小型企业的岗位重新配置频率更高，并且与宏观经济周期没有直接的关联（Davis and Haltiwanger，1991）。因此，供给侧改革的核心就是通过深化经济体制改革，消除制约配置效率发挥作用的体制和机制障碍，进一步发挥要素配置效率在推动经济增长中的作用，从而使全要素生产率成为推动经济增长的主要动力。

在这一过程中，中国人口转变的急剧变化以及人口变量所产生的冲击，可能使中国在从中等收入向高收入过渡的过程中与一般的路径有很多的差异。由于人口红利期短，以及劳动年龄人口的迅速、大量减少，投资受资本报酬递减规律制约越来越明显，表现为资本回报率迅速下降（白重恩等，2014）。这种冲击性的因素，使得供给侧的结构性改革变得非常紧迫。

三　结构性改革中的劳动力市场

如前所述，结构性改革的目标是通过改革产生顺应经济新常态的长期增长机制，也是整个经济发展条件适应新古典增长机制后的长期增长机制。这其中，劳动力市场改革也是重要内容。根据新古典经济学理论，一个经济体的成长从长期看来源于两个部分——劳动投入的增加和劳均产出的增加。其中，劳动投入取决于劳动年龄人口的总量以及对劳动年龄人口的利用程度（以劳动参与水平和失业率反映）；劳均产出（即劳动生产率）则主要取决于资本产出比、技术密集的程度和全要素生产率。循着这个逻辑，我们可以根据经济持续增长的源泉，把握劳动力市场改革的方向。

（一）充分利用劳动力资源

自 2012 年劳动年龄人口的绝对数量开始下降以来，2015 年的降幅已经扩大到 487 万人。因此，通过劳动年龄人口规模的扩大促进增长的可能性非常小，这也将是低生育率水平给我们带来的长期的基本约束条件。不过，虽然劳动供给是长期经济发展的约束，但并不是说在短期内无所作为。通过深化劳动力市场制度改革，刺激劳动供给，可以更充分地利用劳动力资源，为经济增长提供动力。具体来说，就是提高劳动参与的水平、降低失业率。

中国经济跨越“刘易斯转折点”后，工资水平的持续上扬对于提高劳动参与率有一定的促进作用。虽然，在年度常规统计中尚没有劳动参与率的信息，但根据 2005 年人口抽样调查和 2010 年人口普查资料，我们已经可以观察到这一现象：16～64 岁的劳动年龄人口的参与率从 2005 年的 62.3% 提高到了 2010 年的 65.0%。由于户籍制度的改革仍然任重道远，继续深化户籍制度改革，并提高劳动参与水平也有很大空间。2015 年，16～59 岁的劳动年龄人口总量为 91096 万人，如果劳动参与水平提高 0.5 个百分点，可以增加有效劳动供给 450 万人，即可大致抵消劳动年龄人口总量下降的影响。

（二）劳动力市场改革对劳动生产率的影响

如前所述，在新古典机制下，平衡增长的另一个来源是劳均产出（即劳动生产率）的不断提升。一般而言，提升资本产出比是提高劳动生产率的一个途径。但资本产出比的提高依赖于资本的不断积累，也就是说是靠高投资率推动经济增长。中国经济过去的发展模式，恰恰是靠投资推动的生产要素不断积累的增长方式，在经济发展的新阶段，简单地以投资驱动增长的模式已经难以持续。这一方面是由于资本产出比已经处于较高的水平。如表1所示，中国的资本产出比已经接近美国稳态增长的水平，继续扩大投资规模在边际上较以前更为困难。此外，更重要的原因是，人口红利结束以后，如果劳动供给的规模难以扩大，扩大的投资没有劳动要素的匹配会受到报酬递减规律的制约。资本报酬递减导致的资本收益率下降，也就必然制约劳动生产率的提高以及潜在经济增长水平的提高。

从这个意义上看，在经济发展进入新常态后，改善人力资本和提高全要素生产率才是提高劳动生产率的更可持续的源泉。此外，通过深化户籍制度改革来提高劳动参与率，增加有效劳动供给，其作用就不仅仅是扩大劳动力市场规模，也对于提高潜在增长率有直接的推动作用。

（三）深化劳动力市场改革，提高全要素生产率

在经济新常态下，推动经济增长的最主要因素是全要素生产率。能否在中等收入阶段成功地将经济增长的动力从要素积累转变到依靠全要素生产率推动，是跨越“中等收入陷阱”的关键所在。而劳动力市场改革对于提高全要素生产率同样具有重要意义。

首先，在当前的制度框架下，农村剩余劳动力转移逐渐趋缓，劳动力再配置提供的全要素生产率潜力显著缩小。通过全面深化户籍制

度改革，可以为进一步的劳动力转移提供动力，从而保持资源重新配置这一提升全要素生产率的源泉。

其次，当农村剩余劳动力转移完成的时候，创新和技术进步将是获取全要素生产率、推动经济发展的最主要动力。这将是经济结构不断调整的过程，也是一个创造性破坏的过程。对经济体制所提出的一系列改革目标，其目的就是要在制度上保障这一创造性破坏过程的实现。从劳动力市场看，就是要建立更加灵活的劳动力市场制度，让劳动力要素的配置对价格信号有更灵敏的反应。具体来说，就是对资本和劳动的相对价格关系、技能劳动力和非技能劳动力的相对价格关系做出更灵敏的反应。

四　构建高效的劳动力市场

围绕劳动力市场建设的两个目标，建设高效的劳动力市场，首先要健全和完善劳动力市场的监测体系。成熟的劳动力市场信息与监测体系必须具备以下特征。其一，既要及时反映劳动力市场的结果，如就业和工资，也要体现劳动力资源的配置，如就业转换、企业雇佣与解聘等一系列信息。其二，既要有滞后的结果指标，也要有先行指标。如劳动时间的变化，可以成为就业需求监测以及宏观景气变化的先行指标。

把就业问题置于经济社会政策的优先地位，实施积极的就业政策，是中国的一个重要发展经验，值得总结并长期坚持。在经济活动越来越需要面对内外波动影响的条件下，宏观经济政策也应该更加及时、敏锐地关注就业变化，并将其作为政策制定的重要参考。然而，在劳动力供给总量处于负增长态势，并且不存在实际增长率低于潜在增长率的增长缺口的情况下，中国面临的主要就业矛盾从而政策重心和实施手段的选择，应该转向着眼于应对和解决结构性就业矛盾。为

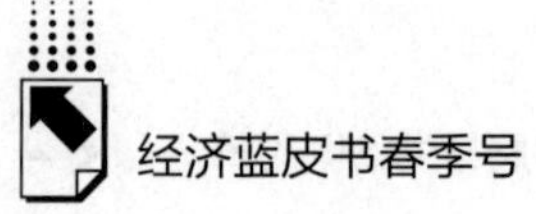

此，我们提出以下政策建议。

首先，进一步发育劳动力市场，坚持市场配置劳动力资源。日本和韩国的经验表明，在经济整体跨越“刘易斯转折点”、出现持续的劳动力短缺之后，农业劳动力比重仍将继续下降，至少要进一步下降到10%以下。以此作为参照，中国在迈向高收入国家行列的过程中，农业劳动力转移仍有巨大的空间。在2004年至2014年的10年间，农民工进城务工经商对城市化率提高的贡献大约为1/4，随着农村新成长劳动力数量的绝对减少，外出农民工的增长速度必然减慢。例如，2005～2010年，外出农民工每年增长4%，2014年仅为1.3%，2015年更下降到只有0.4%。然而，以农民工市民化为核心的户籍制度改革，可以进一步疏通劳动力市场，阻断劳动力从城市到农村的回流，从而保持城镇化的正常推进，稳定非农产业的劳动力供给。

其次，通过教育和培训加快人力资本积累速度，化解劳动力市场上的结构性矛盾。无论从受教育年限还是从技能来看，中国劳动力的人力资本尚不适应产业结构急剧变革的需要，因此，人力资本积累不应仅仅作为一个长期愿景，更应该是当务之急。目前农民工构成城镇就业劳动力增量的2/3以上，而平均受教育年限是9.6年，仅仅适应于第二产业的劳动密集型岗位（要求劳动者有9.1年的受教育年限），以及第三产业的劳动密集型岗位（要求有9.6年的受教育年限）。但是，按照目前岗位对人力资本的要求，第二产业的资本密集型岗位是10.4年，第三产业的技术密集型岗位是13.3年。如果我们承认，未来的产业变化趋势是非农产业岗位的资本密集型程度和技术密集型程度均会显著提高，则农民工的受教育程度，尚不足以支撑他们转向这些新岗位。

再次，适应就业岗位的创造性破坏过程，劳动就业统计既要反映新岗位的创造，也应该反映旧岗位的破坏。根据人力资源和社会保障部（2015）公布的数据，2014年城镇新增就业人数为1322万人。但是，这一年全国城乡新增经济活动人口仅仅为380万人。很显然，其一，这在统计上把一部分原来没有纳入城镇就业统计范围的农民工统计为城镇就业；其二，这个新增就业不是净增数，即仅仅统计了岗位的进入，没有统计岗位的退出。另外，媒体和一些专家在强调就业压力时，往往依据一些产能过剩或资源枯竭型产业，以及低效企业的岗位破坏，却没有对等地揭示新兴产业和新成长企业的岗位创造。上述两种信息片面化的表现，都无助于认识真实的劳动力市场和真实的经济发展新常态。

最后，更公平地提供基本公共服务，用社会政策为灵活高效的劳动力市场托底。在新的发展阶段上，提高资源配置效率从而提高全要素生产率，是保持经济中高速持续增长的必由之路，必须借助创造性破坏机制。以防止失业率提高为借口保护既有的就业岗位，无异于保护旧的经济结构和传统的发展方式，阻碍中国经济获得新的增长动力。然而，劳动这个特殊的生产要素是以人为载体的，产业、产能、企业甚至岗位，固然需要创造性破坏以实现升级优化，对劳动者却不能简单地丢给市场竞争，采取听之任之的态度。因此，产业结构调整速度越是加快，越是急迫地需要建立起社会安全网，提高公共就业服务水平，从而在旧岗位被破坏的时候，帮助劳动者获得新的技能，顺利转向新创造的岗位。这才是与就业新特点相适应的政府职能所在以及政策关注所在。

参考文献

Aiyar Shekhar, Duval Romain, Puy Damien, Wu Yiqun, Zhang Longmei (2013) "Growth Slowdown and the Middle Income Trap", The IMF Working Paper.

Cai Fang, Yang Du and Changbao Zhao (2007), "Regional Labour Market Integration since China's World Trade Organization Entry: Evidence from Household-level Data," in Garnaut, Ross and Ligang Song (eds) *China – Linking Markets for Growth*, Canberra: Asia Pacific Press, pp. 133 – 150.

Cai Fang and Yang Du (2011), "Wage Increase, Wage Convergence, and the Lewis Turning Point in China", *China Economic Review*, Vol. 5, Issue 2.

Davis Stevens J. and John Haltiwanger (1991) Gross Job Creation, Gross Job Destruction and Employment Reallocation, *NBER Working Paper*, No. 3728.

Foster Lucia, John Haltiwanger, and Chad Syverson (2008) Reallocation, Firm Turnover, andEfficiency: Selection on Productivity or Profitability? *American Economic Review*, Vol. 98, pp. 394 – 425.

Lucas, R. Jr. (1990), "Supply – Side Economics: An Analytical Review". Oxford Economic Papers Vol. 42, pp. 293 – 316.

白重恩、张琼：《中国资本回报率及其影响因素分析》，《世界经济》2014 年第 10 期。

都阳、陆旸：《中国的自然失业率水平及其含义》，《世界经济》2011 年第 4 期。

都阳：《以高效的劳动力市场促进经济转型》，《中国改革》2015 年第 10 期。

都阳：《制造业企业对劳动力市场变化的反应：基于微观数据的观察》，《经济研究》2013 年第 1 期。

B.6
劳动报酬份额变化与个人所得税改革

张车伟　赵 文*

摘　要：　我国个人所得税制度对工薪所得征缴力度大，而对资本类、财产类所得征缴力度不足，从而使得工薪所得的课税占个人所得税的比重不断增加。这种状况在我国劳动报酬份额依然偏低的情况下进一步加剧了收入分配的不公平。个人所得税改革应在实施综合与分类相结合税制的基础上，大幅度提高工薪所得的起征点，减轻工薪劳动者的税负负担，从而实现更加公平的分配。

关键词：　个人所得税　劳动报酬份额　收入分配

我国居民收入增长率已经连续五年超过人均国内生产总值的增长率，不过，从老百姓的切身感受来看，收入增长似乎并不明显。究其原因，一方面在于住房、教育、医疗等生活成本增加较快，另一方面也因为社保缴费等各类扣款较多使工薪劳动者到手的可支配收入不断缩水。目前，社会上关于个人所得税沦为“工薪税”的议论其实就在某种程度上反映了老百姓对收入现状不太满意的现实。个人所得税

* 张车伟，中国社会科学院人口与劳动经济研究所所长，研究员；赵文，中国社会科学院人口与劳动经济研究所助理研究员。

制度作为一种税收手段，理应具有调节收入差距的作用，但我国的个人所得税在这方面的作用并不明显。由于分类课税的制度设计，个人收入中工薪所得很容易被课税，而其他来源的收入则因为监管困难而很难被征税。有人因此认为目前的个人所得税制度实际上是对“勤劳”课税，这种状况在我国劳动报酬份额依然偏低的情况下，就显得尤为不公平。本文主要从我国劳动报酬份额变化的角度来探讨个人所得税的改革问题。

一　我国劳动报酬份额变化与劳动者税费负担

在我国目前的国民收入分配格局中，劳动报酬份额依然偏低，是一种不利于劳动者的局面。

1. 劳动报酬份额与工薪劳动者实际收入水平变化

由于统计口径不同，我国的劳动报酬份额在和其他国家进行比较的时候往往会引起一些误读。国际上经常使用的统计口径是雇员劳动报酬占 GDP 的份额，而我国统计部门公布的劳动报酬数据既包括雇员劳动报酬，也包括自雇部门中通过估算得到的劳动报酬。如果拿两个不同口径的数据进行国际比较往往会出现中国劳动报酬份额似乎并不低的结论。然而，由于自雇部门的劳动报酬是人为估算得到的结果，并不具有真正的收入分配含义，所以，直接使用国家统计部门公布的劳动报酬份额数据并不能真正观察到国民收入分配格局的实际状况。为此，我们分雇员经济部门和自雇经济部门进行了国民经济核算，得到了能够真实反映国民收入中要素分配状况的雇员部门劳动报酬份额数据（张车伟、赵文，2015）。

从图 1 可以看出，我国劳动报酬变化大致可分为三个时期。以 1992 年为界可以划分为前后两个时期，前一个时期，劳动报酬份额过高，导致公有制企业经营困难，后一个时期，农业转移人口大量增加，劳动供给充裕，劳动报酬份额过低。1992 年之后，还可以分为两个时期。以 2011 年《国民经济和社会发展第十二个五年规划纲要》首次提出“劳动报酬增长和劳动生产率提高同步”为标志，劳动报酬开始向合理方向回归。从趋势看，虽然随着人口老龄化和劳动力供求形势变化，劳动报酬份额有提高的动力，但近一个阶段，劳动报酬份额和报酬水平偏低的现实情况没有大的改观。

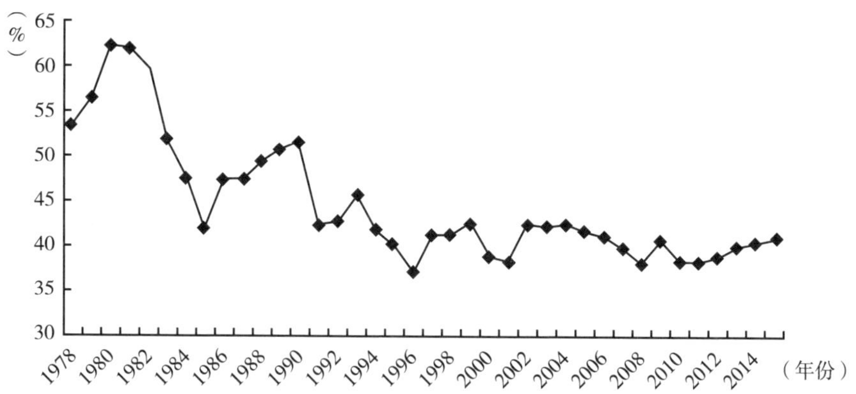

图 1　雇员经济部门的劳动报酬份额

资料来源：参见张车伟、赵文《中国劳动报酬份额问题——基于雇员经济与自雇经济的测算与分析》，《中国社会科学》2015 年第 12 期。根据最新资料更新了数据。

1992 年之前，劳动报酬的主要问题是份额过高，造成工资侵蚀利润，大量国有企业经营困难。针对劳动报酬进行的改革，主要成就是初步建立了市场环境下劳动报酬份额的决定机制，并极大地促进了经济增长。改革之初，基尼系数较小，劳动报酬过高，居民收入差距很小。但是，看似公平的收入差距背后，是“养懒人”的经济激励不足问题。如图 1 所示，1992 年之前的劳动报酬份额呈现大幅度波动和下降的趋势。在这一时期的大部分时间内，劳动报酬份额一直高于 50%，其中的个别年份如 1980 年达到 62%，1990 年达到 52%，平均值为51%。这样高的比例意味着收入分配格局严重失衡。由于此时正处于改革初期，市场机制尚未形成，价格双轨制以及国有企业面临的预算软约束使得分配过多向劳动倾斜，从而造成企业经营困难，这实际上也是后来要进行国有企业改革的原因。总体来看，这一时期中国面临的问题不是劳动报酬份额太低而是过高，是工资严重侵蚀利润的问题。① 针对这一问题，中央颁布了《全民所有制工业企业转换经营机制条例》（1992 年颁布，2011 年修订）："企业必须坚持工资总额增长幅度低于本企业经济效益增长幅度、职工实际平均工资增长幅度低于本企业劳动生产率增长幅度的原则。"可以说，这一条例是中国计划体制向市场机制转变中，劳动报酬改革的标志。随着改革进程的推进，1992 年之后，劳动报酬份额逐渐下降，劳动报酬份额及工资水平开始向合理水平回归。

1992 年以后，随着就业的正规化和雇员化，更多的劳动者能够分享到改革成果。现代经济是以组织化、公司化为特征的生产部门，有明确的雇佣劳动关系，按要素贡献进行分配，资本拥有者需要得到资本收益，劳动者需要得到劳动报酬。劳动者在这样的正规经济部门就业，生产率更好，收入更多，劳动保护更充分，工作更体面。中国在20 世纪90 年代中期之前，大量劳动力从事的是比较落后的农业生产，后来随着一系列改革，农民工大量进城务工，总就业中的雇员比例，从2000 年的37%，一举提高到2014 年的61%。农民工分享的劳动报酬总额，2014 年达到 8.7 亿元，占国民收入的比重为 14%，平均每个农民工一年可以得到务工收入 3 万多元，这直接增加了中西

① 戴园晨、黎汉明：《工资侵蚀利润——中国经济体制改革中的潜在危险》，《经济研究》1988 年第6 期；徐海波：《工资增长形势的估价与分析》，《经济研究》1992 年第 3 期。Minami, R. and S. Hondai, "An Evaluation of the Enterprise Reform in China: Income Share of Labor and Profitability in the Machine Industry," *Hitotsubashi Journal of Economics*, Vol. 36, No. 2, 1995, pp. 125 – 143.

部地区和农村的居民收入。

在就业正规化、雇员化的同时，劳动报酬份额和劳动报酬水平偏低的问题开始出现。这里的劳动报酬水平偏低是相对于经济增速和劳动边际生产率而言的。如图 2 所示，以雇员工资和人均 GDP 的比值来看，2003 年之后，尽管名义工资在上涨，相对于物价水平的实际工资也在上涨，但相对于经济增长来说，雇员劳动者的工资水平实际上经历了长时间大幅度的下降。也就是说，雇员劳动者所能分享到的经济增长的成果非常有限，而且份额越来越少，经济增长的成果绝大部分转化成了资本收益。

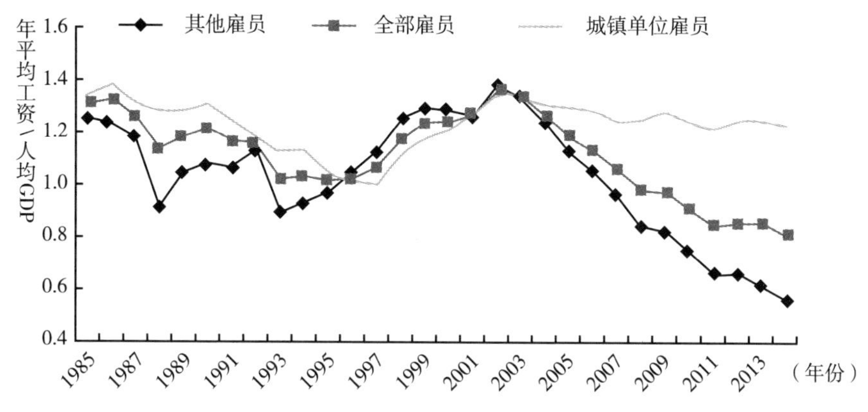

图 2　雇员工资水平相对于人均 GDP 的变化

资料来源：根据历年《中国统计年鉴》计算。

劳动报酬水平偏低的原因，主要是存在大量农村剩余劳动力。根据刘易斯的二元模型，农民工进城务工，开始只能接受农村生存水平的工资，这一工资水平大大低于农民工实际创造的价值。决定工资波动的因素主要是食品和房租的价格，而不是农民工的边际劳动生产率。同时，城市劳动力始终面临着供给的压力。根据最近的研究（张车伟、蔡翼飞，2016），2013 ~ 2015 年，农村新增适龄劳动力 2042 万人，而根据国家统计局发布的报告，同期转移劳动力 1486 万人。因此，农村可转移劳动力数量约为每年556万人。未来，新增农村劳动力仍将保持每年500万人以上的规模，他们进城务工之后，对工资水平的压低作用仍会显现。

表1　按照学历划分的农村新增劳动力数量及预测

单位：万人

年份＼学历	小学	初中	高中	中职	合计
2013	46.7	170.8	56.7	468.5	742.7
2014	40.3	160.4	36.6	441.9	679.2
2015	34.6	151.9	29.2	404.5	620.2
2020	42.8	153.8	22.8	363.3	582.7
2025	39.1	128.2	22.5	359.6	549.4
2030	36.3	123.3	21.7	346.6	527.9

资料来源：参见张车伟、蔡翼飞《中国“十三五”时期劳动供给和需求预测及缺口分析》，《人口研究》2016年第1期。

如果资本的高收益能够顺畅地转化为居民收入，那么，国民收入分配格局中劳动报酬份额偏低也就不构成太大问题，不过，我国目前的资本市场似乎还难以做到这一点。有研究（张车伟、赵文，2014）指出，在我国目前国民收入的分配格局中，劳动报酬约占31%，资本报酬约占36%，间接税约占13%，混合经济成分约占20%。[①] 而在居民收入中，主要是劳动报酬收入，劳动报酬占城镇居民收入的比重为70%～80%，占农村居民纯收入的比重也在50%左右，而且劳动报酬占农村居民收入的比重呈现不断上升的趋势。在国民收入中占比较高的资本收入在居民收入中的比重却很低，无论是城镇居民还是农村居民，财产性收入占比都很小。居民通过资本市场获得财产性收入的渠道并不通畅，这使得国内生产总值中的资本报酬难以转化为居

① 混合经济成分收入即自雇经济部门的收入。

民收入。从图 3 可以看出，资本报酬占国内生产总值的比例为 36%，但居民的财产性收入只占居民收入的 8% 左右。因此，资本报酬难以转化为居民收入。

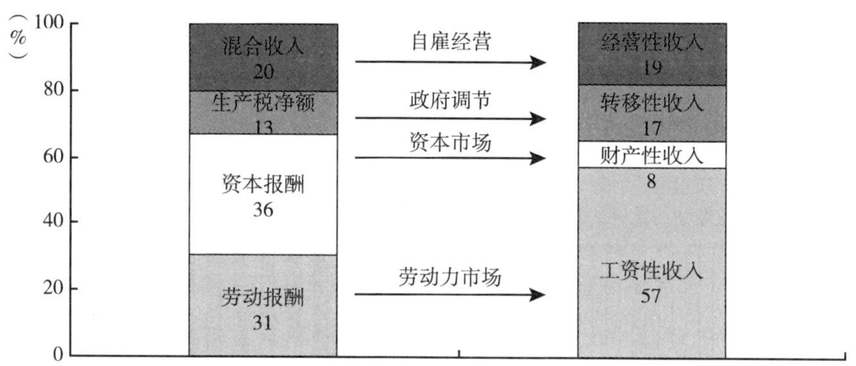

图 3　GDP 核算和居民收入之间的对应关系

资料来源：根据《中国统计年鉴（2014）》计算整理。

2. 谁更多地承受了税费负担

目前，我国工薪劳动者应获劳动报酬总额中，税费负担包括个人所得税、住房公积金和社会保险基金，劳动报酬总额去掉这些税费之后是可支配劳动报酬。其中，用人单位缴纳基本养老保险、基本医疗保险、失业保险、工伤保险和生育保险的费率，名义上分别占工资总额 20%、6%、2%、1%、1% 左右，[①] 职工本人缴纳基本养老保险、基本医疗保险和失业保险的费率，分别为本人工资的 8%、2% 和 1%。[②] 住房公积金，单位和职工缴存比例在 5% 到 12% 之间。因此名义上，用人单位缴费率在 32.5% 到 36% 之间，个人缴费率在 13.5%

① 国务院决定从 2015 年 10 月 1 日起，将工伤保险平均费率由 1% 降至 0.75%，并根据行业风险程度细化基准费率档次，根据工伤发生率对单位适当上浮或下浮费率。

② 2015 年失业保险费率由现行条例规定的 3% 统一降至 2%，单位和个人缴费具体比例由各地在充分考虑提高失业保险待遇、促进失业人员再就业、落实失业保险稳岗补贴政策等因素的基础上确定。

到17%之间。如果把单位和个人缴费加在一起，各类扣款占到工资总额的比例在46%至53%之间，这意味着有一半左右的收入没有办法变成劳动者的可支配收入。不过，在现实中，真正的缴费率没有名义上高。例如，2014年，个人所得税占3%，住房公积金占6%，雇员个人缴纳的社保基金占4%，单位缴纳的社保基金占12%，这四项占劳动报酬总额的比重为26%。

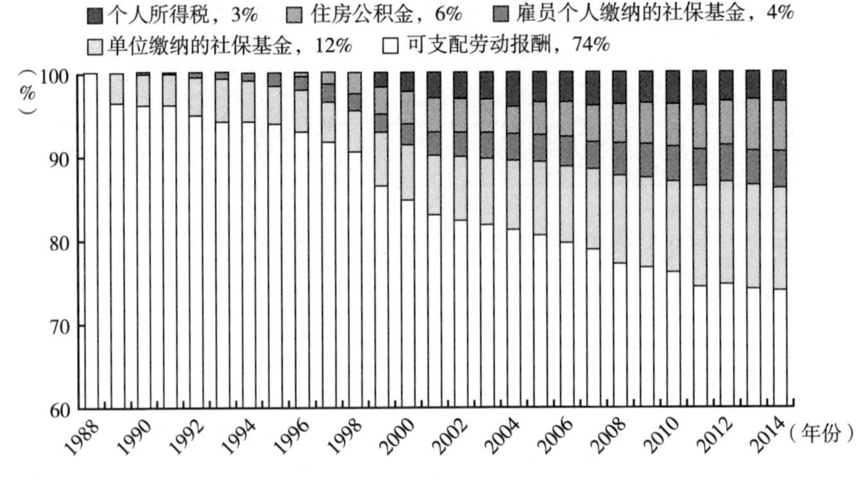

图4　我国劳动报酬结构

资料来源：根据历年《中国统计年鉴》计算整理。图例中的数字年份为2014年。

需要指出的是，上述占全国劳动报酬26%的税费负担，并不是平均地由每个劳动者承担的，而是主要落到了城镇单位雇员的头上。我们以城镇单位雇员和其他雇员两个群体①的劳动报酬总额分别除以两个群体的人数，可以得到其劳动报酬水平。对比图5和图6可以发现，2014年，城镇单位雇员的劳动报酬水平是可支配劳动报酬水平

① 城镇单位雇员是指城镇单位就业人员，包括国有单位、城镇集体单位、股份合作单位、联营单位、有限责任公司、股份有限公司、港澳台商投资单位、外商投资单位的雇员，其他雇员是指私营企业就业和乡镇企业就业者，主体是农民工。

的1.5倍，而其他雇员是1.1倍。也就是说，城镇单位雇员群体的劳动报酬中，有1/3不可支配。其他雇员群体不可支配报酬的比重不到10%。城镇单位雇员的税费负担比其他雇员要重得多。

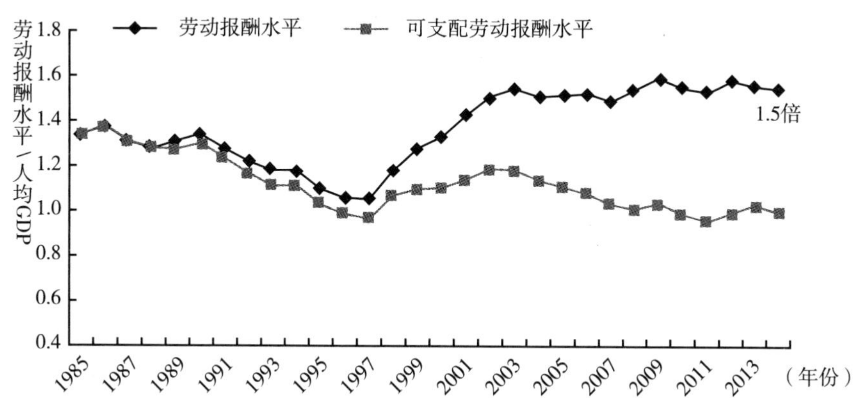

图5　可支配劳动报酬水平：城镇单位雇员

资料来源：根据历年《中国统计年鉴》计算整理。

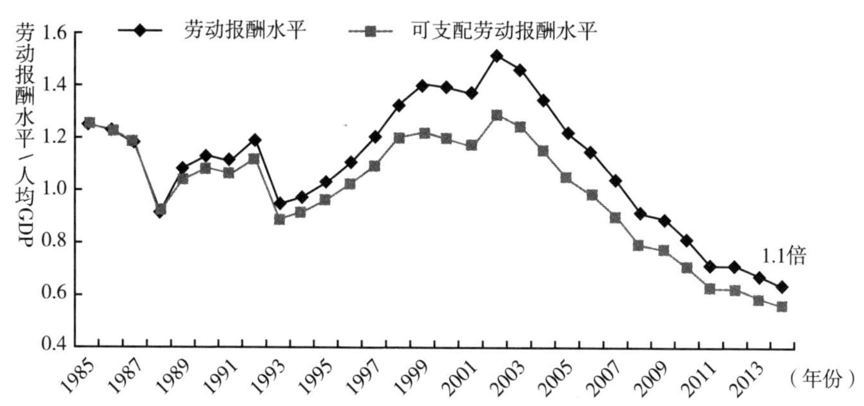

图6　可支配劳动报酬水平：其他雇员

资料来源：根据历年《中国统计年鉴》计算整理。

如图7所示，虚线表示个人所得税征收之前的劳动报酬水平，实线表示征收个人所得税后的劳动报酬水平。可以发现，城镇单位雇员群体在征收个人所得税前后，劳动报酬水平变化较大。比如2014年，征收个人所得税后，劳动报酬水平下降了7.2%。而其他雇员群体变化较小，2014年，征收个人所得税后，其他雇员群体劳动报酬水平下降了1.8%。

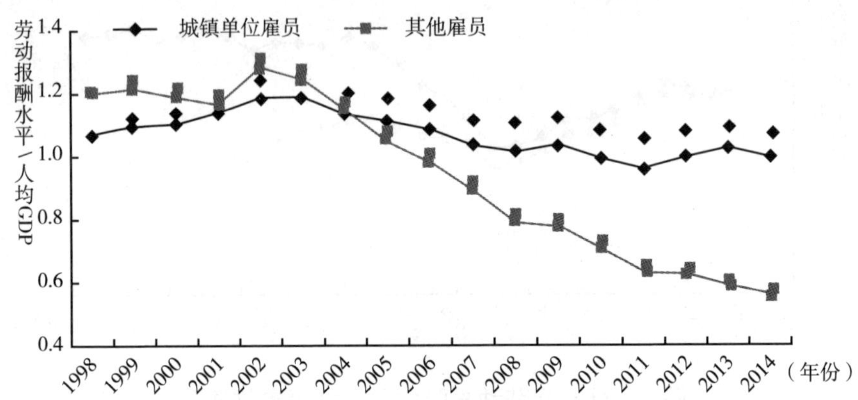

图7　个人所得税负担比较：城镇单位雇员和其他雇员

资料来源：根据历年《中国统计年鉴》计算整理。

二　我国个人所得税的现状和问题

一般来说，个人所得税应该发挥两个功能：一是筹集财政资金，二是调节收入差距。从筹集财政资金来看，我国个人所得税仅为税收总收入的6%（见图8），2014年为7376.6亿元，很难说有多大作用。那么，个人所得税调节收入分配的作用又如何呢？乐观的说法是收入调节作用非常弱小，悲观的说法认为个税不仅没有能够缩小收入差距，甚至带来了新的分配不公。个人所得税的公平性问题显而易见：①工资外其他收入难以被课税，结果是个税沦为“工薪税”，工薪劳动者负担加重；②国民收入分配不利于劳动者的情况下，个税进一步加剧了这一格局的失衡；③家庭负担视角缺失，没有兼顾养老和育儿负担。

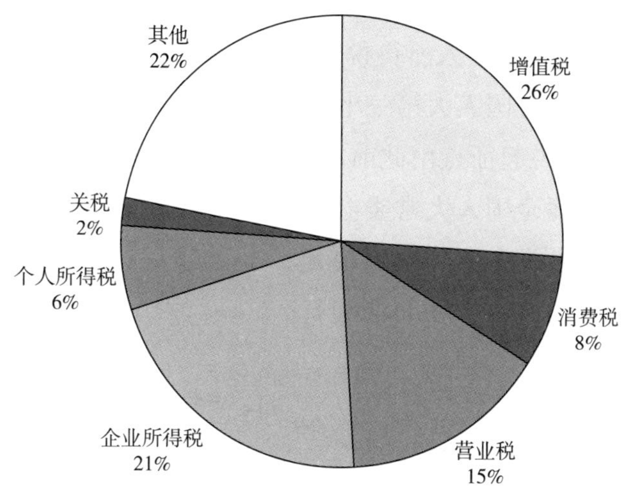

图 8　我国 2014 年的税收结构

资料来源：《中国统计年鉴（2015）》。

1. 个税沦为“工薪税”了吗

根据国家税务总局主管主办的《中国税务年鉴》，个人所得税中包括：①工资、薪金所得，②个体工商户生产、经营所得，③企事业单位承包、承租经营所得，④劳务报酬所得，⑤稿酬所得，⑥特许权使用费所得，⑦利息、股息、红利所得，⑧财产租赁所得，⑨财产转让所得，⑩偶然所得，⑪其他所得，⑫税款滞纳金、罚款收入。其中，工薪所得税所占比重，2000 年为 43%，2014 年达到了 65%，创历史新高，而个体工商生产经营所得、利息股息红利所得所占比重均大幅度下降。

如图 9 所示，工薪所得税占个人所得税的比重，有两次明显的下降，分别出现在 2006 年和 2011～2012 年，这都和个人所得税起征点提高有关。个税起征点，是指工资、薪金所得中，个人所得税费用扣除标准或者免征额。我国曾经多次提高个税起征点。1980 年 9 月 10

日，第五届全国人大第三次会议通过《中华人民共和国个人所得税法》，决定征收个人所得税并制定 800 元的起征点。2005 年 10 月 27 日，十届全国人大第十八次会议通过了修改个人所得税法的决定，自 2006 年 1 月 1 日起把个人所得税的起征点调整到 1600 元。2007 年 12 月 29 日，经十届全国人大第三十一次会议通过，从 2008 年 3 月 1 日起，将个人所得税起征点由此前的 1600 元提高到 2000 元。2011 年 6 月 30 日，十一届全国人大常委会第二十一次会议表决通过了关于修改个人所得税法的决定。根据决定，个税起征点从 2000 元提高到 3500 元，自 2011 年 9 月 1 日起施行。

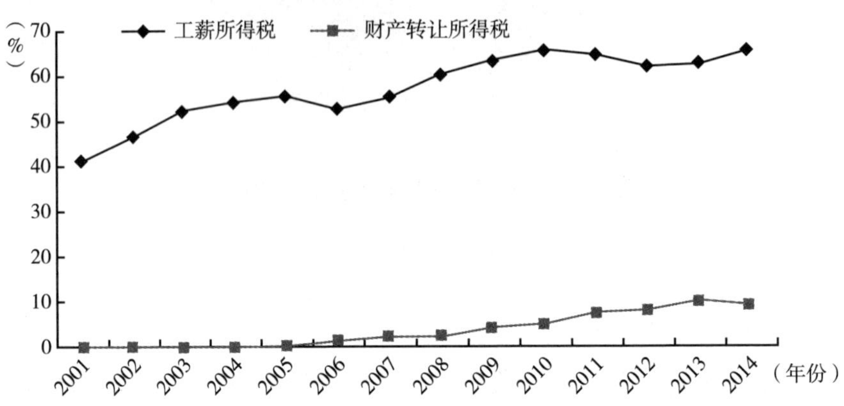

图 9　工薪所得税、财产转让所得税占个人所得税的比重

资料来源：历年《中国税务年鉴》。

个人所得税中，除了工薪所得税增长较快以外，财产转让所得税也增长非常快，如表 2 所示。财产转让所得，主要是限售股转让所得和房屋转让所得两部分。在金融房地产市场的推动下，财产转让所得税占个人所得税的比重持续提高。2001 ~ 2014 年，财产转让所得税占个人所得税的比重从 0 提高到了 10%。不过，这仍然没有工薪所得税增长的速度快。从这个意义上说，个人所得税沦为“工薪税”的说法是有一些根据的。

表 2　个人所得税及其结构

单位：%

类别＼年份	2001	2002	2003	2004	2005	2006	2007
个人所得税总额（亿元）	996	1211	1417	1736	2094	2453	3185
1. 工资、薪金所得	41	46	52	54	55	53	55
2. 个体工商户生产、经营所得	16	15	14	14	14	14	13
3. 企事业单位承包、承租经营所得	3	2	2	2	1	1	1
4. 劳务报酬所得	2	2	2	2	2	2	2
5. 稿酬所得	0	0	0	0	0	0	0
6. 特许权使用费所得	0	0	0	0	0	0	0
7. 利息、股息、红利所得	35	32	27	26	25	27	25
其中：储蓄存款利息所得	0	0	0	0	0	19	16
8. 财产租赁所得	0	0	0	0	0	0	0
9. 财产转让所得	0	0	0	0	0	1	2
其中：限售股转让所得	0	0	0	0	0	0	0
房屋转让所得	0	0	0	0	0	0	0
10. 偶然所得	2	2	2	1	1	1	1
11. 其他所得	1	0	0	0	0	0	0
12. 税款滞纳金、罚款收入	0	0	0	0	0	0	0
类别＼年份	**2008**	**2009**	**2010**	**2011**	**2012**	**2013**	**2014**
个人所得税总额（亿元）	3722	3944	4837	6054	5820	6532	7377
1. 工资、薪金所得	60	63	65	64	62	63	65
2. 个体工商户生产、经营所得	13	12	13	11	10	9	7
3. 企事业单位承包、承租经营所得	1	2	1	1	2	2	2
4. 劳务报酬所得	2	2	2	2	3	3	3
5. 稿酬所得	0	0	0	0	0	0	0
6. 特许权使用费所得	0	0	0	0	0	0	0
7. 利息、股息、红利所得	18	14	11	11	13	11	11
其中：储蓄存款利息所得	9	4	1	0	0	0	0
8. 财产租赁所得	0	0	0	0	0	0	0
9. 财产转让所得	3	4	5	8	8	10	10
其中：限售股转让所得	0	0	0	0	1	2	3
房屋转让所得	1	2	2	2	2	3	2

续表

类别 \ 年份	2008	2009	2010	2011	2012	2013	2014
10. 偶然所得	1	1	1	1	1	1	1
11. 其他所得	1	1	0	0	1	1	1
12. 税款滞纳金、罚款收入	0	0	0	0	0	0	0

资料来源：历年《中国税务年鉴》。

尽管个人所得税的改革方向是明确的，但是受到现实条件的约束，这些改革措施短期内难以展开。比如，建立综合和分类相结合的个人所得税制，首先需要推动形成公开透明、公正合理的收入分配秩序，规范隐性收入，取缔非法收入。从实际征管来看，由于上述困难的存在，而工资薪酬所得税又最易管控，代扣代缴成本低效率高，因而也就成了税务机关实际征收力度最大的税种。其结果，个税就逐渐沦为“工薪税”。

2. 个人所得税存在的问题：公平性

解决公平性问题应是我国个税的功能定位。具体办法是对纳税人高收入部分征收更高的税率，对低收入部分征收更低的税率。但是，目前的征收监管能力有限，导致高收入者漏税严重。这一问题现在仍然没有大的改观。个人所得税无法调节收入差距，反而沦为“工薪税”，仅仅为少部分工薪劳动者所负担，成为一种不公平的税制，并进一步加剧了国民收入分配格局的失衡。

从目前个人所得税的征收结果来看，公平性是大打折扣的。根据近年的一次全国性的城镇住户调查，代表全国的24474个能够取得收入的被调查者中，缴纳所得税的有2596个，占10.6%。2596个纳税人中，前10%纳税人的纳税总额占全部纳税总额的53%，前20%纳税人的纳税总额占71%，前50%纳税人的纳税总额占94%。纳税人所缴纳的税额和其收入水平，非常不相称。如图10所示，把纳税人按

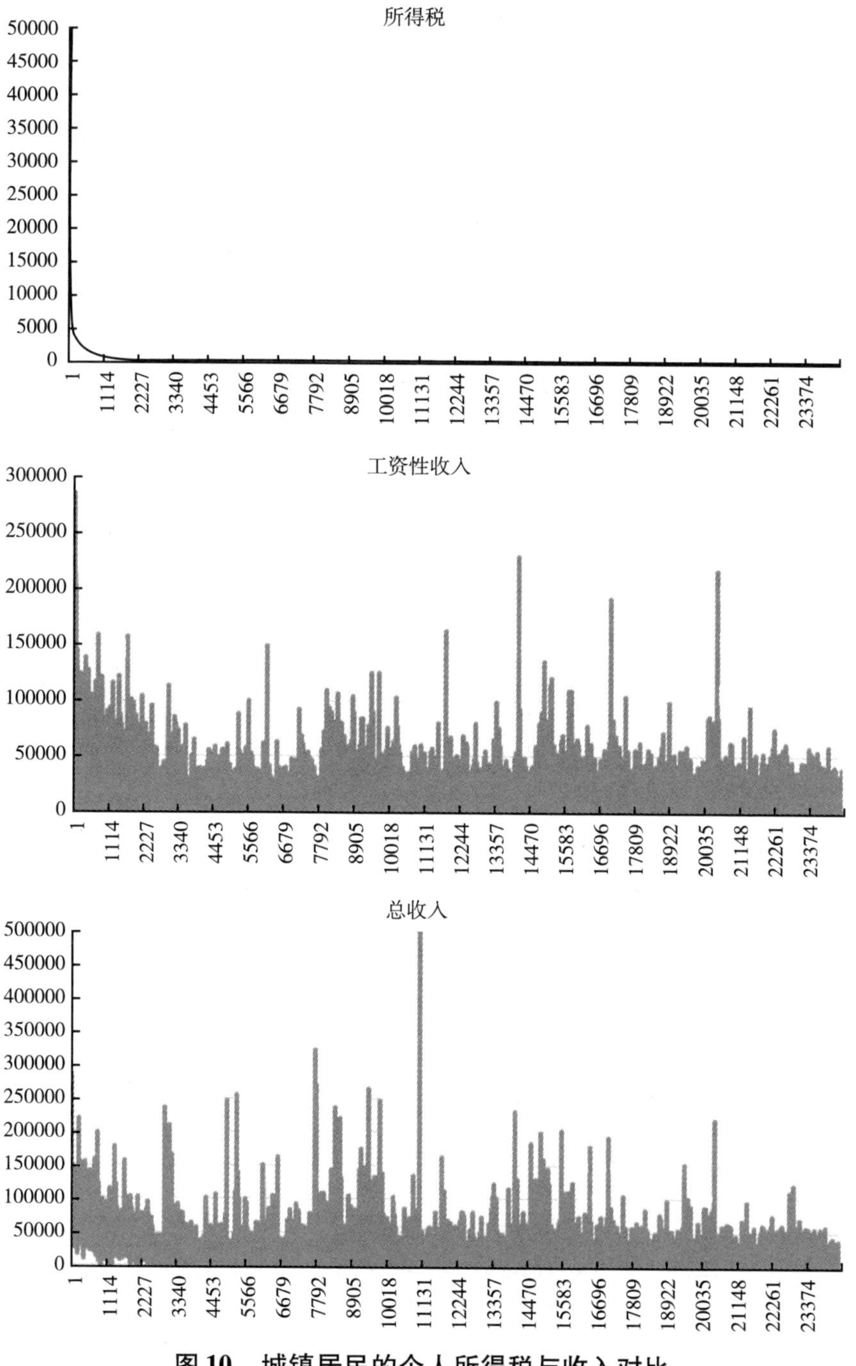

图 10　城镇居民的个人所得税与收入对比

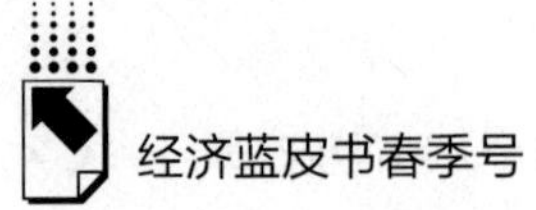

照纳税额高低排列，就会发现，无论是个人工资性收入还是个人总收入，纳税高的人不都是收入高的人，许多高收入纳税人实际缴纳的税额非常低，大多数高收入纳税人甚至不缴纳任何个人所得税。

个人所得税的这一不公平现象，是累进性的退化。累进性是指收入越高，税率越高。个人所得税只有呈现累进性才能调节收入差距。但从一些研究来看，我国个税是否呈现累进性是一个有争议的问题（刘元生等，2013；万莹，2013）。这说明，即便有累进性，也是非常弱的（彭海艳，2011；岳希明、徐静等，2012；徐建炜等，2013；何辉等，2014），实际上我国个税更类似于固定税率（刘扬等，2014），可能既没有累进性也没有累退性。徐建炜等（2013）发现，不同收入人群的纳税份额和平均税负变动迥异，中等收入阶层是税制不变时期个税收入增加的主要负担者，也是免征额提高时税负降低的主要受益者。起征点是再分配效应和累进性的主要来源（彭海艳，2011；曹桂全、任国强，2014）。

个人所得税制度设计的目标本应是高收入者多纳税，但从目前我国个人所得税的制度设计来看，却是高薪酬者多纳税，而不是高收入者多纳税。因为工资薪酬所得是实行超额累进税率的，且其最高边际税率最高，税率档次也最多。我国个人所得税调节中是将高薪酬者和高收入者混同了。实际上，我国大部分高收入者不是以薪酬形式获取收入的群体，比如私营业主可以只象征性地领取一点薪酬，甚至完全不领取薪酬。工薪所得税的制度设计对这部分人群是无效的。尤其是在股票市场和房地产市场异常火爆的这些年，高薪酬者与高收入者愈发偏离，使个人所得税调节收入分配的功能大打折扣。

三　个人所得税改革方向与现实选择

在中国经济快速增长过程中，市场固有和体制转轨所积累的收入分配矛盾凸显，逐步扩大的收入分配差距已经成为经济可持续发展与全面建成小康社会的重要威胁因素。

我国劳动报酬份额长期偏低，相对于经济增长来说，工资水平增长缓慢，城镇单位雇员群体的税费负担远比其他群体沉重。《中共中央关于制定国民经济和社会发展第十三个五年规划的建议》指出：要“加快建立综合和分类相结合的个人所得税制”。建立综合和分类相结合的个人所得税制，并从家庭负担的角度，对负担较重的纳税人加大免征力度，是个人所得税的改革方向。

不过，从现实来看，个人所得税改革难度较大，改革措施只能循序渐进。建立综合和分类相结合的个人所得税制，首先需要推动形成公开透明、公正合理的收入分配秩序，规范隐性收入，取缔非法收入。同时，要建立和家庭负担联动的个人所得税减免制度，需要税务部门对每个家庭的人员财产情况清楚掌握。这显然都不是短期内能够做得到的。

在个人所得税改革短期内难以到位的情况下，大幅度提高工薪报酬所得的起征点也就成了改善这一制度公平性的办法。因此，个税改革的当务之急是要解决税制的公平性问题。尽快实施分类征收，在此基础上，大幅度提高劳务类报酬起征点，以减少大多数普通劳动者的负担，实施“放水养鱼”政策。高工资不等于高收入，要加强对真正高收入者而不仅是高工资者的税收监管。

参考文献

曹桂全、任国强：《个人所得税再分配效应及累进性的分解分析——以天津市 2008 年城镇住户为样本》，《南开经济研究》2014 年第 4 期。

何辉、李玲、张清：《个人所得税的收入再分配效应研究——基于 1995 ~

2011 年中国城镇居民调查数据》，《财经论丛》2014 年第 2 期。

贾康、梁季：《我国个人所得税改革问题研究——兼论“起征点”问题合理解决的思路》，《财政研究》2010 年第 4 期。

刘扬、冉美丽、王忠丽：《个人所得税、居民收入分配与公平——基于中美个人所得税实证比较》，《经济学动态》2014 年第 1 期。

刘元生、杨澄宇、袁强：《个人所得税的收入分配效应》，《经济研究》2013 年第 1 期。

彭海艳：《我国个人所得税再分配效应及累进性的实证分析》，《财贸经济》2011 年第 3 期。

万莹：《个人所得税对收入分配的影响：由税收累进性和平均税率观察》，《改革》2011 年第 3 期。

万相昱：《个人所得税改革的灵敏度分析：基于微观模拟途径》，《世界经济》2011 年第 1 期。

王小鲁：《灰色收入与国民收入分配：2013 年报告》，载吴敬琏主编《比较》2013 年第 5 期，中信出版社。

徐建炜、马光荣、李实：《个人所得税改善中国收入分配了吗——基于对 1997 ~2011 年微观数据的动态评估》，《中国社会科学》2013 年第 6 期。

岳希明、徐静、刘谦、丁胜、董莉娟：《2011 年个人所得税改革的收入再分配效应》，《经济研究》2012 年第 9 期。

岳希明、徐静：《我国个人所得税的居民收入分配效应》，《经济学动态》2012 年第 6 期。

张车伟、赵文：《如何实现居民收入增长》，《劳动经济研究》2014 年第 6 期。

张车伟、蔡翼飞：《中国“十三五”时期劳动供给和需求预测及缺口分析》，《人口研究》2016 年第 1 期。

B.7

经济结构调整对税收影响研究

付广军*

摘　要：依据中国近年产业结构及行业结构中的经济与税收状况，分析了产业结构调整及产业税负变化对税收收入的影响，同时，分析了行业经济结构调整及行业税负变化对税收收入的影响。找出了影响税收收入的主要产业和行业，并进行了深入分析。提出了未来产业和行业发展的政策建议。

关键词：经济结构调整　税收　产业结构

在中国，经济结构主要表现在产业和行业结构上。同样税收收入（本文以下简称税收）结构也表现在产业和行业结构上，相应地用税收与经济（一般用国内生产总值来表示）之比，来表现宏观税负（或产业、行业税负）状况。

一　中国产业的经济结构、税收结构及税负状况

（一）中国产业经济结构状况分析

近年来中国产业经济结构不断优化，主要表现在：第一产业所占

* 付广军，国家税务总局科研所研究员。

比重稳步微降，第二产业所占比重逐年下降，第三产业所占比重逐年上升。

从表1可以看出，中国第一产业比重从2010年的9.6%，下降到2014年的9.2%，下降了0.4个百分点；第二产业比重从2010年的46.2%，下降到2014年的42.7%，下降了3.5个百分点；第三产业比重则从2010年的44.2%，上升到2014年的48.1%，上升了3.9个百分点，已经高于第二产业5.4个百分点，成为中国第一大产业。

表1　2010～2014年中国三次产业状况及结构

单位：亿元，%

年份＼产业	第一产业		第二产业		第三产业		合计
	绝对数	比重	绝对数	比重	绝对数	比重	
2010	39354.6	9.6	188804.9	46.2	180743.4	44.2	408902.9
2011	46153.3	9.5	223390.3	46.1	214579.9	44.3	484123.5
2012	50892.7	9.5	240200.4	45.0	243030.0	45.5	534123.0
2013	55321.7	9.4	256810.0	43.7	275887.0	46.9	588018.8
2014	58336.1	9.2	271764.5	42.7	306038.2	48.1	636138.7

资料来源：《中国统计年鉴（2015）》。

中国产业经济结构不断改善已经成为一种不可逆转的常态，预测未来中国第三产业比重还会逐年提高，第二产业比重会逐年降低，第一产业继续保持小幅微降状态。这种产业经济结构的变化趋势，符合国际惯例，为中国逐渐向发达市场经济国家迈进，提供了基础。

从图1可以明显看出，2012年中国产业结构是一个重要调整拐点，在该拐点处，第三产业所占比重开始超过第二产业，之后这种趋势便一发不可逆转，第三产业成为中国第一大产业的地位更加稳固。

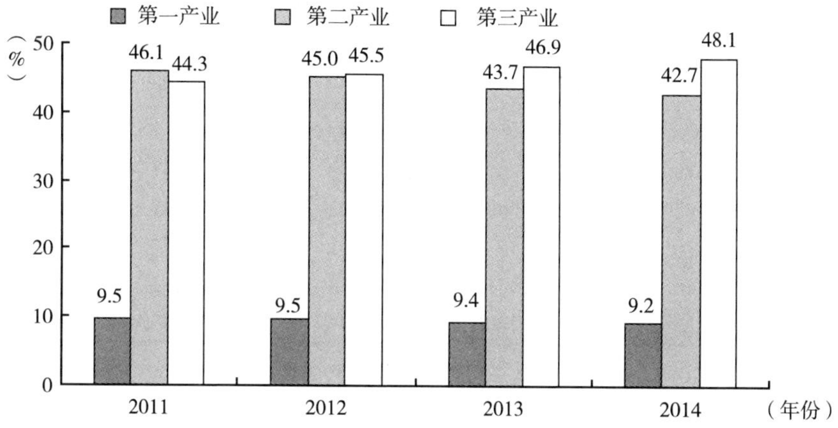

图1　2011～2014年中国三次产业结构变化

（二）中国产业税收结构状况分析

在中国，由于第一产业（主要是农业）生产方式落后，生产效率不高，经济收益较低。为鼓励其生产，满足居民基本生活需要，对第一产业（农业）实行低于其他产业的轻税政策，业已取消了盛行几千年的农业税，仅对农产品加工业征收较轻的税收。中国税制主要以工商税制为主，基本是对第二产业和第三产业征税。

从表2可以明显看出，来自第一产业的税收2011年仅为81.26亿元，占全部税收的比重仅为0.08%，不到千分之一；来自第二产业税收占全部税收的比重从2011年的52.02%，逐年下降为2014年的46.34%，下降了5.68个百分点；相应的，第三产业税收占全部税收的比重从2011年的47.90%，提高到2014年的53.49%，上升了5.59个百分点，占比高出第二产业7.15个百分点。

表 2　2010～2014 年中国三次产业税收状况及结构

单位：亿元，%

年份＼产业	第一产业		第二产业		第三产业		合计
	绝对数	占比	绝对数	占比	绝对数	占比	
2010	78.21	0.10	40615.36	52.48	36700.87	47.42	77394.44
2011	81.26	0.08	49797.47	52.02	45850.74	47.90	95729.46
2012	120.35	0.11	54835.70	49.51	55807.98	50.38	110764.04
2013	160.63	0.13	56720.58	47.28	63078.71	52.58	119959.92
2014	220.28	0.17	60032.90	46.34	69287.90	53.49	129541.07

资料来源：2010～2013 年数据来自历年《中国税务年鉴》；2014 年数据来自《税收快报》。

从图 2 可以明显看出，2012 年中国产业税收结构同样是一个拐点，第三产业所占比重开始超过第二产业，以后这种趋势同样一发不可逆转，与产业经济结构基本相同。

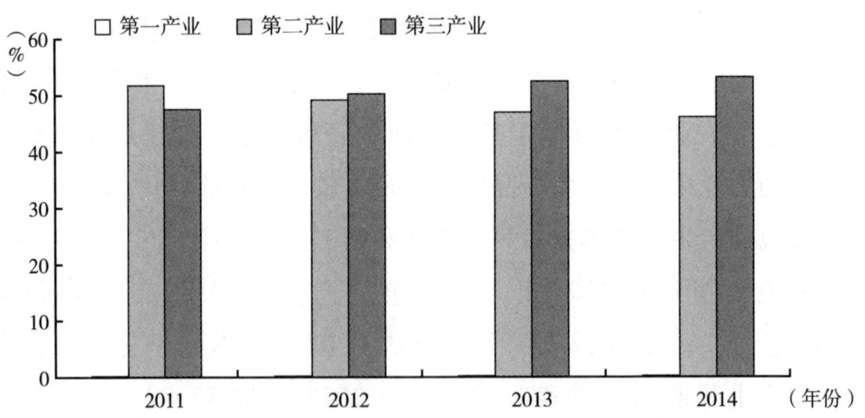

图 2　2011～2014 年中国三次产业税收收入结构

（三）中国产业税负比较分析

宏观税收负担（简称宏观税负）是全部税收收入与国内生产总

值（经济量）之比，具体到各产业税负，是来自各产业税收收入与其增加值之比。

由于中国采用以工商税制为主的税制，对第一产业实行税收优惠，加上第一产业增加值所占比重较低，宏观税负的高低变化主要受第二产业、第三产业税负高低以及它们增加值所占比重（产业经济结构）高低变化的影响。

从表3计算结果可以看出，中国第一产业税负很低，2011年仅为0.18%，到2014年上升到0.38%，提高了1.11倍，有逐年上升的趋势，这一现象应引起关注。第二产业税负从2011年的22.29%，提高到2012年的22.83%，随后又降为2013年、2014年的22.09%；第三产业税负从2011年的21.37%，提高到2012年的22.96%，随后又开始小幅下降，2014年降为22.64%。总体看，第二、三产业税负基本稳定，大体保持在22%~23%之间。除2011年第三产业税负低于第二产业外，其余年份均略高于第二产业，但是二者相差不大。

表3　2010~2014年中国三次产业税负比较

单位：%

年份＼产业	第一产业税负	第二产业税负	第三产业税负	宏观税负
2010	0.20			
2011	0.18	22.29	21.37	19.77
2012	0.24	22.83	22.96	20.74
2013	0.29	22.09	22.86	20.40
2014	0.38	22.09	22.64	20.36

注：根据表1、表2资料计算得出。

二　中国行业经济结构、税收结构及税负状况

在宏观经济背景下，以产业结构分析中国经济与税收，虽然可以

找出一些问题，但由于三次产业分类过于综合，深层次问题无法探研。因此，必须从中观层次行业结构来分析经济和税收，进行行业分析，才能深入揭示行业结构变化对经济和税收的影响，从中找出隐含在经济结构内的因素。

（一）中国行业经济结构状况分析

根据《中国统计年鉴》列示，具体国民经济行业分类如下，详见表4。

表4　2010～2013年中国行业经济状况

单位：亿元

行业＼年份	2010	2011	2012	2013
农林牧渔业	40521.8	47472.9	52358.8	56966.0
采矿业	20872.3	26145.6	24912.4	25289.1
制造业	130282.5	153062.7	165652.8	177012.8
电力、热力及水的生产和供应业	11221.6	12362.5	13974.4	14962.0
建筑业	27177.6	32840.0	36804.8	40807.3
批发和零售业	35904.4	43730.5	49831.0	56284.1
交通运输、仓储和邮政业	18777.0	21834.1	23754.7	26036.3
住宿和餐饮业	7712.0	8565.4	9536.9	10228.3
信息传播、软件和信息技术服务业	8950.8	10181.5	11799.5	13549.4
金融业	25679.7	30678.2	35187.7	41190.5
房地产业	23569.9	28167.6	31248.3	35987.6
租赁和商务服务业	7475.4	9424.8	11215.5	13306.6
科学研究和技术服务业	5691.2	7039.6	8356.4	9737.0
居民服务、修理和其他服务业	6411.8	7517.1	8156.8	8625.1
教育	12018.5	14363.7	16172.1	18428.8
卫生和社会工作	5856.6	7394.2	8974.5	10996.7

续表

行业＼年份	2010	2011	2012	2013
文化、体育和娱乐业	2674.7	3133.5	3529.6	3866.3
公共管理、社会保障和社会组织	16302.7	18079.0	20101.7	21693.0
其他行业	1802.5	2130.6	2555.1	3051.9
合　计	408903.0	484123.5	534123.0	588018.8

注：为了与行业税收数据对比，其他行业中包含水利、环境和公共设施管理业。
资料来源：历年《中国统计年鉴》。

按照表4中所列行业及统计数据，农林牧渔业数据大于第一产业的农业口径；采矿业，制造业，电力、热力及水的生产和供应业（前述三个行业合称为工业），建筑业为第二产业；第三产业为前述行业外的其余行业。

也就是说，国民经济行业分类是三次产业分类下的二级分类，二级行业分类下还有三级分类，比如采矿业，又细分为煤炭开采和洗选业、原油和天然气开采业、黑色金属矿采选业、有色金属矿采选业、非金属矿采选业、其他采矿业等。鉴于经济和税收数据资料的可取得性，我们仅就二级行业分类进行分析。

从表5可以看出，制造业尽管近年所占比重有所降低，从2010年的31.86%，下降到2013年的30.10%，但仍然是中国第一大行业，比重远远高于其他行业。除制造业外，排在前6位的行业依次是农林牧渔业、批发和零售业、金融业、建筑业和房地产业。

表5　2010～2013年中国行业经济结构

单位：%

行业＼年份	2010	2011	2012	2013
农林牧渔业	9.91	9.81	9.80	9.69
采矿业	5.10	5.40	4.66	4.30

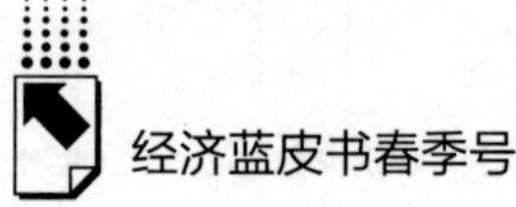

续表

行业＼年份	2010	2011	2012	2013
制造业	31. 86	31. 62	31. 01	30. 10
电力、热力及水的生产和供应业	2. 74	2. 55	2. 62	2. 54
建筑业	6. 65	6. 78	6. 89	6. 94
批发和零售业	8. 78	9. 03	9. 33	9. 57
交通运输、仓储和邮政业	4. 59	4. 51	4. 45	4. 43
住宿和餐饮业	1. 89	1. 77	1. 79	1. 74
信息传播、软件和信息技术服务业	2. 19	2. 10	2. 21	2. 30
金融业	6. 28	6. 34	6. 59	7. 00
房地产业	5. 76	5. 82	5. 85	6. 12
租赁和商务服务业	1. 83	1. 95	2. 10	2. 26
科学研究和技术服务业	1. 39	1. 45	1. 56	1. 66
居民服务、修理和其他服务业	1. 57	1. 55	1. 53	1. 47
教育	2. 94	2. 97	3. 03	3. 13
卫生和社会工作	1. 43	1. 53	1. 68	1. 87
文化、体育和娱乐业	0. 65	0. 65	0. 66	0. 66
公共管理、社会保障和社会组织	3. 99	3. 73	3. 76	3. 69
其他行业	0. 44	0. 44	0. 48	0. 52
合　计	100. 00	100. 00	100. 00	100. 00

注：根据表 4 资料计算得出。

（二）中国行业税收结构状况分析

为了与国民经济行业分类相适应，从 2010 年开始国家税务总局进行了分行业的税收统计，但是前两年行业分类与经济统计分类存在个别行业不对应情况，到 2012 年增加了科学研究和技术服务业税收统计，基本实现了行业经济统计与行业税收统计的一致性。这一基础性工作，为我们分析行业税收与经济的关联，提供了便利和可行性。

从表6可以看出，来源于制造业的税收最多，制造业是税收的第一大行业，2010年曾占全部税收的38.13%，尽管近年比重有所下降，2013年仍然占33.02%，远远高于其他行业。

表6　2010～2013年中国行业税收状况

单位：亿元

行业＼年份	2010	2011	2012	2013
农林牧渔业	78.21	81.26	120.35	160.63
采矿业	4825.96	6527.51	6930.88	6331.15
制造业	29511.45	35661.49	38681.86	39610.49
电力、热力及水的生产和供应业	2476.61	2745.73	3229.36	3818.21
建筑业	3801.34	4862.74	5993.60	6960.72
批发和零售业	11577.57	14239.42	14898.34	15869.83
交通运输、仓储和邮政业	1763.33	2161.46	2258.55	2391.04
住宿和餐饮业	655.13	800.79	875.51	842.10
信息传播、软件和信息技术服务业	1131.99	1387.56	1791.58	1963.51
金融业	6221.30	7937.85	10292.90	11837.48
房地产业	6855.49	8665.66	12352.36	15559.60
租赁和商务服务业	1998.25	2866.41	3399.68	3937.74
科学研究和技术服务业	—	—	1156.58	1161.33
居民服务、修理和其他服务业	1713.07	1745.34	2205.17	2473.37
教育	158.72	179.00	165.92	201.86
卫生和社会工作	98.33	120.12	122.77	144.42
文化、体育和娱乐业	261.64	315.66	355.68	371.62
公共管理、社会保障和社会组织	837.06	1333.29	1976.08	2120.72
其他行业	3428.98	4098.16	3956.85	4204.09
合　计	77394.44	95729.46	110764.04	119959.92

注：2012～2013年其他行业税收不包括科学研究和技术服务业。

资料来源：历年《中国税务年鉴》。

从表7可以看出，批发和零售业税收所占比重排在第二，但是近年房地产业税收异军突起，所占比重逐年上升，从2010年的

8.86%，提高到2013年的12.97%，成为第三大税收行业，甚至有可能超越批发和零售业，成为税收的第二大行业。

表7　2010～2013年中国行业税收结构

单位：%

行业＼年份	2010	2011	2012	2013
农林牧渔业	0.10	0.08	0.11	0.13
采矿业	6.24	6.82	6.26	5.28
制造业	38.13	37.25	34.92	33.02
电力、热力及水的生产和供应业	3.20	2.87	2.92	3.18
建筑业	4.91	5.08	5.41	5.80
批发和零售业	14.96	14.87	13.45	13.23
交通运输、仓储和邮政业	2.28	2.26	2.04	1.99
住宿和餐饮业	0.85	0.84	0.79	0.70
信息传播、软件和信息技术服务业	1.46	1.45	1.62	1.64
金融业	8.04	8.29	9.29	9.87
房地产业	8.86	9.05	11.15	12.97
租赁和商务服务业	2.58	2.99	3.07	3.28
科学研究和技术服务业	—	—	1.04	0.97
居民服务、修理和其他服务业	2.21	1.82	1.99	2.06
教育	0.21	0.19	0.15	0.17
卫生和社会工作	0.13	0.13	0.11	0.12
文化、体育和娱乐业	0.34	0.33	0.32	0.31
公共管理、社会保障和社会组织	1.08	1.39	1.78	1.77
其他行业	4.43	4.28	3.57	3.50
合　计	100.00	100.00	100.00	100.00

注：根据表6资料计算得出。

（三）中国行业税负分析

从表8可以看出，中国行业税负差距较大。房地产业是税负第一高行业，而且行业税负逐年提高，从2010年的29.09%，提高到2013年的43.24%。房地产业不仅是国民经济的支柱产业，而且是税收的主要来源行业，房地产业如果出现问题，不仅会对国民经济造成巨大冲击，而且对税收的冲击会更大。

表8　2010～2013年中国行业税负比较

单位：%

行业＼年份	2010	2011	2012	2013
农林牧渔业	0.19	0.17	0.23	0.28
采矿业	23.12	24.97	27.82	25.04
制造业	22.65	23.30	23.35	22.38
电力、热力及水的生产和供应业	22.07	22.21	23.11	25.52
建筑业	13.99	14.81	16.28	17.06
批发和零售业	32.25	32.56	29.90	28.20
交通运输、仓储和邮政业	9.39	9.90	9.51	9.18
住宿和餐饮业	8.49	9.35	9.18	8.23
信息传播、软件和信息技术服务业	12.65	13.63	15.18	14.49
金融业	24.23	25.87	29.25	28.74
房地产业	29.09	30.76	39.53	43.24
租赁和商务服务业	26.73	30.41	30.31	29.59
科学研究和技术服务业	—	—	13.84	11.93
居民服务、修理和其他服务业	26.72	23.22	27.03	28.68
教育	1.32	1.25	1.03	1.10
卫生和社会工作	1.68	1.62	1.37	1.31
文化、体育和娱乐业	9.78	10.07	10.08	9.61
公共管理、社会保障和社会组织	5.13	7.37	9.83	9.78
其他行业	14.41	15.04	17.46	16.99
合　计	18.93	19.77	20.74	20.40

注：根据表4、表5资料计算得出。

三　中国经济结构变化对税收的影响分析

（一）理论模型介绍

中国产业结构调整（变化）对税收收入的影响，可采用统计学指数分析方法，在统计学中有关此方法的介绍如下：

$$T_1 - T_0 = G_1R_1 - G_0R_0 = (G_1R_1 - G_1R_0) + (G_1R_0 - G_0R_0) \qquad (1)$$

T 代表税收收入，G 代表增加值，R 代表税负；1，0 分别代表基期和报告期。

$(G_1R_1 - G_1R_0)$ 为税负变化对税收的影响；

$(G_1R_0 - G_0R_0)$ 为经济结构变化对税收的影响。

具体到产业或行业，则式（1）变为：

$$\sum_{i=1}^{n} T_{1i} - \sum_{i=1}^{n} T_{0i} = \sum_{i=1}^{n} G_{1i}R_{1i} - \sum_{i=1}^{n} G_{0i}R_{0i}$$
$$= \left(\sum_{i=1}^{n} G_{1i}R_{1i} - \sum_{i=1}^{n} G_{1i}R_{0i}\right) + \left(\sum_{i=1}^{n} G_{1i}R_{0i} - \sum_{i=1}^{n} G_{0i}R_{0i}\right)$$

分产业时，$n=3$，i 为第一、二、三产业；分行业时，n 等于行业数。

（二）实证分析

1. 中国产业经济结构变化对税收的影响分析

以 2014 年为例，报告期税收为 2014 年，基期税收为 2013 年，剔除税负后的税收为 2014 年产业增加值与 2013 年的产业税负的乘积。具体计算见表 9。

表 9　2014 年中国产业结构和产业税负变化对税收的影响

单位：亿元

产业＼指标	报告期税收 G_1R_1	基期税收 G_0R_0	剔除税负后 G_1R_0	$G_1R_1-G_1R_0$	$G_1R_0-G_0R_0$	$G_1R_1-G_0R_0$
第一产业	220.28	160.63	169.17	51.11	8.54	59.65
第二产业	60032.90	56720.58	60032.90	0	3312.32	3312.32
第三产业	69287.90	63078.71	69960.33	-672.43	6881.62	6209.19
合　计	129541.08	119959.92	130162.40	-621.32	10202.48	9581.16

注：根据表 1、表 2、表 3 资料计算得出。

2014 年，由于第一产业增加值增加 3014.4 亿元，使税收增加 8.54 亿元，由于第一产业税负提高 0.09 个百分点，使税收增加 51.11 亿元，第一产业增加值的增加和税负的提高共同作用使税收增加 59.65 亿元；由于第二产业增加值增加 14954.5 亿元，使税收增加 3312.32 亿元，因为第二产业税负保持不变，对税收的影响为 0；由于第三产业增加值增加 30151.2 亿元，使税收增加 6881.62 亿元，由于第三产业税负降低 0.22 个百分点，使税收减少 672.43 亿元，第三产业增加值增加和税负降低的共同影响，使税收增加 6209.19 亿元。

2014 年比基期的 2013 年税收增加 9581.16 亿元，其中，产业结构的变化使税收增加 10202.48 亿元，产业税负变化的影响，使税收减少 621.32 亿元。

同时，第一产业变化使税收增加 59.65 亿元，仅占增加额的 0.62%；第二产业变化使税收增加 3312.32 亿元，占增加额的 34.57%；第三产业变化使税收增加 6209.19 亿元，占增加额的 64.81%。

同理，可以计算出以前年度产业结构变化以及产业税负变动对税收的影响，见表 10。

表 10　中国产业结构和税负变化对税收收入影响分析

单位：亿元

年份＼指标	报告期税收 $\sum_{i=1}^{n} G_{1i}R_{1i}$	基期税收 $\sum_{i=1}^{n} G_{0i}R_{0i}$	剔除税负后 $\sum_{i=1}^{n} G_{1i}R_{0i}$	$\sum_{i=1}^{n} G_{1i}R_{1i} - \sum_{i=1}^{n} G_{1i}R_{0i}$	$\sum_{i=1}^{n} G_{1i}R_{0i} - \sum_{i=1}^{n} G_{0i}R_{0i}$	$\sum_{i=1}^{n} G_{1i}R_{1i} - \sum_{i=1}^{n} G_{0i}R_{0i}$
2011	95729.46	—	—	—	—	—
2012	110764.04	95729.46	105567.79	5196.25	9838.33	15034.58
2013	119959.92	110764.04	122106.15	-2146.23	11342.11	9195.88
2014	129541.07	119959.92	130162.29	-621.22	10202.37	9581.15

注：根据表 1、表 2、表 3 资料计算得出。

2014 年税收收入比上年增加 9581.15 亿元，其中，由于第一产业税负提高 0.09 个百分点，第三产业税负降低 0.22 个百分点，从而宏观税负降低 0.04 个百分点，使税收收入减少 621.22 亿元；由于产业结构的变化，低税负的第一产业降低 0.2 个百分点，高税负的第三产业提高 1.2 个百分点，使税收收入增加 10202.37 亿元。

从表 10 可以看出，从 2011 年开始，由于产业税负的变化，税收逐年减少，而由于经济（产业）结构调整对税收收入的影响逐年增加，税收收入的增加主要靠经济结构调整来实现。

2. 中国行业经济结构变化对税收的影响分析

以 2013 年为例，报告期税收为 2013 年，基期税收为 2012 年，剔除税负后的税收为 2013 年行业增加值与 2012 年的行业税负的乘积。具体计算见表 11。

2013 年税收收入比上年增加 9195.88 亿元，其中，由于房地产业变化税收增加 3207.24 亿元，占税收增加额的 34.88%；金融业结构和税负变化使税收增加 1544.58 亿元，占税收增加额的 16.80%；批发和零售业结构和税负变化使税收增加 971.49 亿元，占税收增加额的 10.56%；建筑业结构和税负变化使税收增加 967.12 亿元，占

表 11　2013 年中国行业结构和税负变化对税收收入影响

单位：亿元

行业＼指标	报告期税收 G_1R_1	基期税收 G_0R_0	剔除税负 G_1R_0	$G_1R_1-G_1R_0$	$G_1R_0-G_0R_0$	$G_1R_1-G_0R_0$
农林牧渔业	160.63	120.35	131.02	29.61	10.67	40.28
采矿业	6331.15	6930.88	7035.43	-704.28	104.55	-599.73
制造业	39610.49	38681.86	41332.49	-1722.00	2650.63	928.63
电力、热力及水的生产和供应业	3818.21	3229.36	3457.72	360.49	228.36	588.85
建筑业	6960.72	5993.60	6643.43	317.29	649.83	967.12
批发和零售业	15869.83	14898.34	16828.95	-959.12	1930.61	971.49
交通运输、仓储和邮政业	2391.04	2258.55	2476.05	-85.01	217.50	132.49
住宿和餐饮业	842.10	875.51	938.96	-96.86	63.45	-33.41
信息传播、软件和信息技术服务业	1963.51	1791.58	2056.80	-93.29	265.22	171.93
金融业	11837.48	10292.90	12048.22	-210.74	1755.32	1544.58
房地产业	15559.60	12352.36	14225.90	1333.70	1873.54	3207.24
租赁和商务服务业	3937.74	3399.68	4033.23	-95.49	633.55	538.06
科学研究和技术服务业	1161.33	1156.58	1347.60	-186.27	191.02	4.75
居民服务、修理和其他服务业	2473.37	2205.17	2331.36	142.01	126.19	268.20
教育	201.86	165.92	189.82	12.04	23.90	35.94
卫生和社会工作	144.42	122.77	150.65	-6.23	27.88	21.65
文化、体育和娱乐业	371.62	355.68	389.72	-18.10	34.04	15.94
公共管理、社会保障和社会组织	2120.72	1976.08	2132.42	-11.70	156.34	144.64
其他行业	4204.09	3956.85	532.86	3671.23	-3423.99	247.24
合　计	119959.92	110764.04	121955.10	-1995.18	11191.06	9195.88

税收增加额的 10.52%；制造业结构和税负变化使税收增加 928.63 亿元，占税收增加额的 10.10%。上述 5 个行业合计增加税收 7619.06 亿元，占税收增加额的 82.85%。可见税收收入的变化主要

受少数行业的影响。

同理，计算其他年度行业结构和税负变化对税收的影响合计，见表12。

表12　中国行业结构和税负变化对税收收入影响

单位：亿元

年份 \ 指标	报告期税收 $\sum_{i=1}^{n} G_{1i}R_{1i}$	基期税收 $\sum_{i=1}^{n} G_{0i}R_{0i}$	剔除税负后 $\sum_{i=1}^{n} G_{1i}R_{0i}$	$\sum_{i=1}^{n} G_{1i}R_{1i} - \sum_{i=1}^{n} G_{1i}R_{0i}$	$\sum_{i=1}^{n} G_{1i}R_{0i} - \sum_{i=1}^{n} G_{0i}R_{0i}$	$\sum_{i=1}^{n} G_{1i}R_{1i} - \sum_{i=1}^{n} G_{0i}R_{0i}$
2010	77394.44	—	—	—	—	—
2011	95729.46	77394.44	89319.21	6410.25	11924.77	18335.02
2012	110764.04	95729.46	102383.14	8380.90	6653.68	15034.58
2013	119959.92	110764.04	121955.10	-1995.18	11191.06	9195.88

从表12可以看出，行业税负的变化对税收收入的影响波动很大，2012年行业税负变化对税收的影响，大于行业结构变化对税收的影响。2013年税收收入比上年增加9195.88亿元，因为各行业税负变化，使税收减少1995.18亿元，由于行业经济结构的变化，使税收增加11191.06亿元，2013年税收增加额减少，主要是行业税负波动，使税收减少造成的。

四　中国部分行业经济与税收分析

从前述分析可以看出，由于中国行业税负差距较大，行业经济结构的变化，会对税收产生较大影响。下文我们选择若干对税收影响较大的行业，作一下重点分析。

（一）中国制造业经济与税收分析

中国是制造业大国，制造业增加值占比较大，同时制造业税负处于较高水平，因此，制造业经济发展状况对税收产生重大影响。

从表13可以看出，中国制造业在国民经济中占有非常重要的地位，2015年，来自制造业的税收收入占工业税收收入的比重高达84.4%，占第二产业税收的73.0%，占全部税收的32.9%。制造业的经济状况好坏直接影响中国税收收入状况的好坏。

表13　中国制造业税收状况及占比

单位：亿元

年份＼行业	制造业	工业	第二产业	全部税收	制造业占比(%)		
					占工业	占第二产业	占全部
2010	29511.45	36814.02	40615.36	77394.44	80.2	72.7	38.1
2011	35661.49	44934.73	49797.47	95729.46	79.4	71.6	37.3
2012	38681.86	48842.10	54835.70	110764.04	79.2	70.5	34.9
2013	39610.49	49759.85	56720.58	119959.91	79.6	69.8	33.0
2014	42506.31	52239.88	60032.90	129541.07	81.4	70.8	32.8
2015	44750.60	53008.61	61297.81	136021.48	84.4	73.0	32.9

注：工业包括采矿业、制造业，及电力、热力及水的生产和供应业。

资料来源：2010～2013年数据来自《中国税务年鉴》；2014年、2015年数据来自《税收快报》。

（二）中国零售业和互联网行业经济与税收分析

随着互联网的快速发展，传统的销售模式受到极大冲击，人们（特别是年轻人）购物选择互联网方式的越来越多。从近年零售业税收占比情况就可以明显看出，2010年零售业税收占第三产业税收为8.09%，到2015年仅为6.06%，下降了2.03个百分点，同样占全部税收的比重也从2010年的3.84%，下降为3.32%（见表14）。

表 14　中国零售业、互联网业税收收入状况

单位：亿元，%

行业＼年份		2010	2011	2012	2013	2014	2015
批发和零售业		11577.57	14239.42	14898.34	15869.83	16372.74	16518.06
其中:零售业		2970.11	3623.95	3844.89	4075.00	4393.91	4519.83
信息传播、软件和信息技术服务业		1131.99	1387.56	1791.58	1963.51	2192.61	2291.28
其中:互联网和相关服务业		—	—	39.50	44.11	45.90	54.60
第三产业		36700.87	45850.74	55807.98	63078.71	69287.90	74531.15
税收收入		77394.44	95729.46	110764.04	119959.92	129541.07	136021.48
零售业	占第三产业比	8.09	7.90	6.89	6.46	6.34	6.06
	占全部税收比	3.84	3.79	3.47	3.40	3.39	3.32
互联网和相关服务业	占第三产业比	—	—	0.0708	0.0699	0.0662	0.0733
	占全部税收比	—	—	0.0357	0.0368	0.0354	0.0401

资料来源：2010～2013 年数据来自《中国税务年鉴》；2014 年、2015 年数据来自《税收快报》。

来自互联网的税收占第三产业和全部税收的比重，2012 年分别为 0.0708% 和 0.0357%，到 2015 年分别上升为 0.0733% 和 0.0401%，虽然有所上升，但是与蓬勃发展的互联网业形势极不相称。这一现象值得进一步探讨。

（三）中国房地产业和金融业经济与税收分析

金融业和房地产业不仅是中国经济的支柱，同时，也是税收收入的主要来源。从表 15 可以看出，2015 年，金融业税收 18433.79 亿元，占全部税收的13.55%；房地产业税收16401.14亿元，占全部税收的12.06%；二者合计占25.61%。

表15　中国金融业、房地产业税收状况分析

单位：亿元，%

年份＼行业	税收收入			占全部税收比重		
	金融业	房地产业	全部税收	金融业	房地产业	二者合计
2010	6221.30	6855.49	77394.44	8.04	8.86	16.90
2011	7937.85	8665.66	95729.46	8.29	9.05	17.34
2012	10292.90	12352.36	110764.04	9.29	11.15	20.44
2013	11837.48	15559.60	119959.91	9.87	12.97	22.84
2014	14258.84	16541.86	129541.07	11.01	12.77	23.78
2015	18433.79	16401.14	136021.48	13.55	12.06	25.61

资料来源：2010～2013年数据来自《中国税务年鉴》；2014年、2015年数据来自《税收快报》。

来自金融业的税收增长很快，2010年仅为6221.30亿元，到2015年增加到18433.79亿元，增加了一倍还多。来自房地产业的税收，也从2010年的6855.49亿元，增加到2015年的16401.14亿元，房地产业在税收中的地位举足轻重。房地产业如果出现问题，对税收的影响要大于对经济的影响。近期，中央已十分关注房地产业的健康发展问题，作为税务工作人员更应该关注房地产业的发展问题。

五　看法与建议

（一）几点看法

1. 中国产业经济结构不断优化

第一产业所占比重微弱下降；第二产业所占比重逐年下降；第三

产业所占比重逐步上升。2012 年是产业结构变化的分水岭，这一年，第三产业比重超过第二产业。

2. 中国产业税收结构随经济结构的变化而变化

第一产业税收很少，几乎可以忽略；第二产业税收所占比重逐年下降；第三产业税收所占比重逐年上升。2012 年来自第三产业的税收超过 50%，随后这一趋势得到稳固和保持。

3. 中国产业税负基本保持不变

第一产业税负很低，但是增长幅度较大，2014 年较 2010 年提高了近 1 倍；第二产业基本维持在 22%；第三产业税负除 2011 年低于第二产业外，基本是略高于第二产业税负的，但是差距很小。中国税负实现了产业之间的平衡。

4. 中国行业经济结构仍然处于转型升级中

中国依然是制造业大国，制造业占比高达 30% 以上，远远高于其他行业；批发和零售业占比逐年提高，2013 年已接近 10%，成为第二大行业；金融业所占比重逐年提高，2013 年达到 7%，成为第三大行业；建筑业和房地产业分列第四和第五位。以上五大行业占全部增加值的近六成（59.7%），是名副其实的支柱行业。

5. 中国行业税收结构依然过度依赖传统产业

制造业税收占比依然居高不下，尽管近年制造业出现困难，税收所占比重下降较大，2010 年占 38.13%，到 2013 年只占 33.02%，但仍然遥遥领先于其他行业；批发和零售业是税收的第二大行业；来自房地产业的税收增长较快，2013 年已占 12.97%，较 2010 年提高了 4.93 个百分点，大有取代批发和零售业成为第二大税收行业之趋势；金融业是第四位的税收行业。以上四大行业合计占税收的近七成（69.09%），税收的好坏，直接决定于这四大行业。

6. 中国行业之间税负差异较大

第二产业中的行业税负除建筑业较低外，基本在 22% 以上。第三产业内部行业间税负差距较大，房地产行业税负最高，而且提高较快，从2010年的29.09%，到2013年已高达43.24%，提高了14.15个百分点；租赁和商务服务业税负为29.59%，是第二高税负行业，金融业也高达28.74%。教育行业仅为1.10%，卫生和社会工作行业仅为1.31%。因此，不能仅看到第二、三产业间税负差距不大，而应该深入分析行业间的税负差距。

（二）建议

1. 继续维持产业间的差异化税收政策

第一产业是国民经济的基础，因此，对第一产业应继续保持优惠的税收政策；第二产业主要是实体经济，第三产业既有实体经济也有虚拟经济，不能过度偏向一方，对第二产业和第三产业保持相对的税收政策平衡。

2. 制造业是国民经济的重要支柱，对制造业应给予更多的税收倾斜政策

由于人工费用、原材料成本的上升，制造业面临着前所未有的困难，如果在税收政策上不给予倾斜，未来制造业就会出现大批倒闭的现象，从而会对税收收入带来极大的减收冲击，这不能不引起我们足够的重视。

3. 鼓励传统产业积极采用互联网手段来进行产业升级

批发和零售业多数采用中国传统的商业销售模式，以实体店为主，面对互联网销售方式的冲击，出现了大批关门的现象，这其中有销售方式过于陈旧的原因，比如门店租赁费过高、人工费用过高等原因，其中的税收因素也不容忽视。根据我们的调查和分析，近年来网购方式风起云涌，但是互联网和相关服务业税收并不是很多，2015年，来自该行业的税收仅占全部税收的万分之四点零一。税收的差异更加剧了实体店的经营困难。建议统筹考虑网购与实体店的税收

政策。

4. 继续关注金融业的健康发展，让税收有一个稳定的来源

金融业是国民经济的供血行业，金融业的繁荣和稳定，对国民经济的健康发展十分重要。但是随着互联网金融的崛起，互联网金融已对传统金融业产生较大冲击。如果不统筹考虑传统金融业和新型金融业（比如互联网金融）税收政策，尽可能平衡二者之间的税负，传统金融业可能会成为被互联网挤垮的第二个行业。

5. 继续保持房地产业的可持续发展

房地产业是国民经济的支柱产业，该行业对上下游产业关联度较高，由于前几年房地产业过度开发，部分城市出现销售不动的现象，库存量过大，直接造成了国民经济的极大损失。党中央、国务院已经认识到此问题的严重性，提出要“去库存”。而且，通过我们前面的分析可知，来自房地产业的税收已成为主要来源，房地产业的好坏对税收影响不容忽视。建议深入探讨房地产行业税收政策，实行差异化的政策，对库存量大的三、四线城市给予税收优惠。

参考文献

《社会经济统计学原理教科书》编写组编《社会经济统计学原理教科书》，中国统计出版社，1989。

徐国祥：《指数理论及指数体系研究》，上海财经大学出版社，1999。

孙慧钧：《指数理论研究》，东北财经大学出版社，1998。

付广军：《中国税收统计与计量分析》，中国市场出版社，2005。

B.8
2016年中国对外贸易曲折发展

金柏松　刘建颖*

摘　要：　2015 年中国对外贸易呈现双速下降，但货物贸易净出口大幅增加对 2015 年经济增长的贡献占 1/3 份额，创造了一项历史奇迹。2016 年外贸面临严峻考验，世界经济存在两种可能：一种是保持弱势复苏，另一种是陷入同步衰退。我们预计 2016 年以人民币计价的中国对外贸易增长也将出现两种结果：一种是降幅收窄，另一种是降幅扩大。客观评价对外贸易，需要区分出口和进口。中国对外贸易出口增长的数量和质量都在稳步提高，出口额下降的原因主要是汇率因素“作怪”，无需过分忧虑。

经济学中对一国进口的评价，首要标准为进口是否满足国民经济发展的需要，其中，尤其应该重视能源、重要战略资源供应是否安全、可靠。其次是购买同样数量和质量的进口产品，支付的价格是高还是低。支付价格越低，表明进口收益越大。

关键词：　人民币汇率　美元指数　大宗商品　经济衰退　地缘政治

---

* 金柏松，独立经济学家；刘建颖，商务部研究院副研究员，经济学博士。

一 2015年中国外贸表现抗跌

2015年，中国货物贸易出口额14.14万亿元人民币，同比下降1.8%；进口额10.45万亿元人民币，同比下降13.2%。按照一些媒体宣传的说法，中国没有完成“十二五”规划任务。若从经济学角度分析，我们认为，中国对外贸易出口和进口都十分出色地完成了任务。

事实上，在2015年世界经济弱势复苏、人民币大幅升值、国内资本市场融资成本“超高”、流通环节存在多项乱收费等诸多不利因素的情况下，应对中国外贸取得的成绩给予积极和肯定评价。

其一，比较世界主要贸易大国以美元标价的出口规模。2015年，美国出口额同比下降4.8%，创2009年以来首次年度下降；日本出口6250.4亿美元，下降9.5%；英国出口4675.8亿美元，下降8.9%。2015年1～10月，欧盟27国出口16643.3亿美元，下降12.7%；德国出口11192.4亿美元，下降11.6%；法国出口4229.3亿美元，下降13.5%；意大利出口3835.8亿美元，下降14.3%。在2015年全球贸易以美元标价的金额出现两位数负增长的背景下，中国的降幅远远低于主要贸易伙伴和全球的贸易降幅。中国在全球贸易中的份额预计由12.2%提高1个百分点，超过13%，是我国在全球份额当中提升最快的一年。

其二，2015年，美元年度平均升值11%，人民币年均汇率兑美元略有贬值，这表明人民币追随美元对全球货币综合汇率大幅升值。按照国家统计局公布的2015年人民币兑美元年均贬值幅度1.4%，可推算出人民币综合汇率升值应该为9.6%。以人民币升值9.6%，冲减出口总额下降1.8%，则2015年中国“出口总价值”应该增长约7.8%。由此，我们得出结论，2015年中国对外贸易出口出色完成任务，超出了2015年中国商务规划提出的6%的增长目标，而且中国“出口总价值增长7.8%”，获取的全部为附加价值，说明2015年中国货物出口附加价值全面、大幅度提升。还应解释的是，通过中国对外出口，以最现实的方式实现人民币升值9.6%，使得全部人民币资产与世界各国资产总比价升值9.6%，全体中国人民的财富都随之大幅增加。

其三，2015年欧盟、日本实行量宽或负利率政策，美联储仅在2015年底才勉强加息一次，国际市场上外国企业开展经营的融资成本在1%~2%的低水平，我国企业经营的资金成本普遍高于国际市场10%左右，且融资难度大，融资协商时间长。若中国企业融资成本能下降10%，则中国出口还有很大的增长潜力。

其四，据海关统计，2015年中国进口物价下降11%。从经济学角度评价进口产品，一是数量和质量应及时满足国民经济需要，二是进口产品属于国民经济运行中总投入的一部分。进口货物总价减少意味着投入总资本减少，同期总产出没有减少，等于我国投入产出比提高了，资本效率提高了，国民经济获得了更高增长水平。

由此，我们可以解释2015年中国经济增长6.9%与2015年中国货物运输总量增长仅0.2%、发电量增长仅0.3%之间存在不匹配的原因。2015年中国货物贸易在进口数量和质量完全满足国民经济需求的前提下，对外支付减少，以更少量的资本支付购买到全部进口产品，投入国民经济运行，获取6.9%的增长，看似“坐享其成”，其实是中国人民集体智慧创造了更多附加价值，得到全世界认可！这种“认可”和收益不需要“加工、制造”等劳动付出，因而造成人们“实际感受”不到2015年中国经济增长6.9%，以致国内外媒体发出诸多质疑，讲述悲观的结论。

我们的结论是：在数量、质量不减情况下，进口价格下降

11%，使得我们对外支付以较少资本获得可以满足需要的进口产品，因此，2015 年中国进口大幅下降不是坏事，而是天大的好事！不仅完成了国家任务，而且还超额实现，少支付了 11% 的资本！

其五，2015 年我国货物贸易实现顺差 3.69 万亿元人民币，相较于 2014 年贸易顺差 2.35 万亿元人民币，增加了 1.34 万亿元人民币，增长 57%，直接拉动 2015 年中国经济名义增长率（6.4%）的 2.1 个百分点，货物贸易为国民经济增长贡献了 1/3 左右的份额。

综上分析，我们认为 2015 年中国企业经营的对外贸易成绩佳，表现抗跌，为国民带来巨大财富！

二　中国外贸转型升级的地方路径

外贸转型升级可以提高我国企业出口产品的国际竞争力。在中央和地方各级政府的推动下，部分地区外贸转型升级已初现成效。2015 年各省份和部分城市进出口情况见表 1。

表 1　2015 年各省份和部分城市进出口情况
（按出口规模从大到小排序）

类别		进出口		出口		进口	
		金额（亿美元）	同比（%）	金额（亿美元）	同比（%）	金额（亿美元）	同比（%）
排名	全国总值	39569.0	-8.0	22749.5	-2.9	16819.5	-14.2
1	广东省	10228.7	-5.0	6435.1	-0.4	3793.6	-11.9
2	江苏省	5456.1	-3.2	3386.7	-0.9	2069.5	-6.7
3	浙江省	3473.4	-2.2	2766.0	1.2	707.5	-13.4
/	深圳市	4424.9	-9.3	2640.5	-7.1	1784.4	-12.3

续表

类别		进出口		出口		进口	
		金额（亿美元）	同比（%）	金额（亿美元）	同比（%）	金额（亿美元）	同比（%）
4	上海市	4492.4	-3.7	1959.4	-6.8	2533.0	-1.2
5	山东省	2417.5	-12.7	1440.6	-0.4	976.9	-26.1
6	福建省	1693.6	-4.5	1130.2	-0.4	563.4	-11.9
/	宁波市	1004.4	-4.0	714.1	-2.3	290.4	-8.0
7	重庆市	744.8	-22.0	551.9	-13.0	192.9	-39.8
8	北京市	3196.2	-23.1	546.7	-12.3	2649.5	-25.0
/	厦门市	832.9	-0.2	535.0	0.6	297.9	-1.8
9	天津市	1143.5	-14.6	511.8	-2.7	631.6	-22.3
10	辽宁省	959.6	-15.8	507.1	-13.7	452.5	-18.1
/	青岛市	702.0	-12.1	453.3	-1.0	248.7	-27.1
11	河南省	738.4	13.6	430.7	9.4	307.7	20.2
12	四川省	514.7	-26.7	332.3	-25.9	182.4	-28.1
13	江西省	424.7	-0.6	331.3	3.4	93.4	-12.8
14	河北省	514.8	-14.0	329.4	-7.8	185.4	-23.3
15	安徽省	479.7	-2.5	322.8	2.5	156.9	-11.3
16	湖北省	456.0	5.9	292.1	9.7	163.8	-0.1
17	广西壮族自治区	512.6	26.4	280.3	15.2	232.4	43.2
/	大连市	560.3	-14.8	263.5	-12.8	296.9	-16.5
18	湖南省	293.3	-4.9	191.4	-4.0	101.9	-6.4
19	新疆维吾尔自治区	196.8	-28.9	175.1	-25.4	21.7	-48.2
20	云南省	245.2	-17.2	166.2	-11.5	79.0	-27.0
21	陕西省	305.0	11.5	147.9	6.2	157.2	17.0
22	贵州省	122.2	13.5	99.5	5.9	22.7	65.3
23	山西省	147.2	-9.3	84.2	-5.8	62.9	-13.7
24	黑龙江省	209.9	-46.1	80.3	-53.7	129.6	-39.9
25	甘肃省	80.0	-7.4	58.1	9.1	21.8	-34.0
26	内蒙古自治区	127.5	-12.4	56.5	-11.6	71.0	-13.1
27	吉林省	189.4	-28.2	46.5	-19.5	142.8	-30.7
28	海南省	139.6	-12.0	37.4	-15.3	102.2	-10.7
29	宁夏回族自治区	37.9	-30.3	29.8	-30.8	8.1	-28.1
30	青海省	19.3	12.6	16.4	45.6	2.9	-50.4
31	西藏自治区	9.1	-59.4	5.9	-72.1	3.3	112.7

2015 年，出口额列前五位的省份中，广东位居全国第一，出口 6435 亿美元，下降 0.4%；江苏位居第二，出口 3387 亿美元，下降 0.9%；浙江出口规模超过计划单列市深圳，位居第三，出口 2766 亿美元，同比增长 1.2%；上海位居第四，出口 1959 亿美元，下降 6.8%；山东位居第五，出口 1441 亿美元，下降 0.4%。五省份出口额合计 15988 亿美元，占全国出口总额的 70.3%。考虑到 2015 年美元升值 11% 这一因素，中国出口前五大省份实际出口价值全部保持增长，发挥了引领全国发展的主力军作用。

2015 年各省份和部分城市出口增速情况见表 2。

表 2　2015 年各省份和部分城市出口增速（从高到低）排名情况

类别		出口	
		金额(亿美元)	同比(%)
排名	全国总值	22749.5	-2.9
1	青海省	16.4	45.6
2	广西壮族自治区	280.3	15.2
3	湖北省	292.1	9.7
4	河南省	430.7	9.4
5	甘肃省	58.1	9.1
6	陕西省	147.9	6.2
7	贵州省	99.5	5.9
8	江西省	331.3	3.4
9	安徽省	322.8	2.5
10	浙江省	2766.0	1.2
/	厦门市	535.0	0.6
11	福建省	1130.2	-0.4
12	山东省	1440.6	-0.4
13	广东省	6435.1	-0.4
14	江苏省	3386.7	-0.9
/	青岛市	453.3	-1.0
/	宁波市	714.1	-2.3

续表

类别		出口	
		金额(亿美元)	同比(%)
15	天津市	511.8	-2.7
16	湖南省	191.4	-4.0
17	山西省	84.2	-5.8
18	上海市	1959.4	-6.8
/	深圳市	2640.5	-7.1
19	河北省	329.4	-7.8
20	云南省	166.2	-11.5
21	内蒙古自治区	56.5	-11.6
22	北京市	546.7	-12.3
/	大连市	263.5	-12.8
23	重庆市	551.9	-13.0
24	辽宁省	507.1	-13.7
25	海南省	37.4	-15.3
26	吉林省	46.5	-19.5
27	新疆维吾尔自治区	175.1	-25.4
28	四川省	332.3	-25.9
29	宁夏回族自治区	29.8	-30.8
30	黑龙江省	80.3	-53.7
31	西藏自治区	5.9	-72.1

分东、中、西部来看出口，2015年东部地区出口同比小幅下降。2015年，我国东部地区出口19050亿美元，由2014年同比增长3.9%转为同比下降2.0%。其中，浙江出口实现正增长（1.2%），较2014年回落8.7个百分点；在另10个出口为负增长的省份中，相较于2014年，有8个省份出口增速由正转负（如，海

南、河北由分别增长 19.2% 和 15.4% 转为下降 15.3% 和 7.8%）；另 2 个（北京、辽宁）的出口降幅分别继续扩大 11.1 个和 4.8 个百分点。

2015 年中部地区出口同比小幅下降。2015 年，我国中部地区出口 1779 亿美元，由 2014 年同比增长 12.8% 转为同比下降 2.0%。其中，有 4 个省份出口实现正增长（如，湖北、河南分别增长 9.7% 和 9.4%）；在另 4 个出口为负增长的省份中，相较于 2014 年，有 3 个省份出口增速由正转负（如，黑龙江、湖南由分别增长 6.8% 和 35.1% 转为下降 53.7% 和 4%）；此外，吉林出口降幅继续扩大 5.2 个百分点。

2015 年西部地区出口同比较大幅度下降。2015 年，我国西部地区出口 1920 亿美元，由 2014 年同比增长 22.2% 转为同比下降 11.7%。其中，共有 5 个省份出口实现正增长（如，青海、广西分别增长 45.6% 和 15.2%）；共有 7 个省份出口为负增长（如，西藏、宁夏分别下降 72.1% 和 30.8%）。在 5 个出口正增长的省份中，与 2014 年相比，青海增速上升 12.4 个百分点；另 4 个省份增速回落（如，贵州、陕西分别回落 30.6 个和 30 个百分点）。在 7 个出口负增长的省份中，与 2014 年相比，6 个省份由正转负（如，宁夏、内蒙古由分别增长 68.6% 和 56.2% 转为下降 30.8% 和 11.6%）；此外，西藏降幅继续扩大 36.4 个百分点。

比较东、中、西部三大地区，2015 年东部总体表现积极稳健，其中广东、浙江比较突出。中部保持崛起势头，湖北、河南表现突出；西部总体表现为竞争力下降，但青海出口增长 45.6%，广西增长 15.2%，甘肃增长 9.1%，表现突出，而西藏、黑龙江、宁夏、四川表现较差，形成分化发展趋势。

2015 年各省份及部分城市进口规模情况见表 3。

表3　2015年各省份及部分城市进口规模（从大到小）排名情况

类别		进口	
		金额(亿美元)	同比(%)
排名	全国总值	16819.5	-14.2
1	广东省	3793.6	-11.9
2	北京市	2649.5	-25.0
3	上海市	2533.0	-1.2
4	江苏省	2069.5	-6.7
/	深圳市	1784.4	-12.3
5	山东省	976.9	-26.1
6	浙江省	707.5	-13.4
7	天津市	631.6	-22.3
8	福建省	563.4	-11.9
9	辽宁省	452.5	-18.1
10	河南省	307.7	20.2
/	厦门市	297.9	-1.8
/	大连市	296.9	-16.5
/	宁波市	290.4	-8.0
/	青岛市	248.7	-27.1
11	广西壮族自治区	232.4	43.2
12	重庆市	192.9	-39.8
13	河北省	185.4	-23.3
14	四川省	182.4	-28.1
15	湖北省	163.8	-0.1
16	陕西省	157.2	17.0
17	安徽省	156.9	-11.3
18	吉林省	142.8	-30.7
19	黑龙江省	129.6	-39.9
20	海南省	102.2	-10.7
21	湖南省	101.9	-6.4
22	江西省	93.4	-12.8
23	云南省	79.0	-27.0

续表

类别		进口	
		金额(亿美元)	同比(%)
24	内蒙古自治区	71.0	-13.1
25	山西省	62.9	-13.7
26	贵州省	22.7	65.3
27	甘肃省	21.8	-34.0
28	新疆维吾尔自治区	21.7	-48.2
29	宁夏回族自治区	8.1	-28.1
30	西藏自治区	3.3	112.7
31	青海省	2.9	-50.4

2015年，进口额列前五位的省份中，广东位居全国第一，进口3794亿美元，下降11.9%，较2014年继续下滑6.4个百分点；北京位居第二，进口2649亿美元，下降25.0%，较2014年继续下滑21.3个百分点；上海位居第三，进口2533亿美元，由2014年同比增长7.9%转为同比下降1.2%；江苏进口规模超过计划单列市深圳，位居第四，进口2069亿美元，下降6.7%，降幅与2014年持平；山东位居第五，进口977亿美元，下降26.1%，降幅与2014年持平。五省份进口额合计12022亿美元，占全国进口总额的71.5%。

2015年各省份及部分城市进口增速情况见表4。

表4　2015年各省份及部分城市进口增速（从高到低）排名情况

类别		进口	
		金额(亿美元)	同比(%)
排名	全国总值	16819.5	-14.2
1	西藏自治区	3.3	112.7
2	贵州省	22.7	65.3
3	广西壮族自治区	232.4	43.2
4	河南省	307.7	20.2

续表

类别		进口	
		金额(亿美元)	同比(%)
5	陕西省	157.2	17.0
6	湖北省	163.8	-0.1
7	上海市	2533.0	-1.2
/	厦门市	297.9	-1.8
8	湖南省	101.9	-6.4
9	江苏省	2069.5	-6.7
/	宁波市	290.4	-8.0
10	海南省	102.2	-10.7
11	安徽省	156.9	-11.3
12	广东省	3793.6	-11.9
13	福建省	563.4	-11.9
/	深圳市	1784.4	-12.3
14	江西省	93.4	-12.8
15	内蒙古自治区	71.0	-13.1
16	浙江省	707.5	-13.4
17	山西省	62.9	-13.7
/	大连市	296.9	-16.5
18	辽宁省	452.5	-18.1
19	天津市	631.6	-22.3
20	河北省	185.4	-23.3
21	北京市	2649.5	-25.0
22	山东省	976.9	-26.1
23	云南省	79.0	-27.0
/	青岛市	248.7	-27.1
24	四川省	182.4	-28.1

续表

类别		进口	
		金额(亿美元)	同比(%)
25	宁夏回族自治区	8.1	-28.1
26	吉林省	142.8	-30.7
27	甘肃省	21.8	-34.0
28	重庆市	192.9	-39.8
29	黑龙江省	129.6	-39.9
30	新疆维吾尔自治区	21.7	-48.2
31	青海省	2.9	-50.4

分东、中、西部来看，2015 年东部地区进口同比较大幅度下降。2015 年，我国东部地区进口 14665 亿美元，同比下降 14.3%，降幅较 2014 年扩大 13.4 个百分点。东部 11 个省份同比均下降，降幅较大的山东、北京分别下降 26.1% 和 25.0%。与 2014 年相比，有 6 个省份进口由正转负（如，辽宁、天津由分别增长 10.5% 和 2.3% 转为下降 18.1% 和 22.3%）；2 个省份（山东、江苏）由零增长（持平）转为分别下降 26.1% 和 6.7%；另 3 个省份降幅扩大（如，北京、浙江分别扩大 21.3 个和 7.4 个百分点）。

2015 年中部地区进口同比较快下降。2015 年，我国中部地区进口 1159 亿美元，由 2014 年同比增长 6.3% 转为同比下降 11.4%。其中，河南同比增长 20.2%，较 2014 年上升 13.2 个百分点。在另 7 个进口负增长的省份中，与 2014 年相比，有 5 个省份由增长转为下降（如，吉林、江西由分别增长 7.9% 和 25.2% 转为下降 30.7% 和 12.8%）；有 2 个省份（黑龙江、山西）降幅分别继续扩大 35.1 个和 7.4 个百分点。

2015 年西部地区进口同比较大幅度下降。2015 年，我国西部地区进口 995 亿美元，由 2014 年同比增长 17.4% 转为同比下降 14.8%。其中，有 4 个省份进口实现正增长（如西藏、贵州分别增长 112.7% 和 65.3%）。这 4 个省份中，与 2014 年相比，贵州、广西进口增速分别提高 64.4 个和 28.4 个百分点；西藏、陕西进口增速分别回落 93.3 个和 19.1 个百分点。另有 8 个省份进口负增长（如，青海、新疆分别下降 50.4% 和 48.2%）。这 8 个省份中，与 2014 年相比，甘肃进口降幅收窄 6.3 个百分点；6 个省份进口增速由正转负（如，宁夏、重庆由分别增长 70.2% 和 46.3% 转为下降 28.1% 和 39.8%）；新疆进口降幅扩大 2.7 个百分点。

下文分析相关典型省份。

（1）广东省

近年来，随着江苏、浙江等经济大省外贸发展势头强劲，广东占全国外贸的比重逐年下降，但 2015 年广东重新拉开距离，发挥出更大领先优势。2015 年，广东外贸占全国外贸 1/4 强，保持进出口总额第一的地位。广东省外贸进出口总值 6.36 万亿元人民币，同比下降 3.9%，占同期我国外贸总值的 25.9%。其中，出口 4 万亿元，增长 0.8%，占我国出口总值的 28.3%；进口 2.36 万亿元，下降 10.8%，占我国进口总值的 22.6%。进出口、出口、进口占全国比重分别提升 0.9 个、0.7 个和 0.6 个百分点。2015 年，广东一般贸易进出口增长 4.9%，占总值的 42.1%，比重提升 3.5 个百分点；加工贸易进出口下降 14.4%，比重下滑 4.4 个百分点。出口方面，出口纺织纱线、服装等 8 类劳动密集型产品 8393.3 亿元，增长 10.6%，占我国劳动密集型产品出口总值的 21%。

成功经验：广东 2015 年外贸数据总体优于全国的一个重要原因，就是“腾笼换鸟”政策的效果初显。例如，2015 年东莞新签、增资外资项目 962 宗，合同利用外资 50.6 亿美元，关停外迁企业投

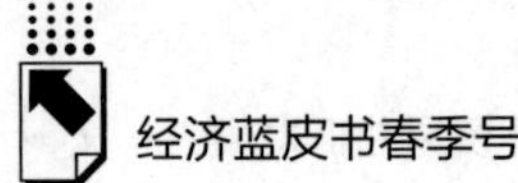

资额仅相当于新签及增资项目金额的9.7%。全年实际利用外资53.2亿美元，同比增长17.5%。引进外资大幅增加，高出全国水平，对外贸易增添发展新动力。2015年，东莞引进22个省级创新科研团队和8个市级创新科研团队，拥有新型研发机构24个，国家级科技企业孵化器6家，数量位居全省前列。东莞正逐渐从"世界工厂"变身，吸引科技创新，集聚新的发展实力，走在科技创新前沿。这与过去不一样，与其网络形象不一样，与其他地方不一样。又如，我们在2015年12月社会科学文献出版社出版的经济蓝皮书《2016年中国经济形势分析与预测》中提出，深圳正积极培育一批高科技企业，战略新兴企业支撑深圳经济、贸易转型升级，成为出口增长新主力。2015年广东外贸数据总体优于全国的另一个重要原因是培育多元化增长动力源（如旅游服务贸易、跨境电子商务等）。2015年，广东省以旅游购物方式进出口1464.6亿元，增长1.2倍；以跨境电子商务方式进出口167.3亿元，增长3.6倍，规模稳居全国之首。

（2）江苏省

2015年江苏省货物进出口总值33870.6亿元，占全国份额提高0.7个百分点，出口实现正增长，服务贸易超过450亿美元。2015年江苏省进出口降幅比全国平均水平低4.8个百分点。不同地市外贸情况呈现分化：苏州、常州和镇江进出口情况均好于全省平均水平，但同属苏南的无锡、南京降幅较大；苏中三市普遍表现较好；苏北各市中，既有以9.1%的进出口增幅居全省之首的盐城，也有以30.1%的降幅落后全省的宿迁。

江苏外贸已从"大进大出"向"优进优出"转型。①传统出口产品的韧性。2015年，江苏外贸传统出口"三雄"（IT、船舶、光伏）反转多年低迷局面，对江苏全省出口增长的贡献率达到616.3%，再度成为稳增长的重要支撑。便携式电脑等IT行业订单回流，苏州地区龙头代工企业生产订单饱和，全省出口便携式电脑 1204.6 亿元，增长 0.9%；平板电脑 365.2 亿元，增长 8.8%；主要为 IT 产品零件的自动数据处理设备出口 433 亿元，增长 5.1%。船舶行业迎来集中交船期，2015 年全省出口船舶 462.9 亿元，增长 15.1%。光伏行业一手紧抓欧、美、日市场，一手开拓东盟、印度等新兴市场，行业景气程度和盈利能力均有提高，全年出口太阳能电池 408 亿元，增长 1.3%。三大行业的稳健生产，还带动了集成电路、电脑零配件、船用发动机和电子设备、多晶硅等多种商品的进口。②传统产品通过提升产品技术含量、融入设计、打造自主品牌，在稳住外贸全局的同时，实现转型升级。例如，汇鸿集团畜产公司创新羽绒服款式、提升品质，赢得美国最大航空公司 LAM 青睐，已接该公司制服系列订单 30 万件，金额 300 多万美元。盛世公司的中高档品牌服装出口占比 70%，利润率进一步提高。苏豪控股丝绸公司与富安茧丝绸加强合作，主攻高端丝绸市场。③具有较高技术含量的“智造”出口呈现较强竞争力。2015 年江苏全省出口高新技术产品 8142.9 亿元，增长 2.5%，高于全省出口增速 2.4 个百分点，其中计算机与通信技术、电子技术、材料技术和航天航空技术分别增长 3.4%、3%、7.4% 和 4.2%。

（3）浙江省

2015 年浙江省进出口 21566.2 亿元，同比下降 1.1%；其中出口 17174.2 亿元，增长 2.3%，增速在沿海各外贸大省（市）中保持明显优势；进口 4392 亿元，下降 12.5%。特点如下：①市场采购贸易方式出口快速成长。2015 年，浙江省实现一般贸易方式进出口 16591.4 亿元，下降 1.8%，占浙江进出口总值的 76.9%；以市场采购贸易方式（含旅游购物）出口 1766.1 亿元，增长 42.6%，拉动浙江出口增长 3.1 个百分点。②在外商投资企业和国有企业进出口双降背景下，民营企业成为带动浙江外贸增长的绝对主力。2015 年，浙江省民营企业进出口 14785.6 亿元，增长 5.1%，占全省进出口总值的 68.6%。其中，民营企业出口 12579.3 亿元，首破 1.2 万亿元大关，增长 7.1%，占全省出口总值的 73.2%。

成功经验：近年来，浙江省率先在供给侧发力，高新技术产品、自主品牌、服务贸易等长期困扰浙江外贸的短板正在变“长”。①作为制造业大省，浙江制造的产品销往全球，但多为中低端产品，浙江制造在全球产业链分工中一直居相对弱势位置。2015 年，浙江产业结构调整不断深入，出口高新技术产品 1047.3 亿元，增长 10%，高于同期全省平均增速 7.7 个百分点。②力推自主品牌出口。2015 年初，浙江名品店在香港国际机场亮相，这标志着浙江首个向全球宣传浙江品牌的项目启动。首批入驻的新秀集团有限公司和平湖美嘉保温容器工业有限公司，均为浙江省认定的“浙江出口名牌”。源源不断成长的“浙江出口名牌”已成为支撑外贸发展的生力军。目前，浙江已累计认定 772 个“浙江出口名牌”。列入名录的品牌及所属企业可享受浙江出口品牌扶持政策。2015 年，浙江新增境外营销网络 542 个，累计达 4000 多个，浙江人在全球编织的国际营销网络更大更广了。③服务贸易成为新亮点。2015 年，浙江实现服务贸易进出口 442.16 亿美元，增长 16.05%，其中出口 284.58 亿美元，增长 16.48%。2015 年浙江全省服务贸易进出口额占全省服务和货物贸易进出口额的比重提高至 11.31%，继续保持在全国第一方阵。

（4）上海市

2015 年上海市进出口总值 2.8 万亿元人民币，占全国进出口总值的比重从 2014 年的 10.8% 提高到 11.4%，位列全国各省份前三强。上海依旧是全国进出口贸易的“不冻港”。其成功可谓是各种有利因素的“化学反应”。改革红利促外贸结构优化。上海对外贸易进入以调结构、提质量为特征的新阶段，强调“优进优出”。尽管 2015 年上海实现出口总值 1.2 万亿元，同比下降 5.3%，但反映出口产品技术含量和附加值高低的出口产品高度化指标继续提高，达到 52.2，较上年提高 0.2，创新纪录。2015 年，上海出口高新技术产品 5354.7 亿元，占全市出口总值的 43.8%，比重同比上升 1.4 个百分点；进口高新技术产品 5266.7 亿元，增长 4.6%，高于全市进口总体增幅 4.1 个百分点，占全市进口总值的比重由 2014 年的 36.8% 提升至 40.8%。上海对外贸易结构的优化，还得益于深化改革，尤其是中国（上海）自贸试验区和“一带一路”战略带来的红利。2015 年，上海自贸试验区海关特殊监管区域内有进出口记录的企业 5050 家，较 2014 年增加 820 家，合计进出口 7415.5 亿元，占全市进出口总值的 26.4%。2015 年，上海对欧盟、美国和日本三大发达经济体分别进出口 5764.1 亿元、4602.3 亿元和 3097.6 亿元，合计占同期全市进出口总值的 48%。

推进贸易便利化的举措进一步助力上海对外贸易。跨境电商、冷链物流等新产业的发展，为企业带来新机遇。海关统计监测预警，为外贸企业点亮明灯。2015 年上海海关共撰写统计监测预警专题分析报告 600 余篇，向地方政府提供各类定制式报表、专题分析等 1000 余份。数据助力企业更好地掌握进出口形势，预判经济走向。

得益于上海口岸在港区条件及航线调整便利性等方面的优势，尤其是通关上的规范和高效，2015 年，上海口岸进口汽车 40 余万辆，成为全国最大整车进口口岸。其中，保时捷（中国）汽车销售有限公司将在其他口岸受到影响不能按计划靠泊的车辆全部转从上海口岸进口。国内销售的沃尔沃品牌进口整车也全部选择从上海

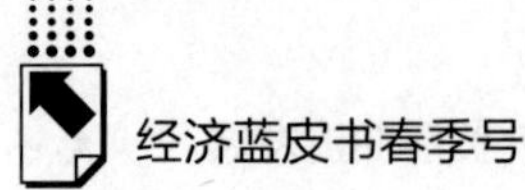

口岸进口，2015 年其进口量达到 1.5 万辆。目前，国内市场的进口品牌车辆基本选择上海作为进口申报口岸，其中法拉利、玛莎拉蒂、迈凯轮、宾利、兰博基尼等品牌车辆还将上海指定为唯一进口口岸。

三 2016年外贸开局不利

据海关统计，2016 年前两个月，我国实现进出口总值 3.31 万亿元人民币，同比下降 12.6%。其中，出口 1.96 万亿元，下降 13.1%；进口 1.35 万亿元，下降 11.8%；贸易顺差 6159 亿元，收窄 15.9%。2 月当月出口下降 20.6%，进口下降 8.0%。经季节调整后，2016 年前两个月，我国出口下降 0.8%，进口下降 5.5%。因此，1 ~2 月贸易数据恶化尚不构成全年趋势。

从贸易方式看，一般贸易进出口好于加工贸易。一般贸易出口保持增长，成为拉动出口的主要力量。2015 年，我国一般贸易出口 12173 亿美元，增长 1.2%，占外贸出口的 53.5%，比 2014 年同期提高 2.1 个百分点；加工贸易出口 7978 亿美元，下降 9.8%，占外贸出口的 35%，比 2014 年同期下降 2.7 个百分点。

从主要产品看，机电产品出口保持增长，产品结构进一步优化。

2015 年，机电产品出口 13119.3 亿美元，同比增长 0.1%，占外贸出口的 57.6%，比 2014 年同期提高 1.8 个百分点。其中，手机、船舶、灯具等出口分别增长 8.5%、13.3%、15%。七大类劳动密集型产品出口 4720 亿美元，同比下降 2.7%，占外贸出口的 20.7%，其中纺织品、服装、鞋分别下降 2.3%、6.4% 和 4.8%。

从经营主体看，民营企业出口保持增长，成为出口的主力军。2015 年，民营企业出口 10295 亿美元，同比增长 1.8%，占外贸出口的45.2%，比2014年同期提高2.1个百分点；外资企业出口10047亿美元，同比下降6.5%，占外贸出口的44.2%；国有企业出口2424亿美元，同比下降5.5%，占外贸出口的10.6%。

从主要市场看，市场多元化取得进展，对“一带一路”相关国家出口保持增长。2015年，我国对印度、泰国、越南等国出口分别增长7.4%、11.7%和3.8%，对美国、东盟出口分别增长3.4%和2.1%，对欧盟、日本、中国香港等传统市场出口分别下降4.0%、9.2%、8.7%，对俄罗斯、巴西等新兴市场出口分别下降35.2%和21.4%。

跨境电子商务、市场采购等新型商业模式正逐步成为外贸发展新的增长点。2015年，跨境电子商务增速高达30%以上。市场采购贸易方式出口增速超过70%。

受大宗商品价格下跌、国内需求走弱等因素影响，进口仍在低位运行，但质量效益提高。2015年，我国原油、塑料、大豆、天然气、纸浆、谷物、铜精矿等10类大宗商品进口量增价跌，合计减少付汇1880亿美元，大幅降低了国内企业生产成本，改善了效益。

四　从政府政策目标看全年贸易趋势

2016年中国《政府工作报告》下调GDP增长目标，上调赤字率和M2增速，这意味着实现经济软着陆需要更加积极的财政政策和略为宽松的货币政策相配合。政府稳增长目标十分明确，而2016年外贸将“回稳向好”的目标，带有一定模糊性。自2009年以来，政府制定的指导性GDP增长目标基本可以实现，而对外贸易目标则有一定差距（见表5）。

表 5　政府经济增长目标

单位：%

类别	2009 年		2010 年		2011 年		2012 年		2013 年		2014 年		2015 年		2016 年
	目标	实际	目标	实际	目标	实际	目标	实际	目标	实际	目标	实际	目标	实际	目标
GDP	8.0	9.2	8.0	10.3	8.0	9.2	7.5	7.8	7.5	7.7	7.5	7.4	7.0	6.9	6.5~7
CPI	4.0	-0.7	3.0	3.3	4.0	5.4	4.0	2.6	3.5	2.6	3.5	2.6	3.0	1.4	3.0
全社会投资	20.0	30.1	20.0	24.0	18.0	23.8	18.0	20.3	18.0	19.6	18.0	15.7	15.0	10.0	NA
外贸	8.0	-13.9	8.0	33.0	10.0	22.5	10.0	6.2	8.0	7.6	7.5	3.4	6.0	-8.0	NA
城镇登记失业率	4.6	4.3	4.2	4.1	4.6	4.1	4.6	4.1	4.6	4.1	4.6	4.1	4.5	4.1	4.5
财政收入	8.0	11.7	8.0	21.3	8.0	24.8	8.0	12.8	8.0	10.1	8.0	8.6	7.3	5.8	NA
财政支出	22.1	21.9	20.0	17.4	11.9	21.2	10.0	15.1	10.0	10.9	9.5	8.2	10.6	13.2	NA
财政赤字占 GDP 比重	2.8	2.8	2.6	2.5	1.9	1.8	1.5	1.5	2.0	2.1	2.1	2.1	2.3	3.5	3.0
M2 增长率	17.0	27.7	17.0	19.5	16.0	13.6	14.0	13.8	13.0	13.6	13.0	12.2	12.0	13.3	13.0
新增贷款增长率	4.6	9.6	7.5	7.9	7.5	7.5	8.0	8.2	8.5	8.9	9.0	9.8	10.0	11.7	12.2

全国31省（区、市）已公布2016年本省（区、市）GDP的增速预期目标。综合来看，全国平均下调了0.4个百分点。分区域看，东部、中部、西部分别下调0.6个、0.1个、0.7个百分点，东北上调0.1个百分点。分省（区、市）看，17个省（区、市）下调预期目标，12个省（市）预期目标与上年持平，2个省上调预期目标。

表6　2016年全国31省（区、市）GDP目标

单位：%

类别		2015年预期目标	2015年完成指标	2016年预期目标	2016年较2015年预期目标变化
东部	北京	7.0	6.9	6.5	↘
	天津	9.0	9.3	9左右	→
	河北	7.0	6.8	7左右	→
	上海	经济平稳增长	6.9	6.5~7	→
	江苏	8.0	8.5	7.5~8	↘
	浙江	7.5	8	7~7.5	↘
	福建	10.0	9	8.5	↘
	山东	8.5	8	7.5~8	↘
	广东	7.5	8	7~7.5	↘
	海南	8.0	7.8	7~7.5	↘
	平均	8.1	7.9	7.5	-0.6
中部	山西	6.0	3.1	6左右	→
	安徽	8.5	8.7	8.5左右	→
	江西	9.0	9.1	8.5以上	↘
	河南	8.0	8.3	8左右	→
	湖北	9.0	8.9	9左右	→
	湖南	8.5	8.6	8.5左右	→
	平均	8.2	7.8	8.1	-0.1

续表

类别		2015 年 预期目标	2015 年 完成指标	2016 年 预期目标	2016 年较 2015 年 预期目标变化
西部	内蒙古	8.0	7.7	7.5	↘
	广西	8.0	8.1	7.5~8	↘
	重庆	10.0	11	10 左右	→
	四川	7.5	7.9	7 以上	↘
	贵州	10.0	10.7	10	→
	云南	8.5	8.7	8.5 左右	→
	西藏	12.0	11	10 以上	↘
	陕西	10.0	8	8 左右	↘
	甘肃	8.0	8.1	7.5	↘
	青海	8.0	8.2	7.5 左右	↘
	宁夏	8.0	8	7.5 以上	↘
	新疆	9.0	8.8	7 左右	↘
	平均	8.9	8.9	8.2	-0.7
东北	辽宁	6.0	3	6 左右	→
	吉林	6.5	6.5	6.5~7	↗
	黑龙江	6.0	5.7	6~6.5	↗
	平均	6.2	5	6.3	0.1
全国平均		8.2	8	7.8	-0.4

显然，从国家到地方，2016 年经济政策的工作重点之一是“保经济增长”，却很少提出“保外贸增长”。

事实上，中国外贸增长，受世界经济形势影响极大。

五　世界经济贸易形势分析

在《2016 年中国经济形势分析与预测》（2015 年 12 月出版）中我们已经预见到，2016 年世界经济贸易增长步伐放慢。如今，国际货币基金组织公布，2015 年全球贸易增长 2.5%，这低于 2015 年全球经济增长3.1%的速度。

国际大宗商品价格下行多年的趋势不变。由于2016年3月美联储加息预期较弱，美元走低，大宗商品价格下行压力暂缓。截至3月4日当周，国际大宗商品现货指数（CRB）较上周累计回升1.02%至387.33，为2015年11月上旬以来的最高值。而波罗的海干散货指数（BDI）继续回升，截至3月4日累计上升6.56%至349，为2016年1月底以来的最高值。但鉴于供需不平衡状况的切实改善仍需时日，预计大宗商品价格在一段时间内仍将维持低位震荡。

金银比价高攀。进入2016年以来，全球金融市场一直处于动荡不安的局面，投资者避险需求急剧升温，最明显表现是黄金价格大幅攀升。历史上金银比价走势显示，凡是世界经济发生剧烈动荡之前，金银价急剧攀升，如二战爆发前、海湾战争前、雷曼兄弟倒闭前等都曾准确预警。2016年金银比价再次呈现急剧攀升走势。SovereignMan.com知名专栏作家Simon Black分析指出，1987年股市崩盘、20世纪90年代互联网泡沫破裂、2008年金融危机，这些恐慌事件无一例外地导致该比率升至70上方。在2008年，金/银比在短短两个月内从50下方飙升至84的高位。如今该金融指标再度飙升，达到81.7，与2008年金融危机峰值高点几乎相当，似乎寓示着世界经济“山雨欲来风满楼”。

（一）美经济复苏势头趋缓

首先，美国PMI数据表现不佳。自从2015年10月以来美PMI出现下行拐点，制造业景气持续在荣枯分界线下方，2月美供应管理协会（ISM）制造业PMI为49.5，创4个月最高，好于预期的48.5，前值为48.2，但仍然在50%的荣枯分界线以下，基本处于衰退之中。2月ISM非制造业PMI为53.4，好于预期的53，但不及前值53.5，图1显示趋势却在逐步下行。

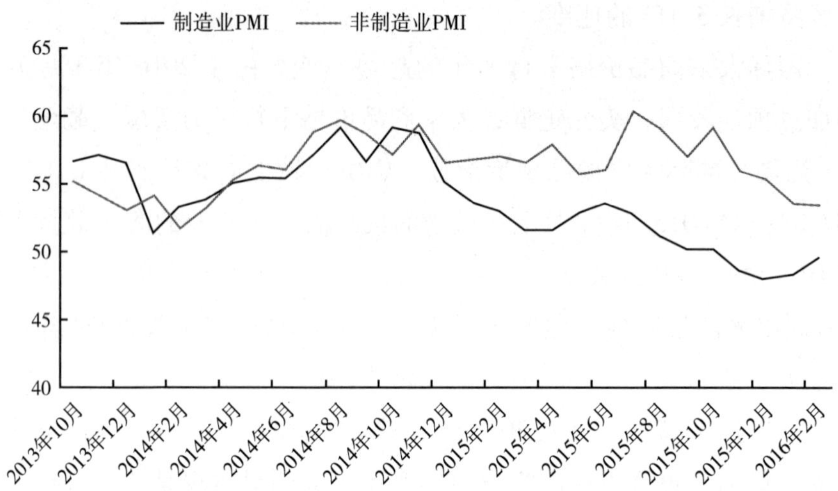

图1　美国制造业景气程度回升，非制造业增速放缓

资料来源：美国供应管理协会（ISM）。

其次，就业市场持续改善，非农数据亮丽。美国2月ADP就业人数增加21.4万人，好于预期的18.5万，1月值由20.5万下修至19.3万。“小非农”ADP就业数据显示，2月美国私营部门就业人数稳健增长，表明美国就业市场仍在持续改善。美国2月非农就业人数增加24.2万人，大幅好于预期的19.5万人，前值由15.1万人修正为17.2万人。2月失业率4.9%，持平于预期和前值。劳动力参与率62.9%，高于预期的62.8%和前值62.7%。美国非农就业人数超预期增加，失业率维持在逾8年低位，劳动力参与率回升，均表明美国就业市场劳动力资源闲置状况持续改善。

再次，成屋签约销售创两年多最大跌幅。美国1月成屋签约销售指数环比下降2.5%，为2014年初以来的最大跌幅，预期为0.5%，前值由升0.1%修正至升0.9%。数据显示，美国未来1~2个月的房屋销售或呈疲态。这主要是受恶劣天气、房价走高，以及全国库存减少的影响。

最后，2016年伊始美国股市连续下跌，企业利润率也连续两个季度下滑，显示出与世界大宗商品价格下滑与世界经济形势转差有关。

总体上，美国经济复苏势头正在趋弱，我们认同2016年经济增长下修，低至2.0%。美联储推迟了原计划第一季度加息的政策，全年或许只有一次加息机会。

（二）欧元区经济复苏磕磕绊绊

2014年欧元区熬过欧债危机，开始步入复苏周期，却遇到乌克兰危机，西方国家集体制裁俄罗斯。2015年俄罗斯经济固然陷入衰退，但欧盟、欧元区经济复苏也受到一些伤害，加上美国揭示德国大众汽车丑闻、希腊危机后遗症、法国发生恐怖袭击事件、难民潮、中东地缘政治动荡等，都多多少少给欧盟、欧元区经济造成负面影响，经济复苏一波三折。

欧元区2016年2月Markit制造业PMI终值为51.2，是12个月以来的最低水平，与预期和初值持平，前值为52.3。核心国德国制造业PMI终值为50.5，略高于预期和初值的50.2，前值为52.3。法国2月制造业PMI终值为50.2，略低于预期和初值50.3，前值为50。意大利制造业PMI终值降至52.2，亦为12个月来最低，低于预期值52.3，前值为53.2。欧元区通胀率创新低。欧元区2月CPI年率初值下降0.2%，为12个月来最低值，且为5个月来首次负值，预期为持平，前值为增加0.3%。这主要受能源价格大幅下跌的拖累。剔除食品和能源的核心CPI年率初值增加0.7%，创10个月来最低值，预期增加0.9%，前值增加1%。核心国中，2月德国和意大利CPI年率初值均下降0.2%，均为13个月来最低值。

基于以上，欧洲央行3月议息会议上决定加码宽松三大金融政策，希望提振经济增长。

（三）日本经济处于衰退边缘

从2015年4月1日起，日本经济波动较大，4~6月经济负增长，

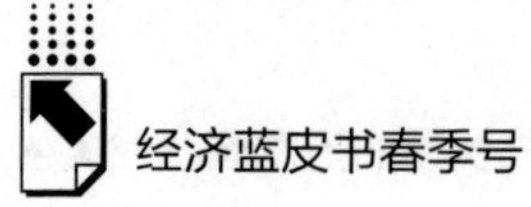

6~9月勉强为正，9~12月为负，预计2016年1~3月零增长，全年或许略有增长，基本处于衰退边缘。2016年，日本安倍政府继续以“政治为中心，经济为辅助”，经济政策上前“三支箭”效果不佳，又抛出的“新三支箭”也是虚多实少。

考虑到日本政府不得不再次决定是否推迟提高消费税，这将对2016年日本经济造成巨大影响。若2017年4月1日如期提税，则日本消费者将提前消费采购大件，如耐用消费品、房地产、汽车等；企业也将增加固定资产投资。因此，2016年日本经济将有望实现1.6%增长，但2017年日本经济将大幅衰退！若政府决定推迟2017年提税，则2016年日本消费者不会提前采购大件，日本经济有可能随世界经济同步波动，实现微增长。

此外，北美、澳新、北欧等地或许有新的发达经济体陷入经济衰退。

（四）新兴经济体衰退面将扩大

2016年，不仅俄罗斯、巴西、南非经济继续衰退，而且南美、中东地区、中亚及东南亚，甚至非洲地区都会有新的国家加入衰退行列。

（五）美元还有升值趋势

2015年12月以来，美联储忧虑加息时机，美元汇率指数暂时处于高位徘徊。若美国经济保持较好复苏势头，美联储可能于2016年6月加息。受此影响，美元还有可能再次进入升值阶段。2015年美元升值11%，预计2016年有望升值3%~5%，则全球大宗商品价格将续跌，国际资本回流美国，世界贸易增速继续低迷。

（六）我国出口订单指数等均呈下滑趋势

在2015年大部分时期，以及2016年1~2月，新出口订单指数或许有小幅回升，但始终处于收缩区间。预示 2016 年上半年出口还将呈现下降趋势。

剔除 2015 年底季节因素，波罗的海干散货指数（BDI）基本呈现下行趋势，2016 年 2 月、3 月小幅反弹，不构成反转趋势。中国出口集装箱运货指数（CCFI）和中国沿海散货运价指数（CCBFI）均有所下滑。当前内外需依旧乏力，外贸状况仍旧低迷。

通过以上分析，预计若世界经济保持弱势复苏，则 2016 年以人民币标价的中国出口还将小幅下滑，下降 2% 左右。

六　国内经济与进口需求展望

2016 年，中国经济增速将继续放缓。

其一，处理房地产库存的同时，需要预防一线城市房价大涨。因此，房地产投资及相关需求还将走低。

其二，推行积极的财政政策，扩大赤字率，需谨防国债、地方债失控，防止原本已经很高的经济总体债务率越过警戒线。

其三，略为宽松的货币政策需要处理好融资成本高问题。以往中国央行一直秉持偏紧货币政策，抑制房地产价格上涨。2015 年下半年才转为略有偏松。即便如此，中国企业融资成本仍显著偏高，不仅极大地抑制投资，还将制约进口需求。建议加快金融领域供给侧改革，打破垄断格局，发展多渠道资本供应，形成市场竞争，降低资金成本。

其四，人民币汇率政策不宜僵化处理。2016 年国际投机机构一度瞄准人民币汇率，冲击人民币汇率连续上涨。但与世界主要货币欧元、日元、英镑汇率波动幅度相比，人民币汇率波动显得微不足道！中国属于世界经济大国，储蓄率超高决定了资金供给能力十分充足，且在国际收支资本项下还不允许自由兑换。因此，对国际投资机构的投机行为不足为虑。从国内对外汇需求分析，高储蓄率资金中，有一部分资金有需求兑换为外币，建议央行应同步开放外币买入人民币需求，实现双向流动和积极平衡的外汇政策，则人民币汇率自然企稳。此外，近年来中国经济表现不够好，劳动生产率增速有些放慢，导致人民币跟随美元升值步伐过快，存在一定高估。因此，应调整人民币与日元、欧元、英镑之间的汇率。例如，日本企业多次测算日元兑美元汇率在 90 水平就有盈利空间，如今却贬值为 110 ~ 115 之间，此前还一度贬值在 120 以上，使得东盟国家货币的汇率普遍承压，也不得不大幅贬值，造成东亚“货币贬值轮番战”，结果人民币独撑东亚经济“大厦”，不堪重压！此时，若人民币随着国际市场实现适度贬值，将压力适当传递至美元，令美元升值步伐放慢也未尝不可！建议人民币与世界主要货币（美元、欧元、英镑、日元等）之间建立一种自动平衡机制，央行不能无条件承诺与美元汇率之间保持稳定关系。

其五，消费者需求将有所回落。随着中国经济增速放缓，失业人口增加，企业发放工资、奖金的增长幅度也有一定减少。因此，2016 年中国消费者需求增长水平将不及 2015 年。

其六，进口物价将继续走低。国际市场大宗商品价格连续多年下降，降价因素已经从产业上游渗透至中游和下游，预计 2016 年中国进口物价还将全面下降。

基于以上分析，预计 2016 年中国进口有可能降幅收窄，下降 5% ~7% 。

总之，2016 年中国外贸运行形势不容乐观。一方面，外需仍然疲弱，世界经济出现同步衰退的可能性增加；另一方面，国内需求下行，人民币汇率的波动将造成不确定性。中国政府实行积极的财政政策，地方政府务实促进贸易发展，以及中国企业积极应对等，有利于中国对外贸易逐步实现转型升级和长期发展。

B.9
2016年能源形势展望与对策建议

能源安全与新能源技术研究创新工程课题组 *

摘　要：本文对2015年以来国际国内能源形势进行了回顾和展望，对国际石油价格、国内需求结构变化、能源革命等重大问题进行了分析，并对2016年能源形势做出判断。本文认为，国内能源需求的峰值已经基本达到，未来需求趋于稳定，应抓住这一有利时机调整能源结构，推动能源生产、消费与技术革命，加快市场化改革的步伐。同时，建议通过“一带一路”项目建设促进亚洲能源合作，推动亚洲能源市场建设，以此降低我国的能源成本，加强能源安全。

关键词：能源革命　石油价格　能源需求　一带一路　能源转换

2015年，国内和国际经济与能源形势都发生了重大变化。在世界经济复苏乏力、中国经济降速调整的背景下，国际油价持续保持低位。化石能源成本下降，对全球能源转型和发展可再生能源提出了新的挑战。乌克兰与叙利亚危机尚未解决，西方国家解除了对伊朗的制

---

* 中国社会科学院数量经济与技术经济研究所能源安全与新能源技术研究创新工程课题组。课题组负责人：李平；课题组成员：刘强、吴滨、董惠梅、刘丹、胡安俊。

裁，同时联合国通过了对朝鲜的制裁措施。国际形势的纷繁变化，势必对国际能源市场和石油价格产生重要影响。

伴随着中国经济的持续发展和转型升级，中国提出的“一带一路”发展倡议已经进入实施阶段。中巴经济走廊项目启动，亚洲基础设施投资银行（AIIB）已经挂牌。亚洲国家的能源合作将出现新的机遇，并将改善我国的能源安全形势。

中国推进去产能、去库存、去杠杆、降成本、补短板的供给侧结构性改革。2015 年中国能源需求接近零增长，减煤、增气、上核、风光补贴等问题引起了各方面的讨论。同时，大范围的雾霾现象仍然难以消除，能源清洁化工作仍然任重道远。

实现能源安全与清洁化，是我国经济长期可持续发展的重要方面。如何在改善结构、提高清洁化水平的同时，维持行业的良性发展、有效启动能源领域的改革、推动能源革命，是当前必须面对的问题。本文在分析国际、国内能源形势的基础上，提出相应的政策建议。

一　国际能源市场分析

（一）全球经济表现低迷

2015 年，世界经济普遍低迷，世界工业生产低速增长，贸易持续低迷，金融市场动荡加剧，大宗商品价格大幅下跌。发达国家经济复苏缓慢，新兴经济体增速进一步回落，世界经济整体复苏疲弱乏力，增长速度放缓。

2015 年，国际市场大宗商品价格大幅下跌。能源价格比 2014 年暴跌 45.1%，非能源价格比 2014 年下跌 15.1%，均连续 4 年下跌。2016 年 1 月，纽约 WTI 曾跌至每桶 30 美元以下。2 月以来，国际原油价格有所上涨，目前达到40美元/桶左右（纽约WTI和北海Brent油价）。

与此同时，全球经济形势分化。OECD国家基本稳定并有所改善，2015年，美国、日本、欧元区失业率分别为5.3%、3.4%和10.9%，分别较上年降低0.9个、0.2个和0.7个百分点。而新兴市场和发展中国家经济体的风险增加，复苏前景不明朗。国际金融协会认为，2015年主要新兴经济体资本净流出总金额超过5000亿美元，2016年还将面临3000多亿美元资本净流出。

由于近十年来新兴经济体是全球能源需求增长的主要动力，在新兴市场经济体增长乏力和美元升值的大背景下，全球能源需求增长前景有限，2016年国际油价大幅上涨的可能性不大。

国际货币基金组织（IMF）2016年1月的报告估计全球经济2015年增长3.1%，预计2016年和2017年的增长率分别为3.4%和3.6%。

（二）国际石油市场的供求关系没有逆转因素

尽管近期国际石油价格有所上涨，但是从市场供求关系看，并没有出现大幅度上涨的市场基本面变化。供给能力增长仍然快于消费的增长（见图1）。2015年，世界石油和其他液体燃料的供给为1148.73百万桶/天，高出消费（1124.48百万桶/天），超供约2.16%，远高于2014年的0.87%，供大于求的局面甚至有所加剧，这是2015年石油价格继续下跌的市场基本面。

围绕国际油价的持续下跌，OPEC国家和俄罗斯等非OPEC石油出口国开始讨论如何应对。但是，由于全球经济的不景气，对石油产品的需求增长有限，所以各方很难达成一致的约束产量意见。

影响油价前景的另一个重要因素是伊朗。2015年7月，伊朗与

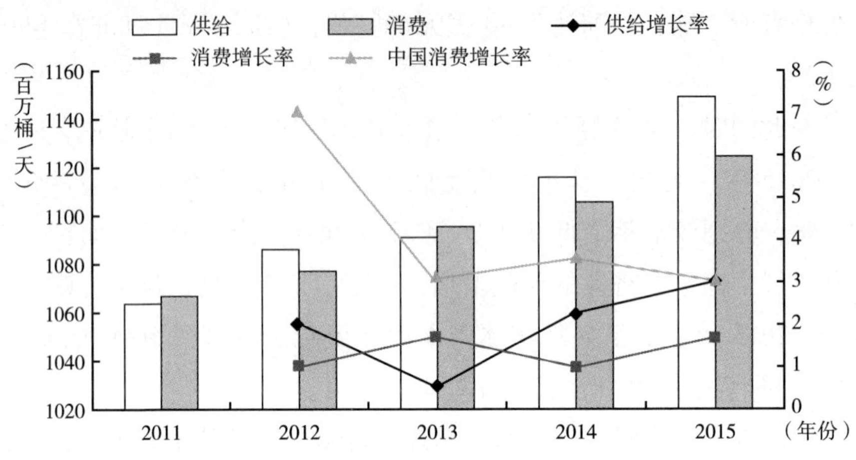

图1　世界石油与其他液体燃料的供给与消费

资料来源：U. S. Energy Information Administration，*Short – Term Energy Outlook*，February 2015.

六大国间就核问题达成协议，持续多年的对伊朗制裁开始解禁。2016年1月16日，伊朗核协议开始执行，对伊朗的所有国际和单边制裁基本解除。由于长期制裁造成伊朗生产设施落后，伊朗因素对全球石油供给的增量并不会立即表现出来。但是从长期来看，对油价来说这毫无疑问是一个压制力量。日本能源经济研究所（Institute of Energy Economics）表示，如果达成协议，到2016年下半年伊朗的原油日产出可能增加70万~80万桶。有意思的是，在这种背景下，作为伊朗的竞争者，沙特很可能为了争夺市场份额而选择增产，这就会进一步压低国际油价。

除供求关系的改善外，目前美国经济形势明显好于其他经济体，导致美元汇率升值。以美元计价的国际石油价格在美元升值背景下出现下跌，也是非常正常的事情。随着美元的进一步升值，石油价格保持在低价位是可以预见的。

在这种背景下，美国能源信息署（EIA）预测，2016年世界石油和其他液体燃料供给增长0.74%，世界消费的增长率为1.22%。EIA在2016年3月的预测报告中，认为2016年布伦特油价平均为每桶34美元，2017年预计平均为每桶40美元。

二　国内能源需求分析与展望

（一）经济新常态，能源消费稳中有降

在国内外各种因素作用下，“十二五”时期中国经济结束了高速增长，GDP增速进入新常态。国家统计局初步核算，2015年GDP达到676708亿元，比上年增长6.9%（见图2），为1991年以来的最低增速。

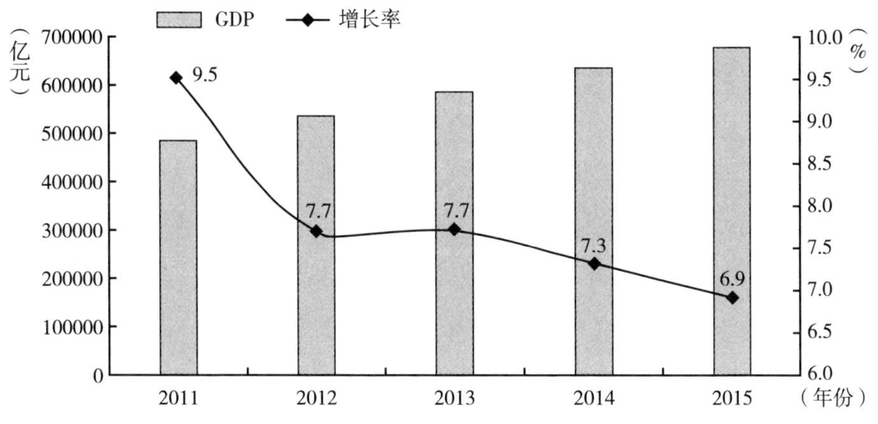

图2　“十二五”时期中国经济总量与速度变化

资料来源：《2015年国民经济和社会发展统计公报》。

经济增长速度的下滑意味着能源需求增速的下降。根据《2015年国民经济和社会发展统计公报》数据，全年能源消费总量为43.0亿吨标准煤，比上年增长0.9%，为17年来增速最低值。一次能源

生产总量达到36.2亿吨标准煤，与2014年相比实现零增长。发电量为58105.8亿千瓦时，比2014年增长0.3%。其中，火电为42420.4亿千瓦时，比2014年下降2.7%（见表1）。

表1 2015年能源消费总量及增长率

类别	总量	增速(%)
能源消费总量(亿吨标准煤)	43.0	0.9
一次能源生产总量(亿吨标准煤)	36.2	0.0
发电量(亿千瓦时)	58105.8	0.3
火电(亿千瓦时)	42420.4	-2.7

资料来源：《2015年国民经济和社会发展统计公报》。

石油消费继续增长，2015年石油与其他液体燃料消费增长3.04%（EIA，2016）。近年来我国人均拥有的民用汽车数量不断增长，中国已经成为典型的汽车社会。据公安部交管局统计[①]，截至2015年底，全国机动车保有量达2.79亿辆，其中汽车1.72亿辆；2015年新注册登记的汽车达2385万辆，保有量净增1781万辆，均为历史最高水平。新能源汽车保有量达58.32万辆，与2014年相比增长169.48%。2015年，小型载客汽车达1.36亿辆，其中，以个人名义登记的小型载客汽车（私家车）达到1.24亿辆，占小型载客汽车的91.53%。与2014年相比，私家车增加1877万辆，增长17.77%。全国平均每百户家庭拥有31辆私家车，北京、成都、深圳等大城市每百户家庭拥有私家车超过60辆。其中，纯电动汽车保有量33.2万辆，占新能源汽车总量的56.93%，与2014年相比增长317.06%。在汽车需求拉动下，汽油需求稳定增长。不过，由于大宗

① 《2015年底全国机动车保有量2.79亿 平均每百户有31辆私家车》，网易新闻，http://news.163.com/16/0125/20/BE707GND00014JB5.html。

商品（铁矿石、水泥、煤炭）运输需求下降，货运车辆增长放缓，并带动柴油消费需求趋缓。总体看来，未来石油消费量仍将继续上升，不过需求增速会逐步下降，结构也将出现变化。石油炼化行业将从以进口原油满足国内成品油需求为主，转向国内外市场并行发展的格局。

2015 年我国天然气供给和需求增速明显放缓。根据《2015 年国民经济和社会发展统计公报》数据，2015 年天然气产量为 1346.1 亿立方米，比上年增长 3.4%，比上年增速下降 3.2 个百分点。中国石油天然气集团公司经济技术研究院《2015 年国内外油气行业发展报告》估计，全年表观消费量为 1910 亿立方米，同比增长 3.7%，增速创近 10 年新低。在消费总量增长放缓的同时，对外依存度却仍在上升。上述《报告》显示，2015 年，天然气进口量达 624 亿立方米，增长 4.7%，对外依存度升至 32.7%。与其他能源领域不同，天然气需求不旺不是因为需求不足，而是因为天然气的市场化程度不够，实现市场化的天然气仅占总量的 40% 左右，天然气价格下降无法传导到市场需求上。

非化石能源中，核电、风电、光伏发电发展情况分化。核电尤其是内陆核电项目引发了激烈争论。在电力有效需求下降的情况下，风电和光伏发电的弃风、弃光现象加剧。

根据国家能源局的数据，“十二五”时期，中国的核电、风电、太阳能发电装机规模分别增长 2.6 倍、4 倍和 168 倍。[①]《能源发展战略行动计划（2014～2020 年）》中，明确提出安全发展核电。“在采用国际最高安全标准、确保安全的前提下，适时在东部沿海地区启动新的核电项目建设，研究论证内陆核电建设。到 2020 年，核电装机

① 国家能源局：《“十二五”期间非化石能源消费比重提高》，http：//www.nea.gov.cn/2016－01/05/c_ 134978582.htm。

容量达到5800万千瓦，在建容量达到3000万千瓦以上。”2015年是投入商业运行核电机组最多的一年。

2015年，全年风电新增装机容量3297万千瓦，新增装机容量再创历史新高，累计并网装机容量达到1.29亿千瓦，占全部发电装机容量的8.6%。2015年，风电发电量1863亿千瓦时，占全部发电量的3.3%。2015年，新增风电核准容量4300万千瓦，同比增加700万千瓦，累计核准容量2.16亿千瓦，累计核准在建容量8707万千瓦。2015年，全国风电平均利用小时数1728小时，同比下降172小时。2015年，风电弃风限电形势加剧，全年弃风电量339亿千瓦时，同比增加213亿千瓦时，平均弃风率15%，同比增加7个百分点。[①]

2015年底中国光伏发电累计装机容量4318万千瓦，成为全球光伏发电装机容量最大的国家。其中，光伏电站3712万千瓦，分布式606万千瓦，年发电量392亿千瓦时。2015年新增装机容量1513万千瓦，完成了新增并网装机1500万千瓦的目标，占全球新增装机的1/4以上，占中国光伏电池组件年产量的1/3，为中国光伏制造业提供了有效的市场支撑。全国大多数地区光伏发电运行情况良好，全国全年平均利用小时数为1133小时，西北部分地区出现了较为严重的弃光现象。[②]

工业是能源消费的主体。根据国家统计局公布的最新数据(2013年数据)，工业能源消费量占到了总消费量的69.8%和电力消费的72.4%。在工业消费中，与房地产和大规模基本建设投资相关的三大行业——黑色金属冶炼及压延加工业、有色金属冶炼及压延加

---

① 国家能源局：《2015年风电产业发展情况》，http://www.nea.gov.cn/2016-02/02/c_135066586.htm。

② 国家能源局：《2015年光伏发电行业发展数据统计分析》，http://www.askci.com/news/chanye/2016/02/22/85327xfjw.shtml。

工业、非金属矿物制品业（水泥、玻璃为主）的能源消费占总能源消费的29.3%，占工业能源消费的41.9%；电力消费占总电力消费的23.9%，占工业电力消费的33.0%。

伴随着大规模城市建设与房地产开发高潮的过去，由此带动的黑色金属（钢铁等）、有色金属、非金属矿物（水泥、玻璃等）三大行业增速势必回落。2015年，粗钢产量为8.0亿吨，比2014年下降2.2%，钢材产量下降0.1%，十种有色金属增长6.8%，水泥产量下降5.3%。伴随着中国经济增速的下降与经济结构的调整，中国能源需求总量趋于平稳，能源消费步入“减速换挡期”。

（二）能源结构调整已见成效

随着全球步入工业化和城镇化大发展的时代，世界经济正在经历新的变革。中国经济在长期高速增长之后，需要实现新的能源革命，即实现以清洁、经济、安全为特征的能源生产革命，高能源效率的消费革命，融合互联网+；新材料与分布式应用的能源技术革命，市场更加开放高效的能源体制革命；需要加强国际合作，推动以“一带一路”为代表的国际能源合作。

为此，2014年国务院下发《关于印发〈能源发展战略行动计划（2014~2020年）〉的通知》。2016年国家能源局发布《关于建立可再生能源开发利用目标引导制度的指导意见》①。行动计划提出，到2020年，基本形成比较完善的能源安全保障体系。国内一次能源生产总量达到42亿吨标准煤，能源自给能力保持在85%左右；一次能源消费总量控制在48亿吨标准煤左右，煤炭消费总量控制在42亿吨左右；非化石能源占一次能源消费比重达到15%，天然气比重达到10%以上，

---

① 国家能源局：《关于建立可再生能源开发利用目标引导制度的指导意见》，国能新能〔2016〕54号，http://zfxxgk.nea.gov.cn/auto87/201603/t20160303_2205.htm。

煤炭消费比重控制在62%以内。

“十二五”时期，煤炭消费比重有所下降，清洁能源消费比重提高，能源结构不断优化。各能源品种中，煤炭消费占比从2011年的70.2%下降到2015年的64.0%，石油消费占比从2011年的16.8%增长到2015年的18.1%，天然气消费占比从2011年的4.6%增长到2015年的5.9%，水电、核电、风电消费占比从2011年的8.4%提高到2015年的12.0%（见表2）。

表2　2011～2015年能源消费结构的变化

年份	2011	2012	2013	2014	2015
煤炭消费占比	70.2	68.5	67.4	66.0	64.0
石油消费占比	16.8	17.0	17.1	17.1	18.1
天然气消费占比	4.6	4.8	5.3	5.7	5.9
水电、核电、风电消费占比	8.4	9.7	10.2	11.2	12.0

资料来源：2011～2014年数据来自国家统计局；2015年数据来自http://newenergy.in-en.com/html/newenergy-2259103.shtml。

与能源结构变化对应的另一个方面是不同能源种类消费增速的变换。煤炭产业的消费增速不断下降，由2011年的8.87%下降到2015年的0.04%；天然气和水电、核电、风电却保持快速增长，2011～2015年天然气消费的平均增速为12.14%，2011～2015年水电、核电、风电消费的平均增速为9.05%（见图3）。

随着我国经济进入新常态，经济结构调整和产业升级势在必行，高耗能行业的产能过剩只能通过淘汰落后产能来解决，这势必压缩对煤炭的需求。根据2016年《政府工作报告》的要求，2016年重点抓好钢铁、煤炭等困难行业去产能，坚决淘汰落后产能，有序退出过剩产能。同时，去产能过程中应注意减少对社会的冲击。中央财政安排1000亿元专项奖补资金，重点用于职工分流安置。

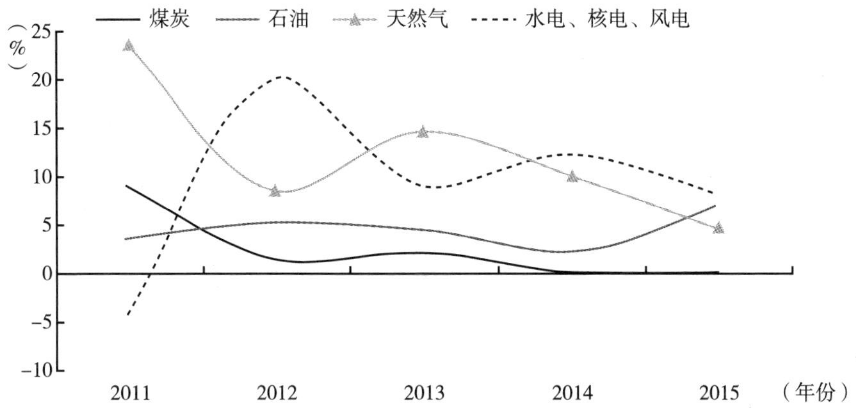

图3　不同能源种类的增速比较

资料来源：国家统计局。

（三）预计2016年能源消费与2015年基本持平

2016年将是中国经济较为困难的一年，经济形势总体上依然并不乐观。在这一大背景下，中国能源供需形势将基本保持平稳。

经历了30多年的高速增长之后，中国经济发展的一些长期制约因素进一步显现。中国经济进入了新常态。中国社会科学院经济形势分析与预测课题组预测2016年经济增速为6.5%，世界银行发布的《全球经济展望》中预测2016年中国经济增速为6.7%，联合国发布的《2016年世界经济形势分析与展望》中预测2016年中国经济增速为6.4%，国际货币基金组织（IMF）发布的《世界经济展望》中2016年中国经济增速将为6.3%，2016年中国《政府工作报告》预计2016年中国经济增速为6.5%~7%（见图4）。

基于中国经济增长的新常态和能源结构的新变化，预计2016年中国能源消费结构将会进一步优化，能源消费接近峰值，能源消费速度进入“零增长”时代，消费总量将与2015年持平。

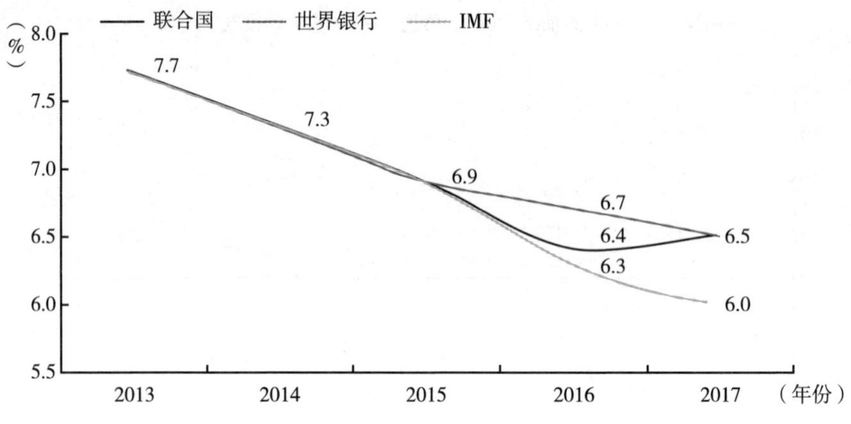

图 4　2016～2017 年中国经济增速预测

资料来源：联合国、世界银行、国际货币基金组织（IMF）。

三　继续推动能源革命

党的十八大以来，国际能源格局发生深刻变化，能源技术创新步伐加快，国内能源供需呈现新的特点，资源环境约束更加突出，推动能源革命成为我国能源发展的战略选择。

（一）正视我国能源需求即将见顶的形势，能源革命应以调结构、增效率、绿色化为主要方向

目前，新常态下的中国经济是一个结构调整的过程。近十年来拉动经济增长贡献最大的城市化和房地产开发，已经接近于完成。2015 年房屋新开工面积 154454 万平方米，比上年下降 14.0%，其中住宅新开工面积下降 14.6%。各种迹象表明，中国大规模的房地产开发已经接近尾声，房地产业面临着很大的去库存压力。与房地产建设有关的高耗能产品的需求也大幅减少。即使中国经济开发了新的增长动力，实现经济的再次高速增长，也不会再出现能源

需求的快速增长。从资源与环境约束来看，中国的能源需求也需要减速。

长期以来，工业在能源消费中占据绝对主导地位，但随着我国经济转型的步伐加快，产业结构正由工业主导向服务业主导转型，消费结构正由物质型消费为主向服务型消费为主转型，贸易结构正由以货物贸易为主向以服务贸易为重点转型，城镇化正由规模城镇化向绿色城镇化转型。尤其是，面对中国经济出现的新问题，中国政府提出供给侧改革的思路，将“去库存、去产能、去杠杆、降成本、补短板”作为“十二五”时期中国经济发展的主线。

能源消费结构将会朝着绿色可再生能源方向发展。“十二五”时期清洁能源消费比重不断上升，中国万元 GDP 能耗不断下降，能源消费结构不断优化，能源消费增速不断下降，能源消费总量也将接近峰值。目前东北地区已经出现了电力过剩的情况，很多地区的火电厂机组利用小时数相比 2014 年都在下降，弃风、弃光现象更为严重。这些都是我国能源尤其是电力已经接近峰值的反映，是一个长期的趋势，而不是短期现象。发达国家在发展进程中也都出现过同样的峰值现象。

在这一大的背景下，新建能源项目应以调结构、清洁化、提升效率和服务水平、提高能源安全保障能力为主，而不能仍然以扩产能为导向。无论是讨论核电还是水电、可再生能源电力，都应建立在这一基础上，在项目论证之初应考虑产能的置换问题。

（二）供给侧结构性改革

推进供给侧结构性改革，实现清洁、高效、安全的能源供给，是我国能源生产革命的核心内容。

由于历史因素，我国形成了以煤炭为主体的能源供给结构。尽管煤炭也能实现一定程度的洁净利用，但是毫无疑问，我国对煤炭的依赖程度过高了，70%左右的份额超过了我国的环境承受能力。近年来，尽管我国加大了发展非煤能源的力度，但是在一次能源生产构成中煤炭的比重依然高达72.1%，能源结构调整具有长期性和艰巨性。

整体而言煤炭环境制约更为严重，加之随着大规模的开采，我国煤炭资源状况正在走向枯竭。2014年我国煤炭储产比仅为30年，与世界110年的平均水平有较大差距。[①] 适度调低煤炭比重仍然是我国现阶段能源结构调整的基本方向。

石油是我国能源安全问题的核心。目前，我国石油对外依存度约为60%。同时，作为典型的化石能源，由石油消费所带来的环境问题也越来越受重视。

天然气将在能源供给侧发挥越来越重要的作用。综合来看，我国天然气利用水平较低，在一次能源消费中的比重仅为5.9%，与《能源发展战略行动计划（2014~2020年）》提出2020年天然气比重超过10%的要求差距较大，“煤改气”任务较为繁重。同时也应注意到，目前我国天然气对外依存度已较高。2015年我国天然气进口584亿立方米[②]，占天然气消费量的30.3%，加强资源勘探和国际能源合作是天然气发展的重要条件。

核电发展存在较大争议。支持者认为核电是解决我国能源及环境问题的必然选择，反对者则更多地从安全性角度表示忧虑。在全球范围关于核电的争论也一直存在，受日本福岛核电站事故的影响，近年来世界核电发展整体处于较低水平。虽然有所增

---

① 《BP世界能源统计年鉴2015》，http：//www.bp.com/content/dam/bp－country/zh_cn/Publications/2015SR/Statistical%20Review%20of%20World%20Energy%202015%20CN%20Final%2020150617.pdf。

② 国家统计局：《能源革命谱新篇 节能降耗见成效——十八大以来我国能源发展状况》，http：//www.stats.gov.cn/tjsj/sjjd/201603/t20160304_1326843.html。

加，但 2014 年核电消费量仍远低于 2010 年。总体上看，核能是现代能源体系中的重要组成部分，应以安全为前提稳步推进核能利用。

风电和太阳能发电虽然与国家计划的 2020 年风电、太阳能发电累计装机容量 3 亿千瓦存在较大差距，但是目前已经遇到了发展瓶颈，弃风、弃光的大量出现反映的是电网消纳能力的欠缺。未来应在智能电网和分布式应用上寻找新的发展思路。

（三）提高能源效率，促进能源消费革命

无论从资源安全角度还是从环境保护角度，积极推进节能降耗始终是能源领域的基本任务。近年来，我国节能效果显著，2015 年单位 GDP 能耗同比下降 5.6%，较 2010 年相比下降 18.3%①，超额完成了“十二五”规划目标。

随着我国经济进入“新常态”，一方面能源消费量增速明显放缓，有利于能源消费总量控制目标的实现；另一方面，近年来，我国能源技术进步成效突出，主要产品单产能耗明显下降，为节能目标的完成做出了重要贡献。但综合来看，我国高耗能产品单产能耗仍高于世界平均水平（见表 3），特别是中小企业能耗水平还有较大提升空间。

就结构节能而言，我国高耗能产业依然保持较高增速。据初步测算，2015 年钢铁、有色金属、建材、石化、电力等六大高耗能行业规模以上增加值同比增长 6.3%，比全部规模以上工业增加值增速高 0.2 个百分点。近期，调整和优化产业结构依然是节能减排的主要着力点。

① 根据统计年鉴及相关数据推算。

表3　2013年中国高耗能产品单产能耗国际比较

电解铝交流能耗(千瓦时/吨)	中国	13740
	国际先进水平	12900
钢可比能耗(千克标准煤/吨)	中国	662
	日本2009年	612
水泥综合能耗(千克标准煤/吨)	中国	125
	日本2010年	119
合成氨综合能耗(千克标准煤/吨)	中国	1532
	美国	990
乙烯综合能耗(千克标准煤/吨)	中国	879
	国际先进水平	629
火电厂发电煤耗(克标准煤/千瓦小时)	中国	302
	日本2012年	294

资料来源：《中国能源统计年鉴2014》。

（四）推动能源体制革命

在经济"新常态"背景下，能源供需关系呈现新的变化，能源需求增速放缓，能源供给压力有所缓解。能源供需关系的变化增加了能源政策回旋余地，为深化能源机制改革创造了条件。2015年3月15日发布的《中共中央、国务院关于进一步深化电力体制改革的若干意见》（中发〔2015〕9号）明确了深化电力体制改革的指导思想和总体目标，提出按照"管住中间，放开两头"的体制框架，推进"三放开、一独立、三加强"的改革。2015年11月26日，国家发展改革委、国家能源局联合印发了《关于推进输配电价改革的实施意见》《关于推进电力市场建设的实施意见》《关于电力交易机构组建和规范运行的实施意见》《关于有序放开发用电计划的实施意见》《关于推进售电侧改革的实施意见》《关于加强和规范燃煤自备电厂监督管理的指导意见》等6个电力体制改革配套文件。"十三五"期间，电力市场化改革将会有实质性进展。

相比而言，油气体制改革步伐较慢。目前，油气体制改革的方案还没有正式出台，油气行业上游探矿和采矿权的开放、油气管网分离的呼声较高，可能成为未来油气资源改革的突破口。2014 年 2 月，国家能源局颁布了《油气管网设施公平开放监管办法（试行）》，这被普遍认为是管网第三方准入前奏。可以预见，打破行业垄断、推动市场竞争将成为“十三五”油气行业的关键词。

（五）能源技术革命

“十二五”期间，我国能源技术创新成效显著，具有自主知识产权的三代核电技术和具有四代安全特征的高温气冷堆核电技术研发成功，页岩气开发核心技术取得突破，新能源汽车关键技术研制也有所进展。

能源行业对技术发展具有较强依赖性，技术革命与能源领域发展密切相关。BP 公司在其最新一期能源技术展望中[①]，从三个方面概括了能源技术发展：在能源资源可得性和降低成本方面技术潜力巨大；在生产、供应和使用方面，数据技术的潜力最为突出；低碳领域技术发展空间巨大。国际能源署（IEA）2015 年能源技术展望则更加强调能源低碳化发展，突出能源技术在全球气候变化减缓中的作用。[②]

目前，新一轮技术革命方兴未艾，新技术不断涌现，技术融合趋势更加明显，能源领域也将迎来新的变革。能源技术革命既涉及传统能源领域，如页岩油气开发、深海等极限条件油气开发等，也包括新的应用模式与生产模式，如互联网 + 能源、能源新材料与分布式应用

① http：//www. bp. com/content/dam/bp - country/zh _ cn/Publications/2015Technologyoutlook/BP%20technology%20outlook%20summary%20report%20final%20version. pdf.

② http：//www. iea. org/publications/freepublications/publication/EnergyTechnologyPerspectives2015ExecutiveSummaryChineseversion. pdf.

等。能源技术革命需要有鼓励创新的市场环境与监管环境的支撑。

日前，国家发改委、能源局、工信部联合发布《关于推进“互联网+”智慧能源发展的指导意见》，拉开了我国能源互联网建设的序幕，“十三五”期间能源与信息技术融合将全面提速，能源领域迎来新的发展阶段。

四　主要政策建议

综合以上分析，本报告提出以下政策建议。

（一）“减煤”与煤炭清洁化利用并重

面对日益趋紧的环境约束，针对我国能源结构煤炭偏重的特点，将逐步降低煤炭比重作为现阶段优化我国能源结构的主要内容。严格控制煤炭总量，对于新上用煤项目严格审批制度，坚决杜绝环保不达标的新增项目，最大限度地减少煤炭消费增量；因地制宜，根据不同区域特点稳步推进天然气对煤炭替代，鼓励有条件的企业采用清洁能源，合理规划北方地区冬季取暖能源改造，逐步提高天然气在冬季采暖中的比重；在煤炭价格处于低位运行、煤炭行业经营欠佳的背景下，鼓励煤炭企业兼并重组，优化煤炭产业结构，提高煤炭行业产业集中度，完善行业退出机制，适度降低煤炭产能。

结合我国的经济发展阶段、资源特点与电源结构，建议把我国2020～2025年的减煤目标定为总能源需求的50%～55%，电力供应的60%～65%，建议2030～2035年目标定为总能源需求的40%，总电力供应的50%～55%。

与此同时，也要充分认识煤炭在保障我国能源安全中的重要地位，积极开展煤炭清洁化利用。煤炭清洁高效利用是“十三五”时期国家战略重大项目，加强煤炭清洁高效利用关键技术的研发，提高煤炭清洁利用的经济性，建立煤炭清洁化利用示范基地，鼓励有条件的企业采用煤炭清洁技术，为我国煤炭利用探索方向，增强我国能源安全的技术储备。

（二）继续大力推进节能减排

节能减排是一项长期性工作，尽管目前我国节能压力有所缓解，但节能形势依然不容乐观，全力推进节能减排仍是我国能源工作的重要任务。目前，我国正在推进供给侧结构性改革，为节能减排创造了良好的外部环境。

积极将节能减排融入供给侧结构性改革，发挥节能减排在“去产能”和调结构中的引领作用。开展与国际先进能耗指标的对标工作，完善行业能耗与环境标准，逐步提高产业能耗指标，严格能源和环境标准，加强能源监督和审计，坚决淘汰能耗高、环境污染严重的落后产能，强化节能减排与“去产能”的联动机制，将节能减排作为“去产能”的主要着力点。制订和完善节能减排规划，制定合理的节能减排目标和路线图，为我国供给侧结构性改革提供依据。

继续加强节能减排关键技术的研发，加大先进节能减排技术的推广应用，积极开展低碳技术研究，健全节能产业政策，完善节能减排服务体系，推动节能减排服务产业发展，加大节能减排宣传力度，将节能减排理念贯穿到经济社会生活的各个方面。

（三）推动能源技术革命，促进产业升级

目前，能源技术革命初现端倪，信息技术与能源技术融合发展趋势越发明显。“十三五”期间，能源技术革命将进入加速发展阶段，把握技术发展趋势，积极谋划能源升级对于我国未来能源发展具有重要意义。

加大能源领域重大技术、核心技术的研发，特别是对代表未来能

源发展趋势的清洁化、低碳化、智能化能源技术研发给予重点支持，掌握能源技术革命的主动权。积极推进能源技术的产业化应用，完善能源技术创新和推广机制，根据能源技术的特点建立多层次技术服务体系，推动能源产业发展。推动传统能源清洁高效利用，加强碳捕集与储存技术的开发应用，促进常规能源产业升级。积极推进清洁能源技术发展，着力提高清洁能源的安全性和经济性。高度重视信息技术在能源领域的应用，落实能源互联网建设规划，为新一轮能源技术革命的发展谋篇布局。

（四）推动油气和电力市场化改革

能源市场虽然具有一定的自然垄断属性，但是如果放任垄断，势必会降低能源服务水平，增加能源服务成本，同时阻断这一领域的市场创新、技术创新。

能源市场开放共享的关键在于传输体系的独立，传输体系处于能源供应链的中游，无论是被上游企业控制还是被下游企业控制，整个市场也就被垄断或者接近被垄断了。具体来说，就是油气管网和电力输送网络。

在油气市场，目前开放共享条件比较成熟的是天然气领域。随着我国能源实现从煤炭向其他清洁能源的转型，对天然气的需求从长期来看会有很大的增长。目前我国天然气网络只有主干网络，尚未形成全方位的网络，在建设之初，如果能把天然气网络独立出来，将有助于天然气市场的快速发展，同时成为当前的一个有效的投资领域，对于推动我国经济升级、解决当前有效投资不足等问题都有帮助。

在 2015 年电改文件发布之后，电力市场改革已经启动。电改的关键仍然是自由接入，在上游发电领域和下游售电领域形成竞争局面。在上游发电领域，未来应该考虑实施更严的环境保护标准，让环境因素能够体现在电厂的卖电价格和成本之中，这样才会起到鼓励清洁电力的作用。

在电力用户侧，应该创造条件让用户能够在不同供给方之间做出选择，既可以独立购电，也可以独立发电，更要创造条件让分布式的可再生能源电力接入用户。一个末端的创新，比如智能电表，让家庭自备的光伏发电可以冲抵电表计量。目前虽然可以在电网企业批准后实现加装，但是这远远不够，未来应该做到让用户自由选择。

（五）调整企业投融资策略

2016 年是我国去产能、调结构的关键之年，能源发展方式要从粗放式发展向提质增效转变。而金融作为实体经济发展的有力支撑，也面临着健康发展和改革创新的双重挑战。政府、能源企业、金融监管机构，都应主动适应经济新常态，实施创新驱动发展。

其一，建议政府和金融监管机构联合建立可再生能源产业发展的预警机制，对于项目的审批、建设、投产等情况发布及时、完整、准确的信息，引导各级政府合理规划，从而有利于投资者做出科学的投资预期，避免在新能源领域出现新一轮的产能过剩。

其二，建议政府、金融机构、第三方机构与协会、核心企业等联合推进可再生能源项目信用体系建设，以推动可再生能源领域的金融创新。

其三，支持绿色金融创新，支持中小型可再生能源企业发展。2015 年 12 月 31 日，国家发展改革委印发了《绿色债券发行指引》，明确指出建立绿色金融体系，发展绿色证券，将优先对包括风电、光伏在内的可再生能源予以支持。2016 年 2 月 24 日，国家发改委、国家能源局和工信部联合发布《关于推进“互联网 +”智慧能源发展的指导意见》，提出依靠金融创新探索企业和项目融资、收益分配和风险补偿机制，降低能源互联网发展准入门槛和风险。支持符合条件的能源互联网项目实施主体通过发行债券、股权交易、众筹、PPP 等

方式进行融资。积极发挥基金、融资租赁、担保等金融机构优势，引导更多的社会资本投向能源互联网产业。

其四，进一步发挥政策性金融的先导作用，支持可再生能源企业的基础建设和技术创新及成果市场化。由于新能源产业普遍具有资金和技术密集的特点，且投资周期长、风险不可确定，难以满足商业信贷的审批条件。因此，建议国家开发银行等积极发挥政策性金融的作用，对于大型国有能源类项目，适当降低商业贷款利率，延长贷款期限。

（六）推动“一带一路”建设，建立亚洲能源合作机制

共建“丝绸之路经济带”和“21 世纪海上丝绸之路”的“一带一路”倡议的提出对于消除区域差异、推动多层次国际合作具有重要意义。2015 年 3 月，国家发改委、外交部和商务部联合发布了《推动共建丝绸之路经济带和 21 世纪海上丝绸之路的愿景与行动》，对“一带一路”建设的原则及思路进行了阐述。

“一带一路”与我国陆路和海路能源进口通道相吻合，“加强能源基础设施互联互通合作，共同维护输油、输气管道等运输通道安全，推进跨境电力与输电通道建设，积极开展区域电网升级改造合作”，是“一带一路”建设的合作重点。以“一带一路”战略为引领，我国能源国际合作稳步推进。目前，中国石油在“一带一路”沿线 19 个国家运行 50 余个油气合作项目，中国石化在“一带一路”沿线 11 个国家运行 20 余个油气合作项目，中国海油在“一带一路”沿线 5 个国家运行 8 个油气合作项目。[①] 2015 年 6 月中俄东线天然气管道中国境内段正式开工，我国四大油气通道建设又向前推进一步。

① 陆如泉等：《全力打造“一带一路”油气合作 2.0 版本》，《国际石油经济》2015 年第 11 期。

但是，“一带一路”能源合作的深度和广度依然有待提高，区域能源市场建设、电力通道及电网跨境合作、新能源开发合作发展相对缓慢。同时，我们也要注意防范“一带一路”项目中的各种风险。中国能源企业在进行对外投资之前，应当充分了解当地的法律环境、经济环境和文化环境。

B.10
2016年中国区域经济发展态势及政策取向

魏后凯　赵 勇*

摘　要： 2015年，中国区域经济增速普遍下滑，投资增速继续放缓，出口降幅加大，利润下降幅度极大，但各地增长波动和分化特征明显，尤其是东北地区经济面临较大困难。2016年，中国区域经济增长仍将面临较大的下行压力，区域增长分化将得到一定缓解，但一些资源型地区和东北老工业基地稳增长、调结构的任务繁重。为此，中央区域政策应从稳定经济增速、降低区域系统性风险、寻求新的增长动力、优化区域结构等方面入手。一是加大区域稳增长力度，遏制经济增速下滑趋势；二是采取综合的政策措施，加大对问题区域的扶助力度；三是强化区域创新体系建设，加快转型升级步伐；四是大力推进区域合作与一体化进程。

关键词： 区域经济　稳增长　区域创新体系　区域合作

自2011年以来，中国经济发展出现阶段性转变，逐渐进入新常态发展阶段，经济增速总体呈现“下台阶”趋势，由过去的高速增长向

* 魏后凯，中国社会科学院农村发展研究所所长，研究员，博士生导师；赵勇，中国社会科学院城市发展与环境研究所博士后，副教授。

中高速增长转变，经济增长的动力、经济结构也出现明显变化。2015年，中国区域经济增长整体下行趋势更加明显，尽管新“三大区域战略”以及诸多区域政策的实施，为区域经济增长增添了新的动力，但受国际经济形势和宏观经济影响，区域经济表现乏善可陈，尤其是东北地区经济发展面临着较大的困难和挑战。2016 年，受发展阶段性趋势的影响，区域经济增速难有明显的回升，但区域经济增长分化将得到一定的缓解，中国经济增长仍将呈现多元化的区域格局。为此，需要分类型区域，制定实施差异化的区域政策，有效遏制区域经济增速下滑的趋势，并通过加快区域创新体系建设、大力推进区域合作、全面深化改革等措施，稳定和刺激各地区经济增长，全面提高区域经济发展质量。

一　2015年区域经济发展的基本态势

自 2011 年以来，中国经济发展进入增速换挡期，全国 GDP 增速不断下降，从 2011 年的 9.5% 下降到 2014 年的 7.4%，2015 年进一步放缓。按照国家统计局初步核算结果，2015 年全年国内生产总值 676708 亿元，按可比价格计算，比上年增长 6.9%。分季度看，第一季度同比增长 7.0%，第二季度增长 7.0%，第三季度增长 6.9%，第四季度增长 6.8%，呈现逐季下行的趋势。全年固定资产投资 562000 亿元，比上年名义增长 9.8%，扣除价格因素实际增长 11.8%，实际增速比上年回落 2.9 个百分点。全年房地产开发投资 95979 亿元，比上年名义增长 1.0%（扣除价格因素实际增长 2.8%），其中住宅投资增长 0.4%。全年进出口总额 245741 亿元，比上年下降 7.0%。其中，出口 141255 亿元，下降 1.8%；进口 104485 亿元，下降 13.2%。

（一）经济增速普遍下降，东北地区失速较为明显

从区域经济整体来看，受宏观经济增速下行的影响，中国四大区

域经济增速也呈现下行态势。2015 年，四大区域经济增速整体上均呈现迅速下降态势。其中，东部地区生产总值（GRP）增速由 2011 年的 10.5% 下降到 2013 年的 9.1%，2015 年进一步下降到 8.0%。中部地区在 2013 年以前保持了两位数的高速增长，2013 年后 GRP 增速不断下滑，由 2013 年的 9.7% 下降到 2014 年的 8.9%，2015 年进一步下降到 8.2%。西部地区 2014 年以前 GRP 增速均超过 10%，2014 年回落到 9.1%，2015 年进一步下降到 8.6%。东北地区呈现更加明显的下行态势，自 2011 年以来 GRP 增速就一直在迅速下滑，2013 年下降到 8.4%，2014 年又下降到 5.9%，2015 年进一步下降到 4.5%（见表 1）。

表 1　2011～2015 年四大区域 GRP 增速变化

单位：%

年份	2011	2012	2013	2014	2015
东部地区	10.5	9.3	9.1	8.1	8.0
中部地区	12.8	11.0	9.7	8.9	8.2
西部地区	14.0	12.5	10.7	9.1	8.6
东北地区	12.6	10.2	8.4	5.9	4.5
各地区平均	11.8	10.3	9.5	8.3	7.9

资料来源：根据《中国统计年鉴》（各年）以及各省、自治区、直辖市统计局网站公布数据计算。

按 31 个省、自治区、直辖市公布的数据推算，2015 年全国各地区 GRP 平均增速为 7.9%，比国家统计局公布的 GDP 增速高 1 个百分点。从四大区域来看，除东北地区经济增速低于全国各地区平均水平外，东部地区、中部地区和西部地区均高于全国平均水平，整体上仍然呈现中高速增长态势。但是，东北地区经济增速下降幅度较大，2015 年达到 1.4 个百分点。东部地区增速下降幅度较小，仅有 0.1 个百分点。中部地区和西部地区分别下降了 0.7 个、0.5 个百分点。

在国家实施的三大战略中，京津冀地区因河北的结构性调整，GRP增速略低于全国平均水平，2015年仅有7.4%，而长江经济带则达到8.5%，呈现良好的增长势头。

（二）固定资产投资增速继续放缓，东北地区呈现断崖式下滑

从全社会固定资产投资来看，区域分化现象更为明显。2015年，中部地区全社会固定资产投资增速达到15.2%，在四大区域中排名第一，快于东部地区2.8个百分点，快于全国平均水平5.4个百分点。2015年，东部和中部地区全社会固定资产投资增速高于全国平均水平，而西部和东北地区则低于全国平均水平，特别是东北地区固定资产投资增速为负，为-11.1%（见表2）。其中，2015年辽宁固定资产投资增速为-27.8%，排名倒数第一；黑龙江固定资产投资增速为3.6%，排名倒数第三。值得注意的是，西部地区贵州、西藏、云南、重庆固定资产投资增速均排名靠前（见表3）。在四大区域中，2015年东北和西部地区投资增速回落的幅度较大，分别回落13.8个和8.5个百分点，远高于中部和东部地区。再从房地产投资来看，同样呈现区域分化态势，2015年东部、中部和西部地区增速分别为4.3%、4.4%和1.3%，东北地区则迅速下降为-28.5%。

表2　2015年四大区域全社会固定资产和房地产投资情况

	全社会固定资产投资			房地产固定资产投资	
	总额（亿元）	增速（%）	增速回落（百分点）	总额（亿元）	增速（%）
全　国	562000	9.8	-5.5	95978.9	1.0
东部地区	232107	12.4	-3.0	49672.7	4.3
中部地区	143118	15.2	-2.4	19121.7	4.4
西部地区	140416	8.7	-8.5	21709.4	1.3
东北地区	40806	-11.1	-13.8	5475.0	-28.5

资料来源：2014年、2015年全国统计公报和中国经济信息网统计数据库。

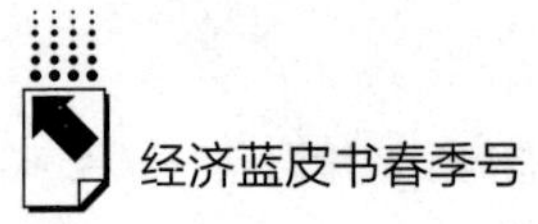

表3　2015年各地区固定资产投资增长情况

单位：亿元，%

地区	总额	总额排名	同比增长	增长排名	地区	总额	总额排名	同比增长	增长排名
全国	551590.00	–	10.0	–	重庆	14208.15	16	17.0	7
山东	47381.46	1	13.9	13	山西	13744.59	17	14.8	12
江苏	45905.17	2	10.5	22	内蒙古	13529.15	18	0.1	30
河南	34951.28	3	16.5	8	云南	13069.39	19	18.0	4
广东	29950.48	4	15.9	11	吉林	12508.59	20	12.6	16
河北	28905.74	5	10.6	21	天津	11814.57	21	12.6	16
浙江	26664.72	6	13.2	14	贵州	10676.70	22	21.6	1
湖北	26086.42	7	16.2	9	新疆	10525.42	23	10.1	25
四川	24965.56	8	10.2	24	黑龙江	9884.28	24	3.6	29
湖南	24324.17	9	18.2	3	甘肃	8626.60	25	11.2	19
安徽	23803.93	10	12.0	18	北京	7446.02	26	8.3	26
福建	20973.98	11	17.4	6	上海	6349.39	27	5.6	28
陕西	18231.03	12	8.3	26	宁夏	3426.42	28	10.7	20
辽宁	17640.37	13	-27.8	31	海南	3355.40	29	10.4	23
江西	16993.90	14	16.0	10	青海	3144.17	30	12.7	15
广西	15654.95	15	17.8	5	西藏	1295.68	31	21.2	2

注：投资数据不含农户。

资料来源：国家统计局。

（三）出口降幅加大，东北和西部地区尤为突出

2015年，全国进出口总额和出口总额均由上年的小幅增长转变为下降，进口总额下降的幅度进一步加大。受这种下行趋势的影响，除中部地区进出口总额有一定增长外，东部地区、西部地区和东北地区均出现不同程度的下降，尤其是西部地区和东北地区增速降幅较大，分别达到-15.8%和-21.1%（见表4）。在四大区域中，东部

地区进出口增速下降幅度低于全国0.4个百分点，西部地区下降幅度高于全国7.8个百分点，东北地区下降幅度高于全国13.1个百分点。各地区出口和进口的增长格局基本一致，只是进口增速更低或者下降幅度更大。值得注意的是，中部地区在外贸形势较差的大背景下，全年进出口总额逆势增加，增长速度达到5.6%，其中出口增长8.3%。分省份来看，西藏、黑龙江、新疆、重庆、吉林、四川6个省份的进出口总额增速同比下降超过20%，仅有贵州、河南、湖北、陕西、江西、湖南、广西7个省份的进出口增速为正（见表5）。西藏的情况比较特殊，2015年其进口增速居全国首位，而出口增速居全国末位。

表4　2015年四大区域进出口总额及增速

	进出口		出口		进口	
	金额（亿美元）	同比增长（%）	金额（亿美元）	同比增长（%）	金额（亿美元）	同比增长（%）
全　国	39569	-8.0	22749.5	-2.9	16819.5	-14.2
东部地区	33024.9	-7.6	19134.4	-2.3	13890.4	-14.0
中部地区	2518.0	5.6	1612.4	8.3	905.7	1.0
西部地区	2591.7	-15.8	1374.5	-14.6	1217.1	-17.0
东北地区	1434.6	-21.1	628.2	-15.2	806.4	-25.2

注：本表数据按境内目的地/货源地统计。

资料来源：商务部网站。

表5　2015年各地区进出口总额增长情况

	进出口			出口			进口		
	金额（亿美元）	同比（%）	增长排序	金额（亿美元）	同比（%）	增长排序	金额（亿美元）	同比（%）	增长排序
全　国	39569.0	-8.0		22749.5	-2.9		16819.5	-14.2	
贵　州	78.3	52.4	1	54.5	52.2	1	23.8	52.7	2
河　南	770.1	12.5	2	457.8	7.6	7	312.3	20.4	3
湖　北	446.1	9.2	3	271.0	13.0	3	175.1	3.8	5

续表

	进出口			出口			进口		
	金额（亿美元）	同比（%）	增长排序	金额（亿美元）	同比（%）	增长排序	金额（亿美元）	同比（%）	增长排序
陕　西	298.8	7.9	4	146.2	3.4	10	152.6	12.6	4
江　西	407.1	4.1	5	301.4	11.3	5	105.7	-12.1	14
湖　南	293.3	3.7	6	190.9	11.7	4	102.5	-8.6	8
广　西	464.0	3.4	7	141.4	8.4	6	322.6	1.3	6
安　徽	426.2	-1.4	8	276.6	4.3	8	149.6	-10.4	11
云　南	190.2	-4.5	9	106.7	1.5	12	83.5	-11.1	12
江　苏	5810.4	-4.6	10	3488.6	-0.5	14	2321.7	-10.2	10
青　海	5.9	-4.8	11	3.7	16.1	2	2.2	-26.3	25
浙　江	3595.7	-4.9	12	2832.3	0.8	13	763.4	-21.4	21
山　西	175.2	-5.4	13	114.7	-1.2	15	60.5	-12.4	15
广　东	11658.6	-6.1	14	7308.2	-1.9	16	4350.5	-12.4	16
上　海	4230.0	-6.5	15	1787.1	-6.9	21	2442.9	-6.3	7
海　南	155.1	-8.4	16	42.7	2.0	11	112.4	-11.8	13
北　京	1307.9	-8.6	17	290.1	-8.4	24	1017.8	-8.7	9
内蒙古	139.2	-9.0	18	61.4	-4.1	19	77.8	-12.5	17
福　建	1479.2	-10.1	19	939.7	-3.7	18	539.5	-19.4	18
宁　夏	34.4	-14.2	20	23.8	-10.7	25	10.6	-21.3	20
辽　宁	1071.2	-14.6	21	511.2	-8.2	23	560.0	-19.7	19
山　东	2795.4	-14.9	23	1485.3	-4.2	20	1310.1	-24.5	24
河　北	802.0	-14.9	22	476.6	-3.0	17	325.3	-27.9	26
甘　肃	44.1	-16.4	24	21.6	3.9	9	22.4	-29.6	27
天　津	1190.6	-17.6	25	483.8	-7.0	22	706.8	-23.5	22
四　川	472.2	-22.9	26	285.2	-22.3	27	187.0	-23.8	23
吉　林	200.3	-25.9	27	53.9	-13.7	26	146.4	-29.6	28
重　庆	587.2	-28.9	28	399.4	-23.0	28	187.8	-38.7	30
新　疆	270.7	-30.4	29	125.3	-28.6	29	145.4	-31.8	29
黑龙江	163.1	-44.6	30	63.1	-48.1	30	100.0	-42.1	31
西　藏	6.7	-68.8	31	5.3	-74.3	31	1.4	56.5	1

注：数据按境内目的地/货源地统计。

资料来源：商务部网站。

（四）区域经济效益下降趋缓，利润下降幅度极大

受经济增速放缓、产能过剩以及结构失衡等因素的影响，各地工业供需矛盾非常突出。从四大区域来看，区域工业经济效益下降趋势放缓。从应收账款指标来看，尽管2015年四大区域应收账款继续增加，但四大区域应收账款增速均显著放缓。其中，东部地区应收账款增速由2014年的69.0%下降到7.6%，中部地区由105.1%下降到14.1%，西部地区由174.1%下降为10.5%，东北地区由17.9%下降为4.2%（见表6）。从利润指标来看，区域分化较为明显。东部和东北地区工业企业利润增速出现大幅下滑，而中部和西部地区利润增速均有不同程度的回升。其中，东部地区由2014年的56.6%下降到2015年的4.4%，东北地区则由-5.3%迅速下滑到-33.3%；中部地区由2014年的-22.8%上升为2015年的1.6%，西部地区则由-22.0%上升为-13.2%。分省份看，2015年全国有10个省份工业企业利润总额下降幅度超过了15%，其中甘肃为-132.1%，山西为-131.9%，黑龙江为-58.5%，新疆为-50.2%，西藏为-49.2%，辽宁为-38.1%，青海为-36.1%，内蒙古为-23.8%，陕西为-21.8%，吉林为-16.4%。

表6　2014～2015年四大区域工业企业经济效益变化情况

地区	工业企业应收账款				工业企业利润			
	金额(亿元)		增速(%)		金额(亿元)		增速(%)	
	2014年	2015年	2014年	2015年	2014年	2015年	2014年	2015年
东部地区	70260.7	75568.0	69.0	7.6	33291.1	34739.3	56.6	4.4
中部地区	17688.5	20173.9	105.1	14.1	10627.3	10796.8	-22.8	1.6
西部地区	14502.7	16020.9	174.1	10.5	8212.3	7130.6	-22.0	-13.2
东北地区	6442.8	6714.9	17.9	4.2	4077.3	2720.1	-5.3	-33.3

资料来源：中国经济信息网统计数据库。

（五）分省份经济增长波动和分化特征明显

从GRP总量来看，2015年全国31省、自治区、直辖市中，总量在3万亿元以上的有广东、江苏、山东、浙江、河南、四川6个省份，其中广东、江苏两省GRP总量首次迈入7万亿元大关。总量在万亿元以上的共有25个省份，较2014年增加一个。未能迈入“万亿元俱乐部”的还有6个省份，分别为新疆、甘肃、海南、宁夏、青海、西藏。2015年，全国有13个省份的经济总量位次出现变动。其中，前十名中有一半的位次发生改变。广东2015年地区生产总值达7.28万亿元，自1989年以来连续27年稳居全国各省份第一；江苏2015年地区生产总值增长8.5%，经济总量仅次于广东省，稳居全国第二位，江苏和广东的差距逐步缩小。山东2015年实现地区生产总值63002.3亿元，跻身“6万亿元俱乐部”（见表7）。从经济增速来看，2015年重庆、西藏、贵州的GRP增速均在10%以上，呈现两位数的高速增长态势；天津、江西、福建、湖北、新疆、云南、安徽和湖南也均在8.5%以上；而辽宁、山西、黑龙江、吉林、河北、北京、上海则不到7%，过去曾经引领全国经济增长的内蒙古也只有7.7%。除北京、上海外，这些低增长地区大都属于资源型地区和老工业基地，且在四大区域中均有分布。值得注意的是，东北三省经济增长呈现整体低迷的态势，稳定和刺激增长的压力较大。

表7　2015年各省份地区生产总值及其增长情况

单位：亿元，%

地区	总额	总额排名	增长率	增长排名	地区	总额	总额排名	增长率	增长排名
全国	676708	–	6.9	–	内蒙古	18032.79	16	7.7	25
广东	72812.55	1	8	17	广西	16803.12	17	8.1	15
江苏	70116.4	2	8.5	12	江西	16723.8	18	9.1	5

续表

地区	总额	总额排名	增长率	增长排名	地区	总额	总额排名	增长率	增长排名
山东	63002.3	3	8	17	天　津	16538.19	19	9.3	4
浙江	42886.5	4	8	17	重　庆	15719.72	20	11	1
河南	37010.25	5	8.3	13	黑龙江	15083.7	21	5.7	29
四川	30103.1	6	7.9	22	吉　林	14274.11	22	6.5	28
河北	29806.1	7	6.8	27	云　南	13717.88	23	8.7	9
湖北	29550.19	8	8.9	7	山　西	12802.58	24	3.1	30
湖南	29047.2	9	8.6	11	贵　州	10502.56	25	10.7	3
辽宁	28743	10	3	31	新　疆	9324.8	26	8.8	8
福建	25979.82	11	9	6	甘　肃	6790.32	27	8.1	15
上海	24964.99	12	6.9	25	海　南	3702.8	28	7.8	23
北京	22968.6	13	6.9	25	宁　夏	2911.77	29	8	17
安徽	22005.6	14	8.7	9	青　海	2417.05	30	8.2	14
陕西	18171.86	15	8	17	西　藏	1026.39	31	11	2

资料来源：各省（自治区、直辖市）统计局网站。

二　2015年区域经济增长格局主要特征

2015 年，中国区域经济增长格局大致呈现以下几个特征。

（一）各地经济增速呈小幅下滑趋势

从经济增速来看，在全国 31 个省、自治区、直辖市中，2014 年 GRP 增速在 8.5% 及以上的省份有 19 个，在 10% 及以上的省份有 5 个；而 2015 年 GRP 增速在 8.5% 及以上的省份只有 12 个，在 10% 及以上的省份只有 3 个，分别为重庆、西藏、贵州。辽宁、山西、黑龙江、吉林、河北5省2015年GRP增速则在6.8%及以下，远低于当年7.9%的全国各地区平均增速。与2014年相比，2015年全国有22个省份GRP增速出现下滑，平均下滑0.80个百分点；宁夏和吉林2个省份GRP增速保持不变；而GRP增速出现回升的省份只有7个，包括云南、浙江、河北、广东、西藏、黑龙江和重庆，平均仅回升0.27个百分点（见图1）。由此可见，在全国宏观经济下行背景下，2015年各地区经济增速大多呈现小幅下滑的趋势。

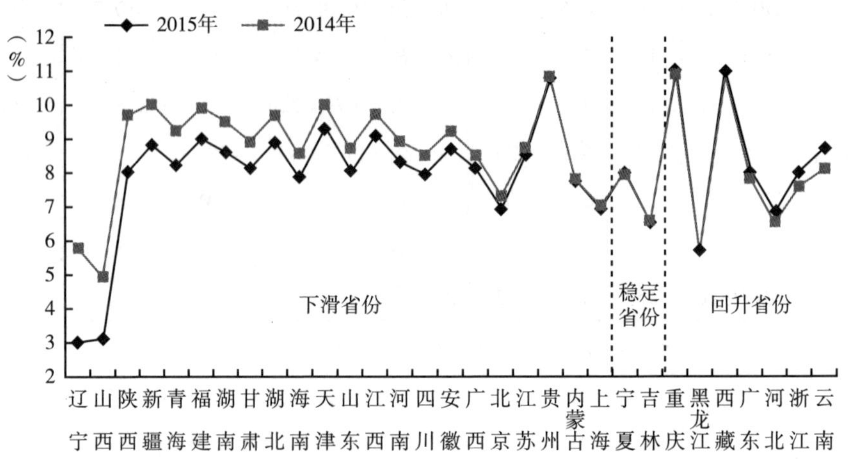

图1 2014~2015年各地区GRP增长速度变化

资料来源：根据《中国统计摘要（2015）》和各省份统计局网站数据绘制。

（二）东部多数地区经济增长企稳，转型升级步伐加快

2008年以来，受国际市场需求变化的影响，东部地区经济发展受到较大冲击。尤其是，随着劳动力、土地等要素成本的快速上升以及环境保护约束的加强，东部地区传统产业的市场竞争力趋于下降，过去支撑高速增长的低成本竞争优势难以维持，广东、浙江等省份经

济增速出现大幅下滑。经过近年来的转型升级历练，东部地区经济增长已经基本企稳，一些省份开始呈现较高的增长速度。2015 年，广东、江苏、山东、浙江、福建、天津的 GRP 增速分别达到 8.0%、8.5%、8.0%、8.0%、9.0%、9.3%，均高于全国各地区的平均增速。尤其是天津、福建、江苏，其工业增加值增速分别达到了 9.3%、8.7%和8.3%。需要指出的是，广东和浙江两省的经济增速均好于2014 年，呈现逐步回升的态势。2015 年，广东 GRP 增速达到 8%，高于 2014 年的 7.8%；浙江 GRP 增速为 8%，也高于 2014 年 7.6%的增速。同时，深圳等城市在创新发展方面已经取得了积极成效，呈现转型升级加快的趋势。

（三）落后地区经济增长加快，中西部呈现较好的增长势头

西南地区尤其是重庆，在全国经济增长低迷的情况下，一直保持着两位数的 GRP 增速，2015 年的增速还比2014 年略有加快。贵州等一向较为落后的地区，近年来工业化和城镇化突然加速，在发展基数较低的条件下，增长速度尤为令人瞩目。中部地区的江西、湖北、安徽、湖南和河南，至今仍处在快速工业化和城镇化阶段，2015 年继续保持了 8% 以上的较高速度。重庆和西藏 2015 年经济增速均为 11%，排名全国第一，均比 2014 年的 10.9%、10.8% 加快。重庆 2015 年经济总量超过了黑龙江，陕西、贵州、江西分别超过了内蒙古、新疆、天津，广西则超过了天津和江西。在整个中西部地区，西南地区的表现相当耀眼，重庆、西藏、贵州 GRP 增速位居全国前三位，均在 10.5% 以上。中部地区的湖南、湖北、安徽、江西四省，增速介于 8.6% ~9.1% 之间，处于第二梯队。事实上，这些地区经济的快速增长是与其工业的良好表现紧密联系在一起的。2015 年，西藏工业增加值增速达 14.6%，重庆达 10.8%，贵州、江西、安徽、河南、湖北等也在 8% 以上（见表 8）。

表 8　2015 年各省份规模以上工业增加值增速

地区	总额（亿元）	增长（%）	增长排名	地区	总额（亿元）	增长（%）	增长排名
全　国	—	6.1		青　海	—	7.6	16
西　藏	—	14.6	1	山　东	—	7.5	17
重　庆	—	10.8	2	广　东	30313.61	7.2	18
贵　州	3550.13	9.9	3	陕　西	7083.57	7	19
天　津	—	9.3	4	甘　肃	1662	6.8	20
江　西	7268.9	9.2	5	云　南	3623.08	6.7	21
福　建	10621.33	8.7	6	吉　林	6054.63	5.3	22
内蒙古	—	8.6	7	新　疆	2500.1	5.2	23
安　徽	9817.1	8.6	7	海　南	448.95	5.1	24
河　南	—	8.6	7	河　北	11244.7	4.4	25
湖　北	—	8.6	7	浙　江	13193.35	4.4	25
江　苏	—	8.3	11	北　京	—	1	27
广　西	—	7.9	12	黑龙江	—	0.4	28
四　川	—	7.9	12	上　海	—	0.2	29
湖　南	—	7.8	14	山　西	—	-2.8	30
宁　夏	972.2	7.8	14	辽　宁	—	-4.8	31

资料来源：各省（自治区、直辖市）统计局网站。

（四）资源型地区和老工业基地面临较大困难

国际市场需求不足和全国经济增长低迷，导致大宗商品价格一蹶不振，严重的产能过剩造成煤炭、钢铁等能源重化工行业普遍亏损，以能源重化工为主的资源型地区和老工业基地因而遭受到严重冲击，经济增速明显下滑。这种冲击对工业的影响尤为明显。2015 年辽宁规模以上工业增加值增速为 -4.8%，山西为 -2.8%，分别位列全国倒数第一、第二；黑龙江和河北紧随其后，规模以上工业增加值增速分别只有0.4%、4.4%。[①] 黑龙江的石油产量每年下降100多万吨，河北、辽宁的钢铁等产能下降，都直接影响了地区经济增长。山西及辽宁的经济增速再次放缓，其中山西2014年GRP同比增长4.9%，排名倒数第一，2015年进一步下滑至3.1%；辽宁2014年GRP增速为5.8%，2015年进一步降低到3%，创下23年以来的最低值，增速排在全国倒数第一位，比山西省还低0.1个百分点。特别是从名义增速来看，2015年黑龙江、吉林和辽宁的GRP增长率分别为-0.29%、3.41%和0.26%，已近乎“硬着陆”。山西、新疆、甘肃等西部省份的名义GDP增长率也分别只有0.32%、0.55%、-0.66%。

三 2016年区域经济增长态势分析

从国际环境看，2016年世界经济仍将延续温和低速增长态势，经济活动复苏将更为缓慢。2016年1月19日，国际货币基金组织（IMF）发布了世界经济展望最新预测。针对巴西、中东、美国等经济回升缓慢，该报告把2016年和2017年全球经济增长率预测均下调了0.2个百分点。IMF报告指出，2015年全球经济增长3.1%，经济活动依旧疲弱；预计2016年和2017年全球经济增速分别为3.4%和3.6%。其中，发达经济体2016年增长率将上升0.2个百分点，升至2.1%，2017年将稳定在这一水平；新兴市场和发展中经济体将从2015年的4%上升到2016年的4.3%和2017年的4.7%（国际货币基金组织，2016）。同时，全球贸易也将难有较大改观。2012年之前的30多年，世界经济每增长1个百分点，世界贸易量就会增长1.7个百分点。但2012年以来，贸易量仅增长1个百分点，短期内这一

① 北京、上海等地工业增速较低，主要与其所处的发展阶段有关。

趋势还将难以改变（祝宝良，2015）。

从国内环境看，随着中国经济增长阶段的转换以及供给侧结构性改革力度的加大，2016 年中国经济将延续探底趋稳的态势。自 2011 年以来，中国经济增速逐渐回落，特别是 2015 年经济下行压力进一步加大，全国 GDP 增速跌破 7%，仅为 6.9%。2016 年，在世界经济复苏缓慢的情况下，中国经济仍将面临较大的下行压力。然而，从长远发展看，未来中国经济仍有很大的发展空间和潜力。这是因为，中国地域辽阔，城乡和区域差异很大，呈现多元化的特征，这种多元化格局激发了区域活力，展现了中国经济的巨大发展空间和增长潜力。如果这种活力能够得到充分挖掘和发挥，中国完全有能力保持长期中高速增长态势（魏后凯，2015）。目前，中国政府已经明确提出要“把握好稳增长与调结构的平衡”，并将 2016 年经济增速预期目标设定在 6.5% ~7% 的区间。为确保经济运行在合理区间，国家将加大力度实施积极的财政政策，2016 年财政赤字规模扩大到 2.18 万亿元，比上年增加 5600 亿元，财政赤字率由 2.4% 提高到 3%。其中，中央财政赤字 1.4 万亿元，地方财政赤字 7800 亿元。同时，还将安排地方专项债券 4000 亿元，继续发行地方政府置换债券。这些积极的财政政策，加上较为宽松的货币政策以及产业、投资、价格等政策工具和结构性改革举措的综合运用，将有力地保障经济增速稳定在上述区间，延续探底趋稳的态势。

在上述国际、国内经济环境下，2016 年中国区域经济增长将呈现以下态势。

（一）各地区经济增长下行压力较大

受出口和固定资产投资尤其是房地产投资增速下降的影响，2016 年各地区经济增长仍将面临较大的下行压力。从出口来看，由于世界经济增长低迷，2016 年 1 月全国出口下降 6.6%，2 月下降

20.6%，出口继续下行的趋势明显。从投资来看，2015年全国固定资产投资增速回落了5.5个百分点，西部和东北地区回落的幅度尤为明显，这对2016年经济增长将产生影响。2016年1~2月，全国固定资产投资（不含农户）同比名义增长10.2%，其中东部地区增长9.7%，中部地区增长12.5%，西部地区增长12.7%，而东北地区下降18.6%。除西部地区投资增速出现回升外，其他地区投资增速仍在继续回落。因此，在出口和投资拉动乏力的情况下，无论是东部地区还是中西部和东北地区，其经济增长都将面临较大的下行压力。尤其是东北地区，受投资持续下降的影响，经济增长下行的压力将更大。

（二）区域增长分化将得到一定缓解

2016年，中国区域经济增长仍将呈现多元化的格局，中西部经济增速将快于东部和东北地区。具体地说，东部地区由于转型升级加快和新增长动力的增强，其经济增速回落将趋缓。中部地区因长江经济带建设的推进，其经济增速有可能趋稳并小幅上升。西部地区受煤炭、钢铁、有色等行业去产能的影响，其经济增速有可能出现小幅回落，但如果投资加速和西北资源型地区转型升级加快，则有望保持增速稳定甚至回升。东北地区经济目前仍面临较大的困难，产能过剩问题比较突出，特别是作为煤炭、钢铁等重化工行业的集聚区，去产能、去库存、降成本、补短板的任务繁重。如果加大改革开放和政策扶持力度，东北地区将有望逐步走出目前暂时的困境。事实上，近年来东北地区的困难主要是由工业经济衰退引起的。从图2中可以看出，2015年1~11月，东北地区规模以上工业增加值均处于负增长状态，12月曾扭转了这种格局，实现了3.0%的工业增长，但2016年1~2月又出现负增长。

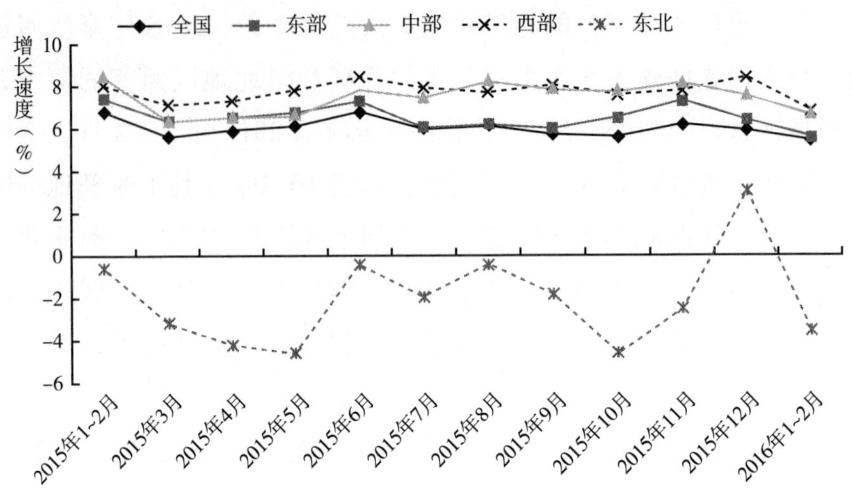

图 2　2015 年各地区规模以上工业增加值增长速度

资料来源：根据国家统计局发布的有关数据绘制。

三　区域经济发展格局将进一步优化

近年来，中国区域协调发展取得了明显的进展，城乡区域发展差距不断缩小，中西部地区持续多年保持了高于东部地区的经济增速。2015 年，中共中央、国务院又先后出台了一系列促进区域协调发展的指导意见、规划和方案，包括《关于全面振兴东北地区等老工业基地的若干意见》《京津冀协同发展规划纲要》《环渤海地区合作发展纲要》《长江中游城市群发展规划》《大别山革命老区振兴发展规划》《左右江革命老区振兴规划》等，为优化区域经济发展格局奠定了坚实的基础。可以预见，随着发展形势的变化，中国区域协调发展将从过去的侧重四大区域协调发展，逐步转变为“协调东中西统筹南北方”的多层次全面协调发展。在 2016 年，南北方的协调发展尤其是北方资源型地区和老工业基地的振兴问题，将成为一个重大的战略问题。除此之外，次区域如京津冀、长江经济带、集中连片贫困区、省际边缘区等和省内的协调发展问题，也将成为中央和各级地方政府高度关注的问题。目前，国家已经明确，2016 年将制定实施西部大开发“十三五”规划，实施新一轮东北地区等老工业基地振兴战略，出台促进中部地区崛起新十年规划，支持东部地区在体制创新、陆海统筹等方面率先突破。随着这些国家战略规划的出台和落实，中国区域经济发展格局将进一步优化，区域协调发展程度将进一步提高。

（四）一批新增长极将成为区域发展的亮点

2012 年以来，国家先后实施了“一带一路”建设、京津冀协同发展、长江经济带发展三大战略。经过近三年的规划建设，目前已基本达成共识，并制定了行动纲要和相关规划，明确了具体的发展目标、重点任务、实施步骤和具体路径。2015 年 3 月，国家发展改革委、外交部、商务部联合发布了《推动共建丝绸之路经济带和 21 世纪海上丝绸之路的愿景与行动》，随后各省区市均出台了融入“一带一路”的实施方案、对接路线图以及年度行动计划，明确了开展沿线互联互通、区域合作的重点区域、重点产业和项目等。自 2015 年 4 月中共中央政治局审议通过《京津冀协同发展规划纲要》后，有关部门迅速发布了《京津冀协同发展生态环境保护规划》《京津冀协同发展交通一体化规划》等一系列专项规划，北京、天津、河北则分别制定了具体的实施意见和方案。《长江经济带发展规划纲要》也已上报国务院。目前，三大战略规划思路和顶层设计已经明确，2016 年将进入加快推进实施的关键时期。此外，2015 年国务院还批复了《哈尔滨新区总体方案》《云南滇中新区总体方案》《福州新区总体方案》《西咸新区总体方案》《南京江北新区总体方案》《湖南湘江新区总体方案》等。在“十三五”期间，国家还将推进不同等级的城市群规划建设，以便形成更多支撑区域发展的增长极。在新格局下，未来中国将会涌现出一批新增长极，由此形成不同等级的增长极体系。这些增长极在促进区域协调发展中将发挥更加重要的作用，并有可能成为区域发展中的亮点。

四　2016年区域经济发展的政策取向和建议

从稳定经济增速、降低区域系统性风险、寻求新的增长动力、优化区域结构等方面考虑，2016 年中国区域经济发展需要考虑以下政策取向。

（一）加大区域稳增长力度，遏制经济增速下滑趋势

保持中高速增长是2016 年以及“十三五”期间的重要目标。针对部分区域经济失速过快等现象，一是应加强区域经济预警监测，做好分析研判，积极储备政策工具和稳增长项目，特别是针对经济下滑较为严重的东北地区、西部资源型地区，要加快 2015 年以来以及“十三五”规划项目的审批、建设、实施进度，在用地、财政资金、政策保障等方面给予相应支持。二是落实积极的财政政策，助力经济稳增长。做好财政投资建设项目的资金安排计划，重点保障重大项目建设财政投资资金，大力推进政府与社会资本合作（PPP）模式运用，引入社会资本参与城市基础设施建设。落实好各项支持中小微企业发展的财税政策，推进“营改增”改革，减轻小微企业负担，加大对中小微企业的支持力度。

（二）采取综合的政策措施，加大对问题区域的扶助力度

一些资源型地区和东北老工业基地经济下行压力较大，出现了增速下滑、经济效益恶化、财政收入减少等突出问题，特别是2016 年

面临着“去产能、去库存、去杠杆”以及供给侧结构性改革任务，企业职工安置和债务问题成为去产能的关键问题。为此，一是加强对东北地区以及资源型城市社会政策的支持，特别是在职工安置、债务核销等方面加大政策支持力度。加大对煤炭、钢铁等主产区中央财政引导资金的分配比例，国有资本经营预算支出优先用于解决国有“僵尸企业”及特困企业的职工欠薪、生活费、经济补偿等历史遗留问题。二是对整合过剩产能和并购“僵尸企业”的市场主体，积极稳妥地开展并购贷款业务，合理确定并购贷款利率，适当延长贷款期限。对产能严重过剩行业实施有针对性的信贷指导政策，加强和改进信贷管理。三是积极防范和化解金融风险。加强金融风险监测预警，建立去杆杆风险监测和信息通报机制，落实金融监管责任，强化日常监管和风险排查。在风险可控的前提下，妥善处置各类融资信托产品、私募资产管理产品等出现的兑付问题，有序打破刚性兑付预期。加快商业银行不良贷款核销和处置进度。实施地方政府债务风险预警机制，做好存量债务置换工作，加强政府债务管理。

（三）强化区域创新体系建设，加快转型升级步伐

构建新动能，培育新动力，这是当前以及今后较长时期内支撑区域发展的根本动力。为此，一是加大创新型城市的建设。发挥政策导向作用，建立中心城市“众创空间”孵化体系，全力推动企业、高校和科研院所自建孵化基地，培育发展科技型中小微企业，释放人力资本潜能，形成创新创业的浓厚氛围。加强中心城市创新体系建设，加快创新资源的优化配置，统筹推进科技创新、管理创新、体制创新、协同创新等。加强科技与经济对接、创新成果与产业发展对接，推进科技成果转化。在重点城市推进全面创新改革试验区建设，突出重点、先行先试，在军民深度融合、科技成果转化、金融创新、人才培养和激励、开放创新等方面率先取得重大突破。二是以城市群为载

体加快区域创新体系建设。以城市群为载体，加大区域创新合作力度，推动创新资源在城市群之间及内部优化配置。特别是，要统筹创新资源在高新技术产业园区、经济技术开发区、工业园区的配置，加强城市间区域协同创新合作，提高区域创新能力和资源配置效率。三是加大东部地区对中西部地区创新的援助与合作。特别是在人才培养、培训等方面，要加大区域援助力度。借助东部城市支持西部地区人才培训计划、西部开发远程学习网络培训计划，提高东部地区对西部创新人才培养的支持力度。加强对西部研发项目确立、实验室设置、创新项目转化和产业化的对口援助。

（四）大力推进区域合作与区域一体化进程

区域一体化是改进资源配置效率，提高经济增长质量的重要途径。为此，一是以京津冀协同发展、长江经济带和珠江—西江经济带建设为重点，加强一体化市场体系建设，促进基础设施互联互通、产业对接协作、生态环境保护合作和社会事业领域合作，加快推进区域内和区域间的一体化。二是以“一带一路”和沿边开发开放为带动，加快推进区域国际合作。以新疆丝绸之路经济带核心区和福建21世纪海上丝绸之路核心区为重点，结合六大国际经济合作走廊建设，支持各地深化与沿线国家（地区）交流合作，共建境外产业集聚区，有针对性地培育打造一批共建走廊试点示范省（自治区、直辖市）。

参考文献

蔡昉、陆旸：《中国经济的潜在增长率》，《经济研究参考》2013年第24期。

国际货币基金组织：《世界经济展望最新预测：世界经济展望关键预测

更新》，IMF 网站，2016 年 1 月 19 日。

刘世锦：《中国经济增长十年展望——寻找新的动力和平衡》，中信出版社，2013。

魏后凯：《我国有能力长期保持中高速增长》，《人民日报》2015 年 10 月 22 日。

祝宝良：《2016 年我国宏观经济形势和政策取向》，中国网，2015 年 12 月 30 日。

B.11

京津冀生态补偿促协同发展*

潘家华　李　萌　张　莹　丛晓男**

摘　要： 京津冀地区作为一个特殊的地域单元，需要统筹考虑区域生态补偿，推动区域内建立横向补偿制度，加快实现生态一体化。而促进生态一体化进程的关键是创新生态补偿机制，健全完善多元、公平的生态补偿制度。具体来说，可在已有工作的基础上，构建生态补偿的区域联动机制、生态权责机制、生态红线机制、生态红利机制。为此，需要建立统一协调的机构及其综合决策机制，建立健全相关立法执法体系，加强相关评估和监管制度建设，深入推进区域联动机制和社会共治，结合新型城镇化建设推进资源均衡配置，并开展京津冀地区生态补偿的试点工作。

关键词： 京津冀一体化　生态补偿　创新机制　协同发展

当前，京津冀一体化进程迈入加速期。促进京津冀协同发展，环境问题挑战严峻。近两年，京津冀三地已经开展了多方面的合作，部

---

* 本文是2015年国家发展与改革委员会重大改革研究课题“加强生态文明建设的重大问题和制度机制研究”的部分成果。

** 潘家华，中国社会科学院城市发展与环境研究所所长，研究员；李萌，中国社会科学院城市发展与环境研究所副研究员；张莹，中国社会科学院城市发展与环境研究所副研究员；丛晓男，中国社会科学院城市发展与环境研究所副研究员。

分项目已经取得了较好成绩，但在生态一体化目标上还存在较大的差距。加快实现生态一体化是京津冀协同发展的关键，而促进生态一体化进程的关键是创新生态补偿机制，健全完善多元、公平的生态补偿制度。本文通过对京津冀生态关系及基于协同发展的生态补偿诉求进行分析，提出了京津冀生态补偿体系建设的构想及基本框架，并进一步探讨京津冀生态补偿建设路径的选择及相关政策的设计。

一　京津冀生态关系及基于协同发展的生态补偿诉求分析

京津冀三省市地理相连，同处一个生态单元，在自然条件上是不可分割的，同属于半干旱地区、同一大水系（即海河流域为主体的地表、地下水系网络系统），在防灾、开发资源方面也是密切相关的。[①] 且邻近不同地形地貌单元，同受某自然灾害影响的不同行政区（如沙尘、洪水影响的城市）之间存在着紧密联系的生态关系，彼此经济行为对环境的压力及破坏亦具有极强的联动效应，极易形成生态环境—水环境—大气环境的恶性循环模式。京津冀地区在发展中，一些大城市大量占用周边的公共生态资源与环境，而没有进行合理补偿，造成了生态资源供给地区的生态紊乱，生态资源供给地区也因贫困落后而无力独立承担生态环境的恢复与重建，从而加剧京津冀地区的整体环境问题，影响京津冀一体化进程和社会经济的可持续发展。

（一）京津冀生态关系分析

京津冀地区行政边界难以阻隔环境联通，生态资源互相影响，具有强关联性和全局性。图 1 反映了京津冀各地之间的生态关联及

① 张清华：《京津冀地下水超采区域漏斗多达 20 个　形势严峻》，《燕赵都市报》2014 年 12 月 3 日。

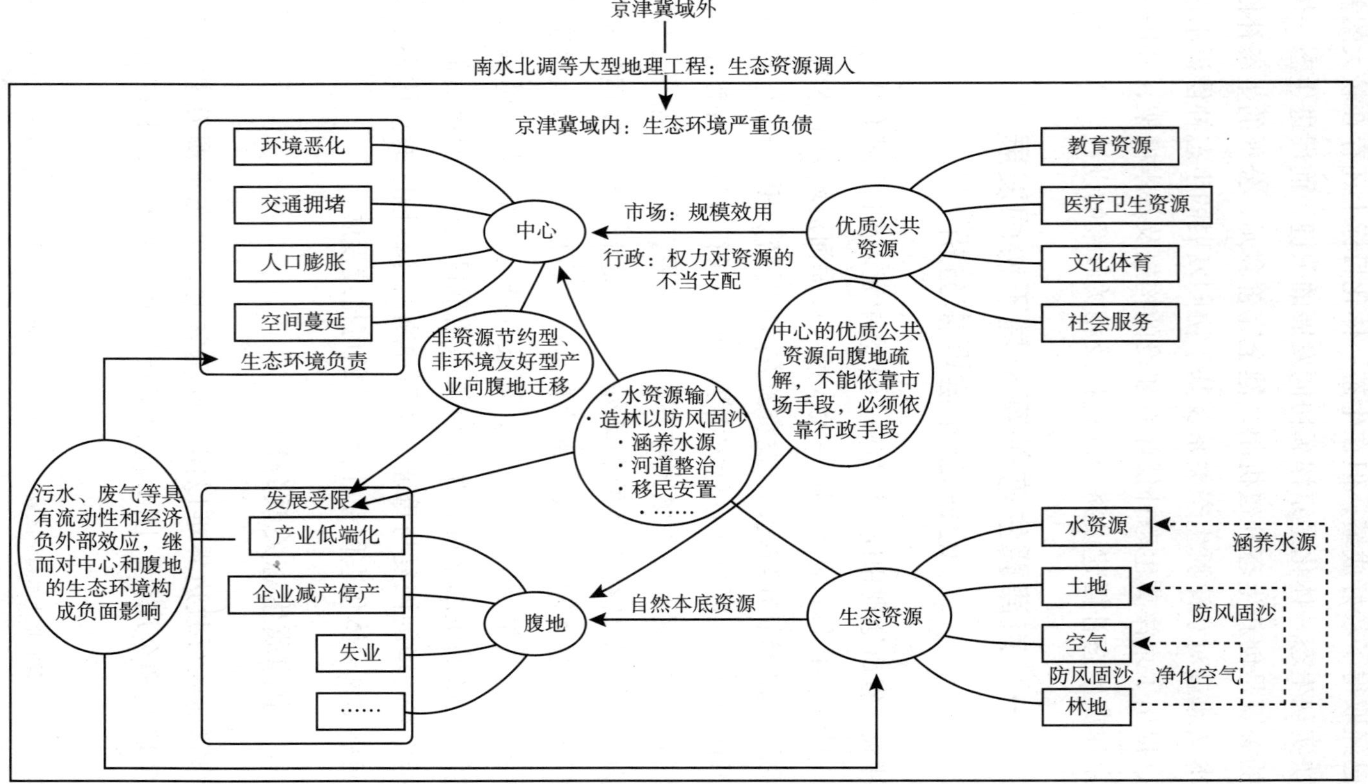

京津冀域外
南水北调等大型地理工程：生态资源调入
京津冀域内：生态环境严重负债
环境恶化
交通拥堵
人口膨胀
空间蔓延
生态环境负责
中心
市场：规模效用
行政：权力对资源的不当支配
优质公共资源
教育资源
医疗卫生资源
文化体育
社会服务
非资源节约型、非环境友好型产业向腹地迁移
·水资源输入
·造林以防风固沙
·涵养水源
·河道整治
·移民安置
·……
中心的优质公共资源向腹地疏解，不能依靠市场手段，必须依靠行政手段
污水、废气等具有流动性和经济负外部效应，继而对中心和腹地的生态环境构成负面影响
发展受限
产业低端化
企业减产停产
失业
……
腹地
自然本底资源
生态资源
水资源
土地
空气
林地
涵养水源
防风固沙
防风固沙，净化空气

图1 京津冀生态关系

京津冀地区与域外之间的关联。

京津冀生态关联性体现最明显的是空气和水资源。以空气为例，有关研究显示，京津冀地区大气污染指数的空间分布态势为由沿海向内陆递增，不同城市之间的空气质量状况具有显著区域性特点。[①] 就主要大气污染物排放的空间分布而言，京津冀三地排放强度存在严重分异现象，北京的 SO_2、氮氧化物和粉尘排放，无论按人均计算还是按单位 GDP 计算，都是全国 31 个省、自治区、直辖市中最低的，显示出了产业结构的低排放和高效的污染排放控制水准，但河北省各项污染物的排放水平远超北京，形成巨大反差。

由此可见，尽管北京的大气污染物排放水平很低，但在大气流动的自然条件以及京津冀产业内部转移调整的发展背景下，河北省出于发展地方经济的考虑，上马和承接了北京转移的一系列高能耗、高污染项目，使得北京、天津的空气质量难以独善其身，从而使京津冀地区大气污染呈现全局性。

北京市环保局发布的 2014 年 PM2. 5 来源解析结果显示，在北京 PM2. 5 的来源中，区域传输影响占 28% ~36%，本地污染排放影响占 64% ~72%。在遭遇特定条件下的重污染传输时，区域传输的影响可达 50% 以上。相比 2012 年 PM2. 5 来源解析结果中外来影响所占 24. 5% 的比例，此次结果中的 28% ~36%，也显示出 PM2. 5 的区域传输对北京的影响正在不断加大。由于空气的流通性，空气质量是一个跨区域问题，周边地区对北京市有影响，但北京市在京津冀区域内同时也是一个污染节点，也会影响其他区域。根据天津市环保局公布的 2014 年颗粒物源解析结果，PM10 来源中本地排放占 85% ~90%，区域传输占 10% ~15%；PM2. 5 来源中本地排放占 66% ~78%，区

① 刘燚：《京津冀地区空气质量状况及其与气象条件的关系》，湖南师范大学硕士论文，2010。

域传输占22%～34%。石家庄市环保局公布的该市2014年空气颗粒物来源解析结果显示，石家庄市PM2.5的23%～30%为区域外输入，70%～77%来自石家庄本地污染；PM10来源中区域外污染传输占10%～15%，85%～90%来自石家庄本地污染。

从供水系统来看，三地之间亦具有强关联性，河北省是京津两市的主要供水者，对京津两地的生态贡献主要包括两方面：第一，向京津直接供给大量水资源；第二，对京津等大城市的水源地进行保护。河北自身水资源严重短缺，还要向京津供水，因此开采地下水乃至超采地下水已经成为河北省缓解水资源供需紧张局面的主要途径。由于长期过度开发利用地下水，河北省已经成为全国地下水超采最严重的省份，治理超采已成为河北省治理水资源的重点。冀北地区地处京津水源地上游，其特有的自然地理环境，形成了景观生态和系统层次结构简单、生物多样性减少、自我调节能力差的脆弱生态系统，为保护京津水源地和生态环境，当地投入了大量的财力、人力和物力，经济发展也受到了限制。同时，河北也是京津冀防风固沙、涵养水源的主要承担者。中国林科院《张家口市森林与湿地资源价值评估研究》显示，张家口市森林资产价值为7219.38亿元，湿地资产价值为190.07亿元，森林与湿地每年为周边地区提供生态服务价值305.17亿元，外部地区受益占到60%以上，其中北京地区受益占到总价值的48%，但上述这些生态服务普遍没有获得补偿。

京津冀地区内部及与外部主要的生态关系见表1。

（二）京津冀协调发展的生态补偿诉求

京津冀地区除整体存在生态环境的严重负债外，其内部生态供需的空间错位也十分明显。京津冀主要的生态产品包括水资源、大气、森林等，其中针对不同资源的生态补偿关系存在很大差异，建立生态

表 1 京津冀地区内部及与外部主要的生态关系

		京	津	冀	京津冀外围地区	结论
水		2013 年，水资源量 24.8 亿立方米，人均 118.6 立方米。供水量 36.4 亿立方米，人均 173.9 立方米。即使按极度缺水标准(500 立方米/人)，需求缺口达 80.9 亿立方米	2013 年，水资源量 14.6 亿立方米，人均 101.5 立方米。供水量 23.8 亿立方米，人均 164.7 立方米。即使按极度缺水标准(500 立方米/人)，需求缺口达 59.0 亿立方米	2013 年，水资源量 175.9 亿立方米，人均 240.6 立方米。供水量 191.3 亿立方米，人均 261.7 立方米。即使按极度缺水标准(500 立方米/人)，需求缺口达 190.7 亿立方米	南水北调的东线，对北京、天津和河北分别供水 12.4 亿、10.20 亿和 34.70 亿立方米。引黄入冀补淀年均引水量 7.37 亿立方米。其中，河北省 6.2 亿立方米	京津冀整体水资源严重不足，需要通过南水北调、引黄入冀补淀等工程弥补需求缺口。同时京津冀内部，北京、天津从河北调水，使本已捉襟见肘的河北水资源更加紧张
大气	人均 SO_2 排放(千克/人)	4.12	14.73	17.52	15.02(全国)	大气污染物排放水平存在较大差异，受产业结构偏重影响，河北的排放强度相对较高，以工业排放为主，北京机动车尾气对大气环境影响很大。但大气流动性导致污染呈全局化
	人均 No_x 排放(千克/人)	7.87	21.17	22.54	16.37(全国)	
	人均粉尘(千克/人)	2.80	5.94	17.91	9.39(全国)	
	单位 GDP 的 SO_2 排放(千克/亿元)	0.45	1.51	4.54	3.24(全国)	
	单位 GDP 的 NO_x 排放(千克/亿元)	0.85	2.17	5.84	3.54(全国)	
	单位 GDP 粉尘排放(千克/亿元)	0.3	0.61	4.64	2.03(全国)	
能源	煤炭消费量(万吨)	2270	5298	31359	通过西气东输对京津冀地区进行天然	河北省能源结构中煤炭占比明显高于
	石油消费量(万吨)	1075.77	1544.62	1547.61		

续表

		京	津	冀	京津冀外围地区	结论
能源	天然气消费量（亿立方米）	92.07	32.58	45.13	气供给，通过特高压交流线路和特高压直流线路对京津冀地区输出电力	北京和天津，导致二氧化硫、氮氧化物和烟（粉）尘的高排放量
	电力消费量（亿千瓦时）	912	767	3078		
森林		总面积58.81万公顷，人均0.03公顷	总面积11.16万公顷，人均0.01公顷	总面积439.33万公顷，人均0.06公顷	全国森林总面积2.08亿公顷，人均0.128公顷。内蒙古承担了京津冀防风固沙的任务	京津冀地区相较全国而言森林资源较低，其中天津、北京尤甚
电价比较		第一档：月不超240度的电量，0.4883元/度 第二档：月241度至400度之间的电量，0.5383元/度 第三档：月超过400度，0.7883元/度	第一档：月不超过220度的电量，0.49元/度 第二档：月221度至400度之间的电量，0.54元/度 第三档：月超过400度，0.79元/度	第一档：月用电量不超180度，0.52元/度； 第二档：月用电量在181度至280度，0.57/度 第三档：月用电量281度以上，0.82元/度		河北省基准电价高出北京和天津6%以上
机动车排放标准		国Ⅴ	国Ⅳ	国Ⅳ（从2014年1月1日零时起，河北省车用汽油质量标准由“国Ⅲ”标准升级至“国Ⅳ”标准）		河北省机动车排放标准低于北京、天津

资料来源：水、大气、森林数据从《中国统计年鉴（2014）》得到或计算得出，能源数据从《中国能源统计年鉴（2014）》得到。

补偿机制的难度也迥然不同。水资源的调入调出关系较为明晰，围绕水资源的补偿途径较为明确，因此建立生态补偿机制的难度相对较小。大气具有物理上的流动性和经济上的外部性，京津冀三地的大气污染物排放均对全局产生负面环境影响，各省市之间缺乏界定明确的责任，建立生态补偿机制的难度较大。森林本身既是一种生态资源，又能通过防风固沙、吸收大气污染物、涵养水源发挥生态效应，补偿机制的建立也十分复杂。同时，生态补偿诉求还涉及京津冀地区内部不同行政单元之间、京津冀地区与域外地区、补偿的自然分配和人工分配等不同影响因素，更加大了建立补偿机制的难度。

（三）京津冀地区与域外地区的补偿诉求

京津冀作为一个具有相对整体性的地理单元，在生态资源供需上面临的问题是一样的，京津冀的协同发展不能仅着眼于内部的协同，还必须实现京津冀与域外的跨区域协同。京津冀地区自身属于生态资源稀缺地区，仅靠内部不同地域单元间的生态供给无法保证其生态需求。作为一个整体，京津冀地区还必须从域外调入生态产品。这种域外调入在水资源、能源、森林资源方面表现得尤为明显。

1. 水资源

京津冀整个地区水资源极为紧缺。通过南水北调、引黄（河）入冀补（白洋）淀等工程向区域内输水，具有一定的缓解效应。目前南水北调东线对北京、天津和河北分别供水 12. 4 亿、10. 20 亿和 34. 70 亿立方米。河北省则通过引黄入冀补淀工程项目，利用濮阳市现有引黄灌渠从邯郸魏县进入河北省，经邯郸、邢台、衡水、沧州、保定 5 个市自流输水到白洋淀，自 2016 年起，每年可向河北省输水 6. 2 亿立方米，受水区涉及 27 个县（市、区），灌溉面积 272 万亩，每年可向白洋淀补水 1. 1 亿立方米。上述域外水资源的调入，区域整体应该按受益程度的不同对域外进行生态补偿。尽管南水北调等工程缓解了京津冀地区用水紧张的局势，但并未从根本上改变其整体缺水的困局，即使按照极度缺水标准，京津冀用水需求缺口仍然很大。

2. 能源

内蒙古自治区是京津冀地区可靠的能源保障基地，是我国“西电东送”工程重要的电源基地。从国家确立“西电东送”战略至今，内蒙古源源不断为京津冀地区提供电力保障，成为国家西电东送北部通道的重要电源基地，主要保证了首都及华北、东北的电力供应。两条天然气（包括煤制气）外输管道将内蒙古自治区内气田气、油田伴生气、煤层气、焦炉气、煤制气输送并销售到京、津、冀、鲁，初步设计输送能力500亿立方米/年，天然气输送管线累计长达2930公里，将为京津冀的燃气供应提供有效保障。与此同时，外来能源的输入在京津冀内部的分配并不均衡，以“西气东输”为例，北京、天津是主要调入方，而河北则不是重点供应对象。这种生态资源供给的差异性，决定了京津冀内部对外生态补偿的强度具有差异性。

3. 森林资源

森林的生态屏障作用主要体现在三方面：第一是防风固沙，第二是水源涵养，第三是净化空气。因此，尽管森林是一种独立的生态资源，但其发挥功效的途径则是通过其他水和大气来体现的。内蒙古是中国的风口，全年大风日数20~80天，西北部大风日数则在55天以上，一旦内蒙古高原黄风飙起，沙尘东去南下将直逼京津冀。因此，内蒙古草原作为京津冀最大的生态屏障，起着无可替代的作用，京津冀地区享受着内蒙古生态屏障服务，需要给予生态补偿。

（四）京津冀地区内部不同行政单元的补偿诉求

北京市功能定位为政治中心、文化中心、科技创新中心和国际交往中心，对能源、水资源的需求量很大，即便在北京去掉非核心功能后，其庞大的人口基数和特殊的城市定位决定了此类需求仍然较大，所产生的一系列环境污染问题亟须通过区域联动方式予以治理，因此其主要诉求在于水资源等生态资源的调入和生态保障需求。可将北京市生态治理诉求分为两个方面。第一，生态资源的直接调入。主要是从京津冀域外、河北水库库区等地直接调入水资源，由于水资源的供需关系较为清晰，单位价值易于评价，只需根据单价和供水量即可计算水资源的价值量。第二，北京市需要周边地区提供相应的生态屏障功能。水资源方面，河北张承地区作为北京重要的水源地，北京需要这些地区加强生态涵养力度，确保水质、水量，保证北京用水安全；空气质量方面，北京市大气污染的治理，不仅需要本地绿地的吸附能力，也需要张承地区的森林资源发挥防风固沙作用。同时，由于北京市大气污染部分是外源输入引起的，为提升北京空气质量，北京也寄希望于天津、河北等地加大空气污染治理力度。

从区域发展角度讲，河北省是京津地区的腹地；从生态供需角度讲，则是京津地区的生态资源的主要供给地和生态屏障，也是生态补偿的主要客体。近年来，尽管中央、北京、天津给予了河北一定的生态补偿，但总体来看，相比较生态破坏带来的损失、享受的生态服务以及占用的生态资源而言，河北在生态补偿方面的诸多诉求尚待解决。第一，现有补偿力度和范围有限，缺乏长期的、有效的补偿机制。例如，为了官厅水库的建设和运行，张家口市承担移民 7 万人，浸没面积 200 平方公里，塌陷、弃耕土地上万亩，影响数十万人的生产生活，至今还有数万移民没有脱贫。张家口市作为经济欠发达地区，为保护水源地付出了巨大的发展代价，但相应的回报显然不足，水源地和受益地的收入差距越来越大。[①] 第二，补偿标准不一，存在地区歧视。对于同样类型的补贴，北京和河北的补贴标准却是不一样

① 孙景亮：《京津冀北地区建立生态补偿机制有利于生态文明建设》，中国不同经济区域环境污染特征的比较分析与研究学术研讨会，中国环境科学学会，2009 年 11 月 1 日。

的。例如密云“稻改旱”每亩地补贴标准大约700元，河北这边只有550元；在封山育林工程方面，延庆等北京地区每亩对农民的补助范围是500～600元，而张家口地区的补助标准是每亩只有100元。第三，以资金补偿为主，补偿方式较为单一。补偿机制以资金补偿为主，缺乏长效、灵活的补偿方式，是当前生态补偿存在的重要问题，无论是补偿的支付方还是接收方，都倾向于采取资金补偿方式，该方式在京津冀目前的生态补偿中居于主体地位。以资金方式实现生态补偿有利于生态价值的体现，具有见效快、机制简单等特点，但不利于接收方强化自身“造血”功能，形成长效发展动力。第四，河北在极其有限的生态资源限制下，不仅要保证京津两地的生态供给，同时需要考虑自身社会经济的长远发展。2014年河北省有31个县列入生态补偿考核范围，获得补偿26亿元（均为中央转移支付），但各县认为该措施束缚了县域经济发展，很多地方提出不要补偿金，而是发展经济。河北省现有产业结构过重，与其被动接受北京、天津等地的非资源节约型产业外迁具有很大关系。在这种条件下，河北省产生了大量的大气污染物，对京津形成外源输入性空气污染，显然这一污染后果不能完全由河北承担。第五，河北省在国家财政和公共资源（例如国家优质教育和医疗资源）配置方面处于弱势乃至于被忽略地位。

天津市作为京津冀地区的港口型城市，其生态地位介于北京与河北之间，既需要河北为之提供水资源保障、防风固沙治理等生态服务，同时也希望进一步加快产业结构转型升级，承接北京市过度集聚的优质教育、医疗等公共资源。

图2基于主要的生态产品和服务，示意了京津冀各地生态补偿的诉求。

可见，要构建京津冀生态补偿机制，促进生态一体化，一方面需要各省市立足于解决本地污染问题，“各人先扫门前雪”，另一方面也应将京津冀视为一个整体，在国家财政和公共资源配置上实现均衡性。

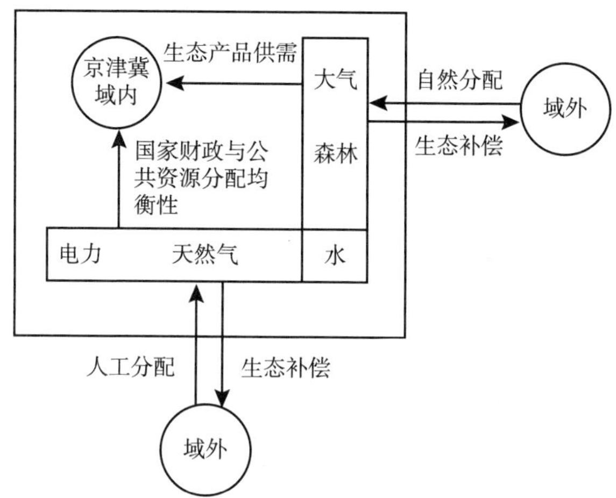

图2　京津冀域内外生态补偿关系

二　京津冀生态补偿体系与基本框架的构建

（一）京津冀现行生态补偿体系

目前我国已经在森林、草原、流域、湿地、区域、海洋、矿区等七大领域开展了生态补偿试点。但是由于京津冀地区自身生态体系的特点，部分问题如草原、湿地和海洋领域的补偿实践探索比较有限。并且，在该体系中一些其他重要的生态系统服务价值的问题却并未考虑在内。如目前困扰京津冀地区的空气污染问题，实质上也是因为过度的工业生产和其他来源的污染排放破坏了完全公共品性质的大气层为所有居民提供的清洁空气的生态服务价值，却在现行的生态补偿体系中无法得到体现，因此亟须在该领域探索补偿机制及可行路径。基于此，对目前京津冀比较现实的一些生态补偿问题的建立框架进行了梳理，如表2所示。

表2　京津冀现行生态补偿体系

	覆盖范围	补偿和获偿主体	补偿形式	具体实例
森林领域	•目前为区域内部为主 •未来可考虑建立区域间的补偿机制	获益者负担原则(财政拨款对集体或个人所有的国家级公益林提供补助)	•目前以公共财政支出为主 •未来可考虑区域间设立专门的林业补偿基金或实施异地养护	京津冀三地目前都有省(市)内的国家级公益林补偿方案
流域和水源地领域	•区域内部和区域间补偿相结合	污染者负担和获益者负担相结合原则	•中央财政拨款,地区间的资金补偿相结合 •未来可考虑设立区域间的专项水源保护基金或采取社会资源置换等方式	北京市安排专门资金,支持密云水库上游河北省张家口市、承德市实施“稻改旱”工程,在周边有关市(县)实施100万亩水源林建设工程。天津市安排专项资金用于引滦水源保护工程
矿产资源领域	•目前为区域内部为主 •未来可考虑建立区域间的补偿机制	污染者负担原则	•目前以由矿山缴纳保证金形式为主 •未来可考虑设立区域间的专项生态环境保护基金	主要是河北省的承德市和唐山市,《承德市矿山环境恢复治理实施方案》,《唐山市资源生态环境恢复治理保证金管理暂行办法》
重点生态功能区领域	•目前为区域内部为主 •未来可考虑建立区域间的补偿机制	获益者负担原则	•目前以中央财政拨款和地方转移支付的方式为主 •未来可考虑设立区域间的专项生态和重点生态功能区保护基金以及实施异地开发等方式	京津冀三地目前都有省(市)内的重点生态功能区生态补偿方案和资金安排,但规模存在差异

续表

	覆盖范围	补偿和获偿主体	补偿形式	具体实例
能源与大气环境领域	未来可考虑建立区域内部和区域间相结合的补偿机制	污染者负担和获益者负担相结合原则	未来可考虑设立区域间的专项空气治理资金；对污染者实施罚款并专款专用于治理空气污染；运用市场机制进行排污权交易	目前无，亟须制度创新

（二）京津冀一体化生态补偿基本框架的构建

1. 生态补偿的核心要素与重点领域

（1）水资源和森林资源

水资源和森林资源之间存在相互影响的关系：森林植被的种植受制于水资源，水资源较为丰富的湿润地区比较适合于种植树木；而森林又会通过对径流量的影响来对水资源产生影响。京津冀地区作为一个整体共同面临着水资源相对缺乏和水污染的问题，这又会给森林资源的保有和维护带来威胁。因此可以将这个问题作为一个整体来综合考虑。

（2）大气环境与能源利用

目前，京津冀地区大气污染严重：2013 年，京津冀地区成为全国大气污染最重的区域，区域内有 7 个城市排在全国空气质量相对较差的前 10 位，区域内城市 PM2. 5 超标倍数在 0. 14 ~3. 6 倍之间。大气污染问题具有明显的传输性特质，尽管有研究指出，京津冀三地的产业结构不同，大气主要污染源也不尽相同，但是究其根源都与能源结构有着紧密的联系，因此在探索大气污染防治和治理领域的生态补偿机制创新时，必须考虑与能源利用和能源结构的关系。

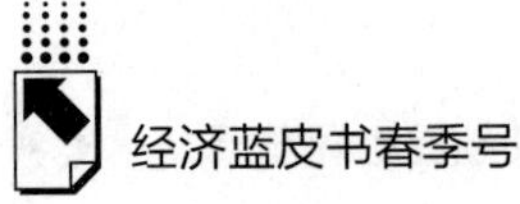

(3) 优质公共资源及经济资源疏解转移

考虑京津冀地区的生态问题时，不能仅限于生态领域，目前京津冀主要的生态环境问题都源自人口、资源过度集中于部分地区导致的自然承载力极度超载，因此，在考虑京津冀地区生态补偿机制创新的过程中，必须将优质公共和经济资源疏解转移问题纳入补偿机制的范畴，将优质资源的转移和补偿结合起来。可以考虑用资源转移作为一种补偿的手段，这样，一方面能够作为对目前货币补偿单一补偿方式的有益补充，另一方面则能通过资源的疏解推进生态问题的改善和缓解。

生态补偿重点领域的基本框架如表3所示。如果河北省的生态脆弱地区例如张家口和承德地区有一所国家“985”或“211”高校，一方面，优质高校的科技力量可以帮助解决污染问题，或者不允许污染排放；另一方面，高校提供的就业岗位可以有效帮扶这些落后地区脱贫。如果只是将淘汰的落后产能转移到这些地区，即使当前转移来的技术比当地现有技术先进，但是，一旦转移，便有可能成为“无源之水”，技术提升缺乏源泉和动力，要不了多久，就会因落后而遭二次淘汰。国家级优质高等教育、科研和医疗资源过度集中的北京地区，不仅吸引和占用大量低端服务岗位，而且还会吸引大量外来求学、就医和科研服务人员，从而北京的人口增长和资源压力的源泉就得不到遏制。这样，北京的疏解和京津冀协同发展就很可能落空。

2. 生态补偿机制中天然分配与人工分配的框架

对于京津冀具体的生态问题，建立合理的补偿机制需要首先厘清天然分配与人工分配之间的关系。区域内涉及的一些重要的跨地区生态问题，皆受到自然条件的影响，如大气污染问题受到风向的影响，水资源问题受到流向的影响，森林问题受到原始植被生长以及水资源的影响等。各地经济社会的发展，改变了自然条件和生态资源的天然分配格局，如从京津冀地区一体的水源流向来看，应该是自上游的河北地区流向下游的北京以及天津地区，而河北省为了自身的发展和各

表3　生态补偿重点领域基本框架

重点领域	补偿目标	补偿主客体	补偿模式
水资源和森林资源	总体目标是建立起与区域内水资源稀缺状态、有效保护和改善水资源质量以及协调上下游地区发展的长效机制，既能保障北京和天津的用水，又能使上游人民的生活贫困状态和财政紧张状态有所缓解并有所改善，维护整个水系的生态安全	在京津冀水资源生态补偿机制实施过程中，补偿的主、客体并不是一成不变的。对于天然分配的水资源生态服务基本格局和人工分配的格局而言，补偿的主客体也有所区别，前者的主客体分别是河北和京津，后者的主客体分别是京津和河北	横向财政转移支付为主，纵向财政支付为辅。创新其他补偿模式
大气环境与能源利用	总体目标是治理大气污染和改善生态环境，区域结构调整和产业升级，淘汰落后产能，推广清洁能源使用，发展绿色产业，域内大气污染物排放不能超过环境阈值，扩大环境容量生态空间，形成京津冀“环保一体化”	“谁污染，谁付费”情况下，补偿主体应为排污源头（企业或机动车车主），客体应为该地区的全体公民；“谁保护，谁收益”情况下，补偿主体应为受益地区公民，客体应为保护区的生态保护者。鉴于全体公民的补偿难以操作，宜由当地人民政府作为代表行使相应补偿或受偿权利。因此，为便于实践操作，补偿的参与方简化为政府、排放制造者（企业或机动车车主）和生态保护者	地区间横向补偿为主，纵向补偿和市场补偿为辅
资源疏解转移	实现京津冀三地资源优势互补，将北京非首都功能的优质、高端资源疏解至河北省，天津也承接部分资源作为补充，推动京津冀域内整体产业结构优化升级，确保协同发展	京津将一批有潜力、高加值的高端制造业和服务业等产业或优质教育和医疗资源转移至河北省，又称“附带收益转移”，不存在补偿情况；但若是京津将高耗能、高污染、低附加值的资源依赖型产业转移至河北省，又称“甩包袱式转移”，补偿的主体是北京和天津市政府，补偿的客体是河北省。后一种情景对于本已环境容量超负荷的京津冀地区是不可取的转移方式，无法解决京津冀地区的实质性负重发展和环境的持续恶化问题	—

种需求将水资源的自然径流人为切断，以水库和大坝等人工方式截留去往下游的地下水径流和地表水径流，或者是因超采影响了下游地区应得的自然供给水平，这些是河北对北京、天津所拥有的水资源自然格局的侵占和破坏，应该在科学确定影响规模的基础上由河北向下游的北京和天津所获水资源自然分配规模的减少进行补偿。

而另外一些问题则涉及人工分配格局的不公平，例如国家在给京津冀地区的三地分配一些自然资源，如天然气供给、南水北调提供的水资源、远距离输电等时，皆为北京提供了较大的政策倾斜，如天然气供给和水资源获得所占比重最大，电费还低于河北，这些是人为分配不公造成的不均衡。类似的不均衡还体现在社会公共资源的分配上，也需要在新的京津冀一体化生态补偿机制中加以修正和改善，在未来的中央财政和资源提供上，尽可能做到一视同仁。

为此，对于生态补偿重点领域自然分配和人工分配改进方向的核心框架如表4所示。

表4　生态补偿机制中天然分配与人工分配的框架

重点领域	天然分配	人工分配
水资源和森林资源	纠正过去认为北京和天津应该为河北保护水资源和森林资源的行为提供资金以保证资源使用质量的认识误区，明确河北的责任和义务，不能无底限地侵占和破坏下游地区对水资源正常利用的自然格局，对于一些过度开发和截留的行为应该由河北提供补偿；而为了保护下游水资源和地区生态系统安全放弃发展机会面临的损失，则应该由下游较发达的北京和天津提供补偿	在森林保护资金提供上，做到三地统一标准；对于南水北调提供给京津冀地区的水资源按照相对公平的方式在区域间进行分配；提高河北向北京、天津供水的价格标准

续表

重点领域	天然分配	人工分配
大气环境与能源利用	应该以权威科学的研究结果作为评估基础,根据风向考虑跨境污染传输的责任认定和相关补偿,但是最重要的还是各自先立足于解决自身产生的污染问题,再来考虑跨境的相互影响	在对一些重要能源产品,如天然气西气东输,输电的区域内分配时,更多地以人均公平作为分配的准绳,修正目前过度不均的政策倾斜
资源疏解转移		在未来的中央财政划拨和公共资源配置和转移优质资源时要做到一视同仁,修正目前北京各项标准均明显高于其他地区的做法。只有通过资源的公平分配才能最终实现人口疏解、生态环境改善的根本目标

3. 生态补偿机制中区域内分配与区域外分配的框架

京津冀地区大部分生态环境问题都无法孤立地仅从区域自身得以全面的解决，需要考虑与全国其他地区的相关联系，因此在核心领域的生态补偿机制建设中，也应该充分考虑区域内分配与区域外分配之间的关系，具体如表 5 所示。

表 5　生态补偿机制中区域内分配与区域外分配的框架

重点领域	区域内分配	区域外分配
水资源和森林	明确三地水资源自然分配格局,确定各自的责任与义务,基于责任和义务确定水资源的分配以及补偿主体和受体以及资金规模;对于森林和生态保护区的补偿,也考虑到相应的生态服务价值在三地之间的分配,并据此明确资金需求和分配义务	对于南水北调和其他向京津冀提供水资源的地区提供相应的生态补偿;对于保护京津冀地区生态环境的其他防护林,如"三北"防护林在京津冀地区以外的部分,按照各自为京津冀地区提供的生态服务价值提供相应的补偿

续表

重点领域	区域内分配	区域外分配
大气环境与能源利用	明确三地各自的减排责任和能源结构目标,对于无法实现目标的污染行为按照"污染者付费"的方式要求补偿;按照"受益者付费"的方式建立专项基金用于改善控制质量;三地实行统一的燃油和环保标准	根据其他地区向京津冀地区提供清洁能源供给的规模给予相应的补偿
资源疏解转移	纠正京津冀区域内北京市对周边地区特别是河北的虹吸效应,改变对优质资源的高度垄断格局;将北京部分优质资源(如高校、三甲医院、科研院所)作为创新的补偿方式转移到区域内的天津和河北等地	将一些优质社会资源(如高校、大学)转移到其他向京津冀地区提供生态服务的地区,如南水北调地区、供气和供电地区等

三　京津冀生态补偿机制及创新

京津冀地区作为一个特殊的地域单元，统筹考虑区域生态补偿，需要推动区域内建立横向补偿制度，基于京津冀地区政府间博弈，补偿原则应突出“协同效应”的重要性，重点在于全方位、多领域的区域内布局调整，从顶层设计出发寻求制度和机制的创新和突破，平衡区域间的利益关系，实现生态公平。具体来说，可在已有工作的基础上，构建生态补偿的区域联动机制、生态权责机制、生态红线机制、生态红利机制。

（一）区域联动机制

1. 区域产业联动

在京津冀协同发展的框架下，结合各自地区主体功能区规划和产业发展优势，制定“京津冀协同发展产业指导目录”，产业转移应遵循“肥瘦搭配”的原则，即在“被动转移”高耗能、高污染、高投入的产业的同时，低耗能、低排放、高附加值的产业也应有序转移至河北地区，促进一批优势产业“主动转移”，同时带动一批优势资源的引入，实现良性循环和输血性补偿。除区域内的产业转移外，还要考虑全国整体的产业布局和北京地区的功能疏解，要以“壮士断腕”的决心将一些与首都功能定位不符的高端部门外迁，必要时也可以迁到京津冀区域之外更适合的地区去。在产业联动时，一定要防止“包袱甩出去，利益留下来”的狭隘观念，在“甩包袱”的同时也要舍得把一些利益同时打包送走。

2. 区域资源联动

区域资源联动是指资源区域内共享、互补及转移。在资源配置方面，应采取优质资源（如高等教育、卫生医疗等资源）整体配置、共享配置的方式，从而提高资源配置效率。具体而言，京津冀地区应打造公共卫教信息化平台，北京、天津的优质医疗和教育资源应对口帮扶河北，发展远程医疗和远程教育，就地化解河北省优质医疗的短缺导致的人口就医移民和教育移民。资源的有效配置是均衡人口分布、减轻局部地区人口密度过大、生态环境压力超出承载能力的重要途径之一。

3. 区域主体联动

区域主体联动是指区域政府主体的互动与合作。京津冀地区政府主体应建立生态补偿区域合作机制，在整体区域范围内考虑生态补偿问题，打破原有的北京对河北、天津对河北的一对一的补偿形式，对于同一生态系统的京津冀地区，合作、协商补偿可使补偿的效用最大化。例如，对于大气污染防治工作，要加强三地主体联动，三地需要首先立足于解决本地造成的空气污染问题，“各人先扫门前雪”，从源头上控制本地造成的污染排放总量将能更有效地解决区域整体空气质量偏低的问题。

4. 区域治理联动

京津冀地区对于生态环境的治理都负有相应的责任。对于大气污染防治，区域治理联动的机制也非常重要，“各人先扫门前雪”不等于“各人只扫门前雪”，有必要时应该三地共同行动，如北京的“APEC 蓝”“阅兵蓝”就是京津冀地区治理联动的实践成果。

（二）生态权责机制

建立生态权责机制首先需要明确责任主体（即污染者）和资源使用者（即受益者）。首先，京津冀地区责任主体的明确有别于其他区域，属于典型的生态资产成本与收益的空间错位。河北地区作为京津冀地区的水源地和生态支撑地，对生态资源的保护和修复具有重要职责，但由于生态资源的公共物品属性，生态服务的享受者不限定于河北地区，而是惠及北京和天津，即收益和成本的不对称。其次，应把京津冀一体化和协同发展战略的实施作为节点考虑权责问题，即分别评估“一体化”和“协同”战略实施前后三地特别是河北地区生态的脆弱性状况，考虑河北地区“被动转移”相关产业后对生态环境造成的损害应加大补偿力度，厘清“新账”和“旧账”的关系，这是明确生态权责的关键。

（三）生态红线机制

目前，京津冀三地均已划定生态红线，应遵循以下原则：一方面，生态红线以外的资源配置错位可以补偿，生态红线以内的资源开发是绝对禁止的，不能作为生态补偿的范围，而在生态红线以外的有序开发造成的生态资源的破坏，其修复和保护可以通过生态补偿得以实现；另一方面，生态红线以内的资源配置不可以错位，生态红线以内的资源配置应按照各地主体功能区规划的功能严格遵守，不能以牺牲生态资源追求发展。

（四）生态红利机制

京津冀区域生态补偿需要解决的主要问题是如何将“生态红线”转为“生态红利”，使提供生态服务的地区享受生态红利，激发其保护生态环境的积极性，这是“造血”的补偿方式。首先，对京津冀地区提供生态服务的地区给予一定的政策支持，如将河北省生态自然保护区纳入国家生态补偿范围，提高生态补偿标准，使该保护区的生态服务得以可持续提供；其次，利用京津冀生态补偿基金和政府的种子基金，探索市场化机制，鼓励社会团体、机构和个人参与生态工程建设和保护区维护，创新补偿方式；最后，大力发展绿色生态产业和生态服务业，如生态农业和生态观光产业等，提升生态服务的价值。生态红利机制应作为京津冀地区生态补偿机制的核心机制。

四　相关政策设计及建议

（一）建立统一协调的机构及其综合决策机制

理顺已有相关机构的责权，加强专门机构的建设。在京津冀协同发展领导小组的带领下，从国家发改委到各省市均有对应的办公室，京津冀协同小组需要与现有其他环境保护建设部门在工作上做好分工、对接。2016 年国家拟启动资源环境保护的“大部制”改革，为此还需与各省市重组的对应机构进行统筹协调，形成纵向的工作机制和横向的跨部门协调机制。

为此建议如下：一是在各地区京津冀协同发展办公室下设生态补

偿综合办事机构，负责三地的生态补偿综合协调和管理，统筹发改、环保、财政、林业、水利、农业、计生等部门有关生态补偿的工作内容；二是建立京津冀生态补偿区域沟通制度，通过对话、磋商对策的制定和实施，建立相应程序，如生态补偿申请程序、生态补偿调查程序、生态补偿决策与实施程序等；三是建立一个由专家组成的技术咨询委员会，负责相关政策和技术咨询。

（二）建立健全相关立法执法体系

京津冀地区在行政区域间存在生态依存关系，区域生态补偿机制的构建要以法律法规为保障，通过法规明确区域内补偿范围、对象、方式和标准，促进生态资源的公平公正和可持续发展。

一是以新修订的《环境保护法》为基础，结合《京津冀协同发展总体规划》，加快推进地区和区域大气污染防治法、土壤污染防治法和水污染防治法等法律修订与完善，及时出台相关司法解释和具体规定，明确各地各部门的责任。

二是抓紧出台“京津冀协同发展生态补偿实施的指导意见”，并在修改完善的基础上，尽快出台京津冀协同发展生态补偿条例、京津冀协同发展生态补偿管理办法。

三是统一执法尺度，规范执法程序，探索组建专门的京津冀环保法庭、检查机构和侦查机构，对环境案件不论区域，实行统一的专属管辖。落实执法责任，创新“线上”等执法手段，强化社会监督，对违法人员依法给予相应的处罚，提高处罚威慑力。

（三）大力推进市场化机制的运作

扭转过去以政府“唱独角戏”的生态文明建设方式，充分重视市场作用的发挥，完善资源有偿使用制度，制定生态补偿的市场化政策措施，推动环境保护全成本内在化，健全长效市场化机制。

一是加快推进水、森林等资源产品的价格改革，尽快将资源税扩展，改变环境无价、资源低价的外部性行为，完善资源价格的形成机制，全面反映市场的供求、资源的稀缺程度、生态环境损害的成本和修复效益。

二是建立生态交易市场，推进生态补偿方式的市场化拓展，将生态补偿财政主导与碳汇交易、排污权交易、水权交易、押金退款制度、生态商标等市场方式相结合，将资金支持与人才培养、就业培训、技术援助和产业扶持相结合，形成生态补偿的最大合力。

三是发展生态金融，吸引社会资本进入环保领域，促进生态保护和环境治理的市场化。在生态环境基础设施的建设上，采取特许经营、委托经营、出租、转让产权等方式，实施政府与社会资本合作模式。通过建立生态补偿基金、发展生态众筹等，探索新业态、新产品和新模式，吸引社会资本进入，支持京津冀重大引水工程建设。推行环境污染责任保险，健全绿色信贷政策。

（四）加强相关评估和监管制度建设

改变过去强管理轻预防、重投入轻效益的局面，通过制度建设，强化中央环境保护宏观调控和监督作用，统一监管，发挥第三方评估的作用，落实地方政府环境质量负责职责，确保公平公正，促进京津冀协同发展。

一是建立生态系统评价制度，对京津冀地区生态系统的环境容量、资源总量等进行统计、核算和评估，特别是对河北省作为水源地为此区域提供的生态服务的价值进行测算，并在参考历史传统、可持续发展等因素的基础上，建立共享生态系统的生态资源分配制度。需要注意的是，生态资源使用者对生态资源的提供者和维护者的补偿，其补偿方式不限定于资金及实务的补偿，应提倡“以资源换资源”，即以生态资源换取优质资源的转移。

二是建立生态项目、生态资金的评估及监管制度，完善生态环境的监测制度。围绕规划重点领域和监管重点，加强京津冀地区大气、水、土壤等环境保护与修复项目的建设与监管，促进污染防治与生态保护的统筹。加强对生态补偿资金使用的监管，包括生态补偿基金的使用、流向以及效益的评估和监管。强化生态环境统一监管，统一发布生态环境质量信息，统一和完善生态环境监测网络，建立评估标准，开展京津冀生态安全评估，逐步建立京津冀生态安全预警机制。

三是设置绿色政绩考核体系，京津冀各区域编制和实行绿色投入产出表，引入第三方评估机构，建立常规化、定期化的生态环境动态评估制度，评估结果作为绩效考核、责任追究的依据。京津冀地区应按照不同区域主体功能定位实行差别化的评价考核制度，对河北省部分限制开发区域和生态脆弱的地区取消地区生产总值的考核，对领导干部实行资源环境考核体制，建立生态环境损害责任终身追究制。

（五）深入推进区域联动机制和社会共治

一是构建生态资源环境的京津冀区域联动机制，引导区域联动从目前的大气联防联控拓展到水、土壤以及生态系统修复保护等的污染防治区域联动，加快联合监测布点、自动检测网络建设、联合工程建设、协商对话机制建立等。

二是推进京津冀的开放式协同发展，京津冀不仅要打破地域理念，还要打破就京津冀一体化谈一体化的思想，构建京津冀与京津冀区域外的华北甚至全国的统筹协调机制，促进生态资源的供需平衡。

三是构建公众参与机制，完善社会共治。对于涉及群众利益的重大决策和建设项目，通过建立沟通协商平台的方式广泛听取公众意见和建议。构建公众参与生态补偿资金监督和评估制度，监督生态补偿资金的合理、合法、高效使用。加快建立和完善资源环境公益诉讼制度，赋予公众环境诉讼权，对举报违法和防范污染物的群众给予奖励。

（六）结合新型城镇化建设推进资源均衡配置

改变京津冀社会资源高度集中在北京和天津核心城区的布局，结合新型城镇化建设，促进资源的均衡配置。目前，京津冀各区域中最优质的教育医疗文化资源集中在省会城市，而京津冀区域之间最优质的社会公共资源又主要集中在北京和天津。社会公共资源的高度垄断集中，必然会带来一定的城市问题和使环境生态超出承载力，引发新的生态矛盾，应由政府引导和再规划。

一是基于“十三五”规划，构建京津冀及城乡之间多种教育资源灵活共享的机制。梳理京津冀教育协同发展中各方的特点、优势、需求及可能存在的功能重叠和冲突之处，创新办学模式和办学体制，可以采取开办分校、整体搬迁、联合培养、校企合作、专业化集团办学等多种方式，促进京津冀优质高等教育资源合理流动和协调发展。开发有利于学生、教师、研究人员在京津冀区域内流动的跨校选修与学分认可转换制度，服务于京津冀教育发展与从业人员的终身学习需要，形成京津冀不同地区间产教融合、高等教育与职业教育机会平等、城乡教育一体化发展新格局。

二是与其他产业的疏解结合，与京津冀一体化进程结合，构建京津冀医疗资源均衡配置机制。由政府与医院联手用政策引导、激励的方式（例如，统筹京津冀三地医疗从业人才培养机制，统筹医疗保险、出台医师跨省份多地点执业政策等），鼓励北京的三甲医院到河北的周边城市去开分院。同时，通过优惠政策支持在河北和一些居住密集的城镇重新组建新的独立医院，吸收社会资本，促进社会资本办医，打破大型公立医院的垄断地位，促进医院产业间的良性竞争和发展。

三是促进交通、会展等其他资源的均衡配置。将部分机场、轨道交通等枢纽站的建设分流到河北，一些会议和会展的举办也分散到京津冀各地。根据交通规划，到 2020 年，北京、天津、石家庄三个中心城市之间将各有三条高速路线连接，河北省还将基本形成便捷交通运输服务体系，客运形成两小时交通圈，环京津地区各设区市与北京、天津之间一小时通达，主要相邻城市间一小时通达，货运形成 12 小时通达圈，空间距离将不会构成交流、活动的障碍。社会资源均衡配置了，人口也就得到了分流，生态环境也就得到主动适应性的保护。

（七）开展京津冀地区生态补偿的试点工作

根据国家《关于开展生态补偿试点工作的指导意见》的要求，在京津冀协同发展的框架下，在京津冀地区开展区域生态补偿的试点工作。

第一，编制“京津冀协同发展生态补偿试点实施方案”，包括总体目标、原则、规划、补偿方案、实施机构等。

第二，选取河北省的承德、张家口两个生态支撑区作为先行先试的地区拟定生态补偿机制，拟定框架设计，利用 3 年左右的时间形成对全国具有借鉴意义的区域生态补偿机制。

第三，引入国际生态建设先进理念、技术和经验，率先在承德地区建设生态宜居小镇，打造生态医疗和养老基地，吸纳优质医疗资源，发展高端服务业。

Abstract

In 2015, China's economic growth was generally stable, the economic structure continued to optimize, and the transformation and upgrading accelerated. Employment remained stable, and the new economy absorbed increasing employment. Although at present, China's economic growth faced great downside pressure, the support infrastructure and good condition for sustained economic growth has not changed. Proactive fiscal policy will intensify in 2016, and moderately stable monetary policy will be more flexible. The real estate investment is bottoming and stabilizing. The economic growth momentum, represented by new technologies, new industries, new forms, and new business model, is accelerating. In the context of domestic macroeconomic regulation and control seeking improvement in stability, the internal stability of economic operation is continuously consolidated and enhanced. China's economic growth is expected from 6.6% to 6.8% in 2016.

In the first year of 13th Five - Year plan of 2016, China also entered into the decisive stage of the first year of building a comprehensive well-off society. Because the Chinese economy is still facing structural slowdown pressure, the macro policy needs to provide a more relaxed policy environment. The balance of demand side and supply side management should be balanced by active fiscal policy. In the short term, the effective means to balance the economic fluctuations mainly come from the demand side. Therefore, in the presence of downward pressure on the economy, to increase the implementation of active fiscal policy is still an important measurement of macroeconomic regulation and control. The positive fiscal policy should focus on promoting the structural reform of the medium and long term, and promoting the smooth transformation of economic development in the middle and long term.

In order to achieve the expected goal of economic growth in 2016, the active fiscal policy should be intensified, the prudent monetary policy should be more flexible and appropriate, structural reforms should focused on the supply, and the economic growth should also release a new momentum. We should vigorously develop economy by promoting strategic emerging industries development, deepening the structural reform of the supply, and promoting the consumption upgrade and modern service industry development.

Contents

Abstract: China's economic growth rate is expected to more than 6.6% in 2016. "Thirteen Five" period is the critical period of the supply side structural adjustment. Only if the government actively adjusts the policies, we can lay the foundation for the innovation-driving, and promote the China successfully across the middle-income trap.

Supply side structural reforms should be taken to further liberate productive forces. Especially, the positive role of innovative labor must be promoted. The market reform must be strengthened, and the "zombie enterprise" must be eliminated. The modern service industry must be relaxed to open innovation space. Thus the enthusiasm of all parties can be effectively aroused, and China's economy can be promoted the transformation successfully.

Keywords: Economic Outlook; Supply Side; Structural Reform

Abstract: Since September 2013, China's economic growth has begun to enter a new growth cycle fluctuation of slow decline. But the cycle round valley has notyet been seenby the end of 2015. It shows a overall posture of long declining and low running. On the basis of Long/ Short Leading Composite Index (diffusion index) in the current round of climate fluctuation and the analysis of the economic data in 2015, this paper forecast that the bottom of China's economic fluctuations will occur in the first quarter of 2016, and the fallingtrend will stop from the second quarter, after thatChina's economy will rise slightly. Given the current economy growth is transforming from high speed to medium speed, the leading force of pulling economic recovery has not yet formed the scale, and the economic downward pressure is still large. Therefore, the full-year GDP growth in 2016is expected to reach 6.8%, and CPI is expected to rise about 2%, and PPI will still keep negative growth. ToProvide long-term motivation for economic recovery in 2016, the government need to integrate policies, focus on the supply side, attach great importance to the demand side.

Keywords: Economic Growth Cycle; Climate Index; Warning Signal System

B. 4 Situation and Policy Analysis of Industrial Economy

Yuan Lei, *Jin Bei* / 063

Abstract: In 2015, China's industrial production growthmaintained a medium and high speedin the overall, and industrial restructuring made positive progress. This paper analyzesthe prominent issues and deep-seated reasons for China's industrial economy, then obtain the main conclusion including four aspects. Firstly, traditional growth dynamics isunsustainable, and the new power has not yet become a dominant force. Secondly, the root cause of overcapacity is that transformation and upgrading is not free. Thirdly, Enterprises lack vitality because of the disorders ofeconomic operation mechanism. Fourth, the pressure forrising manufacturing costs mainly comes from technical innovation and business model innovation in western countries. In order to promote China's industrial economy grow steadily and rapidly, we should push forward innovation-driven strategy, promote consumption upgrade, expand the area of investment, and deepen the reform of institutional mechanisms.

Keywords: Industrial Economy; Policy Analysis; Economy Growth

B. 5 Employment Situation, Labor Market Development and Supply-side Reform

Cai Fang, *Du Yang* / 078

Abstract: Keeping labor market stability and displaying elements configuration function are the two goals of construction of the Labor market. The second goal is of more important significance for the medium and long-term development of social economy and the reform of the supply side. So the Labor market reform and development should be an important part of the supply side structural reforms. In the present employment situation, China should aim to solve the structural contradiction of employment. Firstly we need to further develop the labor market, and adhere to the market allocation of labor resources. Secondly, we need to speed up the accumulation of human capital through education and training, to dissolve the structural contradiction in the labor market. Finally, we need to adapt to the employment process of creative destruction, and to provide basic public services more fairly.

Keywords: Employment Situation; Labor Market Development; Supply-side Reform

Abstract: China's personal income tax is collected mainly from wage income, but less from the capital and property income. So it makes the wage income tax accounted for the increasingly big proportion of individual income tax increases. Under the condition that labor remuneration share is still low, this situation in China intensifies the unfair income distribution. On the basis of the implementation of comprehensive and classified tax system, personal income tax reform should greatly improve the wage income tax threshold, and reduce the tax burden on wage earners, then to achieve a more equitable distribution.

Keywords: Personal Income Tax; Labor Compensation Share; Income Distribution

Abstract: According to China's recent industry structure and the situation of economy and tax in the sector structure, this report analyzes the impact of the industrial structure adjustment and industry tax changes on the tax revenue, and the impact of the sector economic structure adjustment and tax changes on the tax revenue. Then, this report finds out the main industry and sector which influence the tax revenue, and carries out thorough analysis. Finally, this report puts forward the policy suggestions on the development of the future industry and the sector.

Keywords: Economic Structure Adjustment; Tax; Industry Structure

Abstract: China's foreign trade in 2015 exhibited double-speed downtrend, but a substantial increase in net exports of goods trade pulled one-third of economic growth in 2015, which created a historic miracle.

International trade in 2016 is facing severe test. There are two possibilities in the development of the world economy: one is that the recovery remains weak, the other is that the word economy is caught in a synchronized downturn. We expect RMB-denominated China's foreign trade value in 2016 will either decline more slowly or more rapidly than in 2015. Objective evaluation of foreign trade requires the distinguishment of exports and imports. The quantity and quality of China's export growth have been steadily improving and there is no need to worry about China's export trade since the exchange rate factor was the "culprit" of the decline in China's exports.

The primary criterion in the valuation of a country's import trade is that whether the imports can meet the needs of national economic development. Firstly, special attention should pay to energy and the safe and reliable supply of important strategic resource. Secondly, when purchasing the same quantity and quality of imported products, whether the prices paid are high or low? The lower the prices, the greater import revenues are. Using this criterion to evaluate the 2015 Chinese import trade, we will draw completely different conclusion from the media.

Keywords: RMB Exchange Rate; Dollar Index; Commodities; Recession; Geopolitics

B. 9 Energy Situation Analysis and Policy Recommendation in 2016

The Group / 165

Abstract: This report reviews energy situation since 2015, and makes some forecasting for 2016, including key issues such as world crude oil price, domestic demand structure changes, energy revolution. One of conclusions is that demand peak of energy will be reached soon and a slow negative growth can be foreseen, China should take advantage of this situation and promote the steps of energy structure adjustment, promote the revolution in energy production, consumption and technologies, as well as the market reform. Meanwhile, we also recommend that China should promote the cooperation among Asian countries and the creation of an Asian common energy market, through with the projects of One Belt One Road. These will be helpful to China's energy security and will help to reduce the cost of energy mix.

Keywords: Energy Revolution; Oil Price; Energy Demand; One Belt One Road,; Energy Transition

Abstract: In 2015, China's regional economic growth was generally decline, investment growth continued to be slow, the decline in exports increased, and profit declined significantly. But the regional characteristic of growth volatility and differentiation was obvious. Especially the Northeast economy faced greater difficulties. In 2016, regional economic growth in China will continue to face greater downward pressure, and regional growth differentiation will get some relief. But some resource - based regions and the northeast old industrial regions will face the heavy task of stablizing growth and adjusting the structure. Therefore, central regional policies should be aimed instablizing economic growth, reducing regional systemic risk, seeking new growth drivers, and optimize the regional structure .

Keywords: Regional Economy; Stable Economic Growth; Regional Innovation System; Regional Cooperation

Abstract: As a special geographical unit, Jing-Jin-Ji region should be planed as a whole to consider regional ecological compensation, set up intra-regional horizontal compensation system, and speed up the implementation of ecological integration. The key to promote ecological integration is the innovation of ecological compensation mechanism, and the improvement and perfect of the multivariate and fair system of ecological compensation. In particular, on the basis of the existing work, we should build regional linkage mechanism of ecological compensation, ecological accountability mechanism, the ecological mechanism of the red line, and bonus mechanism. Therefore, weshould establish a unified coordination institution and a comprehensive decision-making mechanism, improve the relevant legislation and law enforcement system, promote the operation of market mechanism, strengthen the construction of the relevant evaluation and supervision system, deepen regional linkage mechanism, promote balanced allocation of resources, and carry out pilot work in Jing-Jin-Ji region ecological compensation.

Keywords: Integration of Jing-Jin-Ji; Ecological Compensation; Innovation Mechanism; Collaborative Development

✤ 皮书起源 ✤

“皮书”起源于十七、十八世纪的英国，主要指官方或社会组织正式发表的重要文件或报告，多以“白皮书”命名。在中国，“皮书”这一概念被社会广泛接受，并被成功运作、发展成为一种全新的出版形态，则源于中国社会科学院社会科学文献出版社。

✤ 皮书定义 ✤

皮书是对中国与世界发展状况和热点问题进行年度监测，以专业的角度、专家的视野和实证研究方法，针对某一领域或区域现状与发展态势展开分析和预测，具备原创性、实证性、专业性、连续性、前沿性、时效性等特点的公开出版物，由一系列权威研究报告组成。

✤ 皮书作者 ✤

皮书系列的作者以中国社会科学院、著名高校、地方社会科学院的研究人员为主，多为国内一流研究机构的权威专家学者，他们的看法和观点代表了学界对中国与世界的现实和未来最高水平的解读与分析。

✤ 皮书荣誉 ✤

皮书系列已成为社会科学文献出版社的著名图书品牌和中国社会科学院的知名学术品牌。2011 年，皮书系列正式列入“十二五”国家重点出版规划项目；2012~2015 年，重点皮书列入中国社会科学院承担的国家哲学社会科学创新工程项目；2016 年，46 种院外皮书使用“中国社会科学院创新工程学术出版项目”标识。

中国皮书网

www.pishu.cn

发布皮书研创资讯，传播皮书精彩内容
引领皮书出版潮流，打造皮书服务平台

栏目设置：

- □ 资讯：皮书动态、皮书观点、皮书数据、皮书报道、皮书发布、电子期刊
- □ 标准：皮书评价、皮书研究、皮书规范
- □ 服务：最新皮书、皮书书目、重点推荐、在线购书
- □ 链接：皮书数据库、皮书博客、皮书微博、在线书城
- □ 搜索：资讯、图书、研究动态、皮书专家、研创团队

中国皮书网依托皮书系列“权威、前沿、原创”的优质内容资源，通过文字、图片、音频、视频等多种元素，在皮书研创者、使用者之间搭建了一个成果展示、资源共享的互动平台。

自 2005 年 12 月正式上线以来，中国皮书网的 IP 访问量、PV 浏览量与日俱增，受到海内外研究者、公务人员、商务人士以及专业读者的广泛关注。

2008 年、2011 年中国皮书网均在全国新闻出版业网站荣誉评选中获得“最具商业价值网站”称号；2012 年，获得“出版业网站百强”称号。

2014 年，中国皮书网与皮书数据库实现资源共享，端口合一，将提供更丰富的内容，更全面的服务。

法律声明

皮书俱乐部会员服务指南

1. 谁能成为皮书俱乐部成员?

- 皮书作者自动成为俱乐部会员
- 购买了皮书产品（纸质书/电子书）的个人用户

2. 会员可以享受的增值服务

- 免费获赠皮书数据库100元充值卡
- 加入皮书俱乐部，免费获赠该纸质图书的电子书
- 免费定期获赠皮书电子期刊
- 优先参与各类皮书学术活动
- 优先享受皮书产品的最新优惠

3. 如何享受增值服务?

（1）免费获赠100元皮书数据库体验卡

第1步 刮开附赠充值的涂层（右下）；

第2步 登录皮书数据库网站（www.pishu.com.cn），注册账号；

第3步 登录并进入“会员中心”—“在线充值”—“充值卡充值”，充值成功后即可使用。

（2）加入皮书俱乐部，凭数据库体验卡获赠该书的电子书

第1步 登录社会科学文献出版社官网（www.ssap.com.cn），注册账号；

第2步 登录并进入“会员中心”—“皮书俱乐部”，提交加入皮书俱乐部申请；

第3步 审核通过后，再次进入皮书俱乐部，填写页面所需图书、体验卡信息即可自动兑换相应电子书。

4. 声明

解释权归社会科学文献出版社所有

S 子库介绍
Sub-Database Introduction

中国经济发展数据库

涵盖宏观经济、农业经济、工业经济、产业经济、财政金融、交通旅游、商业贸易、劳动经济、企业经济、房地产经济、城市经济、区域经济等领域，为用户实时了解经济运行态势、把握经济发展规律、洞察经济形势、做出经济决策提供参考和依据。

中国社会发展数据库

全面整合国内外有关中国社会发展的统计数据、深度分析报告、专家解读和热点资讯构建而成的专业学术数据库。涉及宗教、社会、人口、政治、外交、法律、文化、教育、体育、文学艺术、医药卫生、资源环境等多个领域。

中国行业发展数据库

以中国国民经济行业分类为依据，跟踪分析国民经济各行业市场运行状况和政策导向，提供行业发展最前沿的资讯，为用户投资、从业及各种经济决策提供理论基础和实践指导。内容涵盖农业，能源与矿产业，交通运输业，制造业，金融业，房地产业，租赁和商务服务业，科学研究，环境和公共设施管理，居民服务业，教育，卫生和社会保障，文化、体育和娱乐业等 100 余个行业。

中国区域发展数据库

以特定区域内的经济、社会、文化、法治、资源环境等领域的现状与发展情况进行分析和预测。涵盖中部、西部、东北、西北等地区，长三角、珠三角、黄三角、京津冀、环渤海、合肥经济圈、长株潭城市群、关中—天水经济区、海峡经济区等区域经济体和城市圈，北京、上海、浙江、河南、陕西等 34 个省份。

中国文化传媒数据库

包括文化事业、文化产业、宗教、群众文化、图书馆事业、博物馆事业、档案事业、语言文字、文学、历史地理、新闻传播、广播电视、出版事业、艺术、电影、娱乐等多个子库。

世界经济与国际政治数据库

以皮书系列中涉及世界经济与国际政治的研究成果为基础，全面整合国内外有关世界经济与国际政治的统计数据、深度分析报告、专家解读和热点资讯构建而成的专业学术数据库。包括世界经济、世界政治、世界文化、国际社会、国际关系、国际组织、区域发展、国别发展等多个子库。